Einführung in die Theaterwissenschaft

Von
Christopher Balme

3., durchgesehene Auflage

ERICH SCHMIDT VERLAG

Bibliografische Information der Deutschen Bibliothek
Die Deutsche Bibliothek verzeichnet diese Publikation in der Deutschen Nationalbibliografie; detaillierte bibliografische Daten sind im Internet über http://dnb.ddb.de abrufbar.

ISBN 3 503 06183 5

© Erich Schmidt Verlag GmbH & Co., Berlin 2003
www.ESV.info

Textgestaltung: Christoph Reske, Mainz
Druck: Danuvia Druckhaus, Neuburg
Printed in Germany · Alle Rechte vorbehalten

Dieses Papier erfüllt die Frankfurter Forderungen der Deutschen Bibliothek und der Gesellschaft für das Buch bezüglich der Alterungsbeständigkeit und entspricht sowohl den strengen Bestimmungen der US Norm Ansi/Niso Z 39.48-1992 als auch der ISO Norm 9706.

Inhalt

Vorworte ... 7
Einführung und Fachgeschichte ... 11

Teil I Grundlagen der Theaterwissenschaft ... 17

1. Teildisziplinen und Gegenstandsbereiche ... 17
   1.1 Sprechtheater ... 18
   1.2 Musiktheater ... 18
   1.3 Theatertanz und Körpertheater ... 22
   1.4 Figurentheater ... 23

2. Theatergeschichte ... 27
   2.1 Quellenkritik und Rekonstruktion ... 28
   2.2 Periodisierung ... 33
   2.3 Neuere Forschungsansätze ... 37

3. Theatertheorie ... 42
   3.1 Theoriegeschichte ... 43
      3.1.1 Mimesis ... 44
      3.1.2 Poiesis (Dramentheorie) ... 47
      3.1.3 Katharsis (Wirkungstheorien) ... 49
      3.1.4 Aisthesis (Wahrnehmung) ... 52
   3.2 Theaterwissenschaftliche Theoriebildung ... 54
      3.2.1 Soziologische Modelle:
            Symbolischer Interaktionismus und Spieltheorie ... 55
      3.2.2 Theatersemiotik ... 58
      3.2.3 Poststrukturalismus und Psychoanalyse ... 64
      3.2.4 Phänomenologie ... 66
      3.2.5 Theatralität und Performance-Theorie ... 69

4. Analyse ... 72
   4.1 Analyse des Theatertextes ... 74
      4.1.1 Drama und Theater ... 75
      4.1.2 Dramentext und Inszenierung ... 79
   4.2 Inszenierungsanalyse ... 82
      4.2.1 Begriffe und Quellen ... 82
      4.2.2 Methoden und analytische Schritte ... 92
   4.3 Musiktheater und Theatertanz ... 96
      4.3.1 Musiktheater: Werkelemente ... 97
         4.3.1.1 Musikdramaturgische Analyse ... 99
         4.3.1.2 Werk und Inszenierung ... 102
         4.3.1.3 Inszenierungsanalyse ... 104
      4.3.2 Theatertanz ... 108
         4.3.2.1 Werkelemente ... 108
         4.3.2.2 Methoden der Bewegungsanalyse ... 110

Teil II Theater als Kommunikationssystem 114

5. Schauspieler 115
   5.1 Theorie und Analyse 116
      5.1.1 Methoden der Analyse 123
   5.2 Historiographische Ansätze 124
   5.3 Theateranthropologie 127

6. Zuschauer 129
   6.1 Soziologische und empirische Ansätze 130
   6.2 Rezeptionsästhetik 132

7. Raum 135
   7.1 Theatraler Raum 136
   7.2 Bühnenraum 141
   7.3 Der Ort des Theaters 144

Teil III Theaterwissenschaft als interdisziplinäre Wissenschaft 147

8. Theater- und Medienwissenschaft 147
   8.1 Zum Medienbegriff 148
   8.2 Theater im Medienvergleich 150
   8.3 Intermedialität 154

9. Theater- und Kunstwissenschaft 157
   9.1 Szenographie und Theaterarchitektur 157
   9.2 Theaterikonographie 159
   9.3 Performance-Kunst 162

10. Theaterwissenschaft und Ethnologie 167
   10.1 Von der Völkerkunde zur Performance-Theorie 167
   10.2 Die Grenzziehung von Ritual und Theater 170
   10.3 Kulturelle Aufführungen 171

Anhang
1. Theaterwissenschaft im deutschsprachigen Raum 175
2. Nachschlagewerke und Zeitschriften 183
3. Literaturverzeichnis 187
4. Abbildungsverzeichnis 195
5. Namen- und Sachregister 196

Vorwort

Die Theaterwissenschaft habe zwei Feinde, soll ein Germanist einmal gesagt haben: Das Theater und die Wissenschaft. Angesichts solcher Einschätzungen verwundert es wenig, daß die Theaterwissenschaft sich seit ihrer Konstituierung in den 20er Jahren dieses Jahrhunderts immer wieder schwergetan hat, sich als Universitätsdisziplin zu legitimieren. Zwar sind diese Kämpfe heute längst ausgestanden und das Fach erlebte in den letzten zehn Jahren einen regelrechten Boom, wie an der mehr als doppelt so hohen Zahl der Institute im deutschsprachigen Raum zu erkennen ist. Dennoch ist ein deutlicher Mangel an einführenden Publikationen für Studienanfänger zu verzeichnen. Dies mag an differierenden Auffassungen der Fachvertreter liegen. Diese waren lange Zeit relativ uneinig, worin die Theaterwissenschaft eigentlich bestehe. Freilich gehören solche Meinungsverschiedenheiten zum Wesen jeder Wissenschaft. Allerdings haben Studenten ein legitimes Recht, zumindest im Grundstudium gewisse „unangefochtene" Grundlagen vermittelt zu bekommen, bevor sie sich im Hauptstudium dem rauhen Wind der Fachdiskussionen aussetzen. Um sowohl den Übergang von der Schule zur Universität als auch vom Grund- ins Hauptstudium besser abzufedern, versucht das vorliegende Buch diese Grundlagen zu definieren und zu erklären. Es richtet sich an Studierende der Theaterwissenschaft und an diejenigen, die erwägen, dieses Fach zu studieren. Es versucht, auf Fragen Antworten zu geben, die sich sowohl der angehende Student als auch der erfahrene Absolvent eines Grundstudiums stellen könnten.

Studierende der Theaterwissenschaft müssen sich darauf einstellen, daß sie sich mit dem Phänomen Theater aus wissenschaftlicher Perspektive beschäftigen werden. Denn – anders als etwa an anglo-amerikanischen Hochschulen – wird an keiner Universität im deutschsprachigen Raum eine rein berufsbezogene Ausbildung angeboten. Eine wissenschaftliche Beschäftigung mit dem Theater bedeutet hierzulande für Studierende eine Konfrontation mit einer auf den ersten Blick unüberschaubaren Vielfalt an Teildisziplinen, Wissensinhalten und Forschungsansätzen. Ziel der vorliegenden Einführung ist daher, dem Studienanfänger eine strukturierte Orientierung im gegenwärtigen Feld der Theaterwissenschaft zu geben. Der Schwerpunkt der Ausführungen liegt auf methodischen Fragen, Inhaltliches zum Theater als geschichtliches, theoretisches, ästhetisches Phänomen findet sich nur da, wo solche Informationen zum Verständnis der wissenschaftlichen Ansätze unabdingbar sind. Allerdings enthält das Buch zahlreiche Verweise, wie und wo sich der Leser über spezielle Wissensfragen zuverlässig informieren kann.

Die Gliederung des vorliegenden Bandes versucht der heutigen Lehr- und Forschungspraxis Rechnung zu tragen, wie sie zurzeit im deutschsprachigen Raum in Lehrveranstaltungen und Forschungsinteressen ihren Niederschlag findet. Aufgrund des beständigen Wandels aller Wissenschaftszweige wird jeder Versuch, die Arbeitsfelder der Theaterwissenschaft scharf zu umreißen, jedoch zum Scheitern verurteilt sein. Akzentverschiebungen und Neuerungen sind unvermeidbar und unverzichtbar. Innerhalb der Theaterwissenschaft zeichnet sich ein unaufhaltsamer Prozeß der Ausdifferenzierung und Spezialisierung ab, der besonders die universitäre Lehre vor die schwierige Aufgabe stellt, einen vernünftigen Mittelweg zwischen normativen Festlegungen im Grundstudium einerseits und der Freiheit der Forschung andererseits zu finden. Die Systematisierung versucht daher nicht, alle potentiellen Arbeitsfelder abzudecken.

Auch wenn heute die Minimalverständigung darüber, was ‚Wissenschaft' im Kontext der Sozial- und Geisteswissenschaften ist, immer problematischer wird, so läßt sich dennoch ein Basiskonsens erzielen, daß eine wissenschaftliche Beschäftigung mit einem Phänomen drei Dimensionen beleuchten sollte:

- eine geschichtliche
- eine theoretische
- eine analytische.

Im besten Fall stehen diese drei Dimensionen in einer wechselseitigen Beziehung zueinander. Unser Verständnis der Theatergeschichte beispielsweise, die am ehesten mit reinem „Faktenwissen" assoziiert wird, läßt sich ohne theoriegeleitete Fragestellungen nicht fortschreiben. Die Theorie, die eher einem abstrakten, „überzeitlichen" Denken zugeneigt ist, ist ihrerseits einem historischen Wandel unterworfen. Sie bestimmt im Wesentlichen unsere wissenschaftliche Methodik, die die Grundlage jeder Art von Analyse – sei es eines Theaterstücks oder einer Inszenierung – bildet. Analysen wiederum sollten auch die geschichtliche Dimension ihres Untersuchungsgegenstands einbeziehen.

Diese Einführung gliedert sich in drei Hauptteile. Teil I – Grundlagen der Theaterwissenschaft – führt ein in die wichtigsten problemübergreifenden Arbeitsfelder: Theatergeschichte, Theatertheorie und Inszenierungs- bzw. Textanalyse. Teil I vorangestellt sind knappe Ausführungen zu den verschiedenen „Theatersparten": Sprech-, Musik-, Tanz- und Figurentheater. Teil II – Theater als Kommunikationssystem – vermittelt Grundkenntnisse über theaterwissenschaftliche Forschung zu den Elementen Darsteller, Zuschauer und Raum des Theaters. Dabei liegt das Hauptaugenmerk auf Forschungsansätzen und weniger auf detaillierten Informationen zur Geschichte oder Systematik des Theaters. Teil III stellt die wichtigsten Arbeitsfelder vor, in denen sich die Theaterwissenschaft mit benachbarten Disziplinen berührt: die Medienwissenschaft einschließlich der Film- und Fernsehwissenschaft, die Kunstwissenschaft und die Ethnologie. Im Anhang findet sich eine detaillierte Übersicht über das Angebot Theaterwissenschaft im deutschsprachigen Raum mit Informationen zu den einzelnen Instituten und ihren speziellen Schwerpunkten und Studiengängen.

Um die Benutzerfreundlichkeit des Buchs zu gewährleisten, enthält der Text zahlreiche Verweise auf andere Textteile, die mit dem Zeichen ⇒ versehen sind. Nicht zuletzt mit Hilfe des ausführlichen Registers kann sich der Leser unabhängig von seinem Wissens- und Studienstand schnell und zuverlässig informieren.

Ein Buch, das sich wie das vorliegende unmittelbar an ein studentisches Publikum richtet, wäre ohne die aktive Mitarbeit von Studenten nie entstanden. Die Idee und Anlage des Buches gehen auf zwei Vorlesungen zurück, die an den Universitäten München und Mainz gehalten wurden. Diese wurden in Form von Kolloquien überprüft und ergänzt. An dieser Stelle möchte ich Studenten und Kollegen der Institute für Theaterwissenschaft an den beiden genannten Universitäten aufrichtig danken, daß sie geduldig zugehört und mitdiskutiert haben. In München möchte ich insbesondere meinen studentischen Mitarbeiterinnen Nara Heemann und Henrike Thomsen danken, die an der ersten Entstehungsphase des Buches intensiv beteiligt waren. Unter meinen Kollegen und Kolleginnen sei folgenden Personen herzlich gedankt: PD Dr. Monika Woitas, Frau Diplombibliothekarin Cornelia Hoffmann, Dr. Robert Braunmüller, Peter Boenisch M. A. warfen auf verschiedene Kapitel ihren fachmännischen Blick. In Mainz haben die Studentinnen Julia Glesner und Nicole Leonhardt sowie die Kollegen und Kolleginnen Dr. Markus Moninger und Dr. Kati Röttger das Projekt tatkräftig unterstützt. Für die typographische Gestaltung des Buches bin ich Herrn Dr. Christoph Reske dankbar. Besonderer Dank geht an Frau Dr. Lehnen vom Erich Schmidt Verlag, auf die die Idee zu einer Einführung in die Theaterwissenschaft zurückgeht sowie an Frau Dorothee Lossin, die in der Schlußphase von verlegerischer Seite dem Projekt die nötige Mischung aus Kritik und Ermutigung zuteil werden ließ.

Mainz, Sommer 1999

Vorwort zur zweiten Auflage

Es ist erfreulich, dass bereits nach einem Jahr eine zweite Auflage der vorliegenden Einführung notwendig ist. Besonders erfreulich ist die Tatsache, dass der Erich Schmidt Verlag uns die Gelegenheit gibt, kleinere Verbesserungen und Korrekturen durchzuführen. Bedanken möchte ich mich besonders bei Nicole Leonhardt, die eine sorgfältige Redaktion der Erstauflage durchführte. Profitiert hat das Buch sicherlich durch die akribische Lektüre mehrerer Leser, die uns ihre Verbesserungsvorschläge zukommen ließen. Erwähnen möchte ich vor allem Dr. Robert Braunmüller (München), Prof. Dr. Hajo Kurzenberger (Hildesheim) sowie Dr. Eric-Alexander Hoffmann (Bochum), die Kritik verschiedenster Art, aber im besten Sinne des Wortes, anbrachten.

Weniger erfreulich ist die Tatsache, dass dank einer Empfehlung des Wissenschaftsrats der Studiengang für Theaterwissenschaft an der Humboldt-Universität, Berlin, eingestellt wird. Obwohl bei der Drucklegung keine genauen Einzelheiten zur Zukunft des Instituts feststanden, kann als sicher gelten, dass der bestehende Magisterstudiengang Theaterwissenschaft über das Sommersemester 2001 nicht weitergeführt wird. Diese Entscheidung relativiert bereits die auf S. 16 konstatierte „Expansion" des Fachs in nicht unerheblichem Maße. Besonders bedenklich für die Theaterwissenschaft erscheint aus hochschulpolitischer Sicht die Empfehlung des Wissenschaftsrats, keine Studiengänge fortzusetzen, die von weniger als zwei Professuren getragen werden. Auch wenn dies durch die besondere Berliner Situation vertretbar erscheinen mag, könnten solche Grundsatzentscheidungen sehr schnell Schule machen. Betrachtet man die Theaterwissenschaft im deutschsprachigen Raum unter diesen Kriterien, so sieht das rosige Bild etwas blasser aus. Dann wird deutlich, dass über die Hälfte der Institute, da durch nur eine oder zwei Professuren vertreten, doch sehr zarte Pflanzen ohne tiefes Wurzelwerk darstellen. Es bleibt zu hoffen, dass bei der nächsten Neuauflage keine weiteren „Todesanzeigen" dieser Art zu vermelden sein werden.

Mainz, im Herbst 2000

Vorwort zur dritten Auflage

Die dritte Auflage ist mit der zweiten, überarbeiteten Auflage weitgehend textidentisch. Umfangreiche Änderungen finden sich lediglich im Anhang 1, ‚Theaterwissenschaft im deutschsprachigen Raum', da die üblichen personellen und organisatorischen Veränderungen der Institute Korrekturen notwendig machen. Für die aktuellsten Informationen verweisen wir auf die dort abgedruckten Internetadressen. Für die Informationen sind wir auf die Mithilfe der betreffenden Institute angewiesen, denen ich an dieser Stelle danken möchte. Die redaktionelle Betreuung in Mainz besorgte Nora Borchers, der ich auch zu Dank verpflichtet bin.

Mainz, im Sommer 2003

Einführung und Fachgeschichte

Etymologisch gesehen leitet sich das Wort „Theater" vom griechischen *theatron* ab und bedeutet einen „Ort zum Schauen". Theater bezeichnete daher ursprünglich sowohl einen Ort als auch eine besondere Form sinnlicher Wahrnehmung. Im heutigen Sprachgebrauch bezieht sich der Begriff Theater auf (1) ein Gebäude, (2) eine Tätigkeit („ins Theater gehen" oder „Theater machen"), (3) eine Institution und (4) einen Bereich der Ästhetik, vorausgesetzt man betrachtet Theater überhaupt als eine Kunstform. Häufig wird das Wort als Synonym für Drama verwendet. Die phänomenologische und terminologische Komplexität des Begriffs hat zur Folge, daß der Gegenstand der Theaterwissenschaft mehrdimensional ist und sich in verschiedene Teilgebiete auffächert. Die vielen Forschungsfelder lassen sich wiederum unter theoretischen, systematischen und historischen Gesichtspunkten zusammenfassen. Wie noch zu zeigen sein wird, beschäftigt sich die Theaterwissenschaft seit ihrer Gründung mit diesen drei Aspekten in unterschiedlicher Intensität.

Die zweite Folge dieser begrifflichen Komplexität ist, daß sich eine Reihe von Disziplinen mit dem Theater beschäftigt. So wurden und werden bestimmte Bereiche des Theaters intensiv von anderen Fächern erforscht: Dramatik und Dramaturgie sind wichtige Teilgebiete der Literaturwissenschaft; Bühnenarchitektur und Bühnenbild gehören zu den Arbeitsfeldern der Kunstgeschichte; Fragen, die das Theaterpublikum bzw. den Theaterzuschauer betreffen, werden auch von der Sozial- und Kulturgeschichte sowie von der Psychologie und Soziologie untersucht. Für diejenigen theatergeschichtlichen Epochen, die bedeutende dramatische Literatur hervorbrachten – beispielsweise die Antike, die Shakespeare-Zeit oder die französische Klassik –, legten die philologischen Disziplinen wichtige Forschungsergebnisse vor. Dies gilt insbesondere für die klassische Philologie und die Shakespeare-Forschung, welche auf eine mehr als hundert Jahre währende theatergeschichtliche Forschungstradition zurückblicken. Neben Untersuchungen zu Dramentexten schließen diese auch Arbeiten zum Theaterbau, zur Schauspielkunst sowie zum Theaterpublikum ein. Aufgrund dieser Forschungslage hatte es die Theaterwissenschaft nicht leicht, ein eigenes Profil zu gewinnen. Heute gliedert sich das Fach in folgende Teilgebiete:

andere Fächer

Teilbereiche der Theaterwissenschaft und Studieninhalte

1. Theoretische Theaterwissenschaft
a) Allgemeine Theatertheorie
Theorie der Theaterformen (Schauspiel-, Musik-, Tanz- und Figurentheater) und Theaterästhetik
b) Wissenschaftstheorie und Methodologie der Theaterwissenschaft im Rahmen der historischen Sozial- und Kulturwissenschaften
c) Theoretisches und methodologisches Verhältnis zu den Nachbardisziplinen (im besonderen Musik-, Literatur-, Kunst- und Medienwissenschaft)

2. Systematische Theaterwissenschaft
a) Theateranthropologie, Theatersoziologie, Theaterpsychologie (-therapie)
b) Theatersysteme und Theaterorganisationen (einschließlich Recht, Management etc.)
c) Theatergattungen (Tragödie, Komödie, Oper, Ballett etc.)
d) Aufführungsanalyse und -kritik
e) Theaterwissenschaftliche Medienkunde (Film, Fernsehen)
f) Theaterbau, Bühnenbau, Bühnenbild, Bühnentechnik
g) Theaterkritik, Theaterdokumentation, Theaterarchivierung

3. Historische Theaterwissenschaft
a) Allgemeine Theatergeschichte seit der griechischen Antike, zentriert auf die deutschsprachigen Länder und Westeuropa
b) Ausgewählte Kapitel der Theatergeschichte Osteuropas und der außereuropäischen Kulturen
c) Geschichte der Darstellungsformen und -stile
d) Geschichte der Theatergattungen und -formen
e) Theatergeschichtsschreibung

Auszug aus der Studienordnung des Instituts der Theaterwissenschaft der Universität München

Nicht alle hier aufgeführten Arbeitsfelder, die Bestandteil der Theaterwissenschaft sind, gehören unbedingt zum Pflichtprogramm eines jeden theaterwissenschaftlichen Studiums. Allerdings sollten Studierende versuchen, ihr Studium, falls dies nicht ohnehin von der jeweiligen Studienordnung vorgeschrieben ist, so aufzubauen, daß Lehrveranstaltungen aus allen drei genannten Hauptbereichen belegt werden.

Praxisbezug   Bereits die Gründer der deutschen Theaterwissenschaft, Max Herrmann und Carl Niessen (⇒ Fachgeschichte), propagierten eine enge Anbindung des Faches an die Theaterpraxis. Institutseigene Praktika oder Hospitanzen an Berufstheatern gelten noch heute als unabdingbar für das Verständnis des Phänomens Theater. In der Frage der Praxiserfahrung unterscheidet sich die

Theaterwissenschaft grundlegend von benachbarten Fächern wie der Literatur- oder Kunstwissenschaft. Dort spielen eigenständige Schreib- bzw. Malversuche der Studierenden für das Studium keinerlei Rolle. Obgleich die meisten Seminare Praxisanteile im Studium ausdrücklich fordern, ist deren institutionelle Gewichtung an den verschiedenen Universitäten höchst unterschiedlich. Institute wie z. B. München verfügen über eigene, gut ausgestattete Studiobühnen. Dort durchgeführte Übungen und Praktika werden jedoch nicht als gleichberechtigte Leistungsnachweise neben wissenschaftlichen Seminaren angerechnet. Andere Institute (z. B. Gießen, Mainz, Erlangen) integrieren Praxisanteile und szenische Projekte und zählen diese als Leistungsnachweise (⇒ Anhang 1). Ein Studium der Theaterwissenschaft ist ungeachtet des jeweiligen Umgangs mit Praktika in erster Linie ein *wissenschaftliches* Unterfangen und mit jedem anderen geisteswissenschaftlichen Studium vergleichbar.

Die Theaterwissenschaft in Deutschland verweist gewöhnlich auf drei Gründerpersönlichkeiten: Max Herrmann (1865–1942) in Berlin, Artur Kutscher (1878–1960) in München und Carl Niessen (1890–1969) in Köln. Obwohl sie alle in Literaturgeschichte habilitiert hatten, bestand ihr gemeinsames Bemühen darin, das Fach von der „Tyrannei der Philologie" zu befreien und ihm eine eigenständige wissenschaftliche Legitimation zu geben. Für Herrmann lag der Schwerpunkt theaterwissenschaftlicher Forschung auf europäischer Theatergeschichte, Kutscher und Niessen beschritten einen völlig anderen Weg, indem sie auf die völkerkundliche „Verankerung" theatralen Verhaltens hinwiesen (⇒ Kap.10.1).

Fachgeschichte

Die institutionelle Geschichte des Fachs im deutschsprachigen Raum begann mit der Gründung des ersten selbständigen theaterwissenschaftlichen Instituts 1923 in Berlin unter der Leitung von Max Herrmann. Jedoch gab es bereits zwei Jahrzehnte früher eine theaterwissenschaftliche Forschung, d. h. Theatergeschichtsforschung, allerdings ohne universitäre Verankerung in Form eines entsprechenden Instituts. 1902 wurde unter Mitwirkung von Herrmann die „Gesellschaft für Theatergeschichte e.V." in Berlin begründet, die mit der bis heute bestehenden Publikationsreihe „Schriften der Gesellschaft für Theatergeschichte" an die Öffentlichkeit trat. In der Einleitung zu seinem Hauptwerk *Forschungen zur deutschen Theatergeschichte des Mittelalters und der Renaissance* (1914) betonte Herrmann die notwendige begriffliche Unterscheidung von Drama und Aufführung als Grundlage seiner Methode der Aufführungsrekonstruktion, die für Jahrzehnte die methodologische Basis der Theatergeschichtsschreibung bilden sollte.

Max Herrmann

Mit der Gründung des Berliner Instituts im Jahre 1923 entwarf Herrmann eine Theaterwissenschaft, die über die Theatergeschichtsforschung hinausgeht. 1920 skizzierte er in einem Referat anläßlich der Gründung eines Fördervereins für Theaterwissenschaft Grundsätze, die das neue Fach prägen sollten. Geschichte und Gegenwart, Wissenschaft und Praxis sollten nach Herrmanns Ansatz in einer wechselseitigen Beziehung eng miteinander verbunden sein: „Theaterwissenschaft ist lebendige Belehrung aus der Vergangenheit, verknüpft mit der Lehre von dem heutigen Theater" (1981: 18),

Herrmanns Programm

schreibt Herrmann, obwohl zu seiner Zeit eine solche Wechselbeziehung keinesfalls selbstverständlich war. Für benachbarte Disziplinen wie die Literatur- oder Kunstwissenschaft, die sich in den seltensten Fällen mit der zeitgenössischen Kunst- bzw. Literaturproduktion auseinandersetzten, war eine solche Beziehung zur Gegenwart undenkbar. Die von Herrmann geforderte Verknüpfung von Geschichte und Gegenwart in Forschung und Lehre ist bis heute ein besonderes Merkmal der Theaterwissenschaft geblieben.

Publikum

In dem genannten Referat plädiert Herrmann auch für eine Erweiterung des Forschungshorizontes über die Aufführung hinaus. Die Wissenschaft des Theaters umfasse viel mehr als nur die Aufführung von Dramentexten, denn Theater sei ein soziales Spiel. Der Ruf nach einer Theatersoziologie ist hier bereits unüberhörbar. Für Herrmann rückt der Zuschauer als entscheidende Komponente bei der Konstituierung von Theater in den Mittelpunkt: „Das Publikum ist als mitspielender Faktor beteiligt. Das Publikum ist sozusagen Schöpfer der Theaterkunst" (1981: 19). Zu Herrmanns weiteren „Programmpunkten" einer künftigen Universitätsdisziplin gehören:

- die Betonung insbesondere nichtkünstlerischer Aufgabengebiete wie Theaterrecht, Wirtschaft, Theatertechnik.
- die Einstufung von Schauspielkunst zwar als Kunstform, nicht aber deren Eingliederung in die universitäre Lehre. „Schauspielkunst hat mit der Universität nichts zu tun.[...] Für das Wenige, was gelernt werden kann, reicht eine Fachschule aus" (1981: 20).
- die deutliche Abgrenzung der Theaterwissenschaft von der Germanistik. Damit sollte eine zu starke Betonung der deutschen Verhältnisse vermieden werden. Die für die Theaterwissenschaft charakteristische europäische bzw. internationale Ausrichtung zeichnet sich hier bereits ab. Das Theater lasse sich nicht durch das Studium einer Nationalliteratur erfassen.
- Ziel des Studiums soll die Ausbildung von kundigen Dramaturgen, Regisseuren und „Theaterbeamten" sein, „in seiner edelsten und höchsten Ausprägung als Intendant, Direktor, Dramaturg und Spielleiter" (1981: 18). Eine gut fundierte theaterwissenschaftliche Ausbildung könne vor allem für Dramaturgen und Regisseure bei der Inszenierung von „alten Werken" von Nutzen sein, da die Forschung die ursprünglichen Aufführungsbedingungen dramatischer Texte sichtbar machen könnte.

Herrmanns Gedanke, die Theaterwissenschaft als Ausbildungsstätte für „Theaterbeamte" zu etablieren, blieb allerdings ohne unmittelbare Folgen, denn das Berufstheater als selbständiges, sich selbst perpetuierendes System war oder ist auf die Universität keineswegs angewiesen. Zudem handelt es sich bei der Wissenschaft ebenfalls um ein System, das gemäß dem Grundsatz der Freiheit von Forschung und Lehre eigenen Gesetzmäßigkeiten folgt, die mit den Belangen des aktuellen Theaters nur zufällig zu tun haben.

Eine ähnliche Programmschrift legte der Kölner Theaterwissenschaftler Carl Niessen im Jahre 1927 unter dem Titel ‚Die Aufgaben der Theaterwissenschaft' vor. In Analogie zu Herrmann plädiert Niessen dafür, Dramaturgie „szenisch" und nicht „germanistisch-philologisch" zu verstehen. Künstlerische und nationale Merkmale einer Spielvorlage seien für eine theaterwissenschaftliche Betrachtung ohne Belang, deren Forschungsfeld „die primitiven Äußerungen des mimischen Darstellungstriebes bei Kindern oder Völkern auf niederer Kulturstufe" sowie „die ‚klassischen' Dramen der deutschen Nationalliteratur" umfasse (1927: 44). Die hier anklingende Verbindung zu nicht-philologischen Kunstformen wie dem Mimus und dem Tanz führte bei Niessen zu einer Verselbständigung der Theaterwissenschaft gegenüber den Philologien in einem Ausmaß, das über Herrmanns Vorstellungen weit hinausging. In seinem monströsen *Handbuch der Theaterwissenschaft*, das in den 50er Jahren erschien, präsentierte Niessen eine überwältigende und scheinbar unstrukturierte Sammlung von seriösem sowie populärwissenschaftlichem ethnologischen Material im Zusammenspiel mit europäischen Dramatikern und Dichtern.

Daß Niessen auch den Begriff „Thingspiel" prägte, das nach 1933 von der frühen nationalsozialistischen „Theaterbewegung" aufgegriffen wurde, gehörte zu den weniger rühmlichen Kapiteln der Fachgeschichte. Seine wohl wichtigste Hinterlassenschaft war eine große Sammlung an Theatralia, die den Grundstock der heutigen theaterwissenschaftlichen Sammlung der Universität Köln im Schloß Wahn bildet.

Der dritte Begründer, Artur Kutscher, lehrte etwa fünfzig Jahre lang Theaterwissenschaft an der Universität München, obwohl er keinen Lehrstuhl am 1926 gegründeten Institut für Theatergeschichte erhielt. Seine Reputation basierte darauf, daß er Freund und Förderer von Dramatikern, allen voran Bertolt Brecht und Frank Wedekind, war.

In seinem erstmals 1936 veröffentlichten und 1949 überarbeiteten Werk *Grundriß der Theaterwissenschaft* entwirft er eine breit angelegte „Stilkunde" des Theaters. Wie Niessen faßt er den „Mimus" als Ausdrucksform eines überzeitlichen Nachahmungs- und Spieltriebs auf. Die Mimik, „die Ausdruckskunst des Körpers", sei „die Voraussetzung für Theater und Drama" und „Wanderschmiere und Kunsttempel" (1949: 7) gleichermaßen. Für Kutscher ist der Tanz die „Urzelle des Theaters". Er umreißt eine tanzethnographische Typologie und verleiht der Theaterwissenschaft somit eine grundlegende interkulturelle Ausrichtung.

Wie bei Niessen geht dieses Interesse an der Verbindung von Ethnographie und Theater bei Kutscher, der auch Mitglied der NSDAP war, scheinbar mit einer gewissen Affinität zur NS-Ideologie einher. Die weitere Entwicklung des Faches im deutschsprachigen Raum hängt eng mit den politischen Ereignissen nach 1933 zusammen:

> [A]ls die Theaterwissenschaft endlich als selbständiges Prüfungsfach anerkannt wurde – 1938 in Köln und 1943 in Berlin – geschah dies dann weniger in Anerkennung der wissenschaftlichen Verdienste der jungen Disziplin;

vielmehr lieferte die stramme nationalsozialistische Gesinnung ihrer Lehrstuhlinhaber die Begründung. (Fischer-Lichte 1994a: 17)

Erika Fischer-Lichtes treffende Einschätzung der fachgeschichtlichen Entwicklung bezieht sich in erster Linie auf Carl Niessen und Heinz Kindermann, den ersten Lehrstuhlinhaber der Theaterwissenschaft an der Universität Wien, der bereits seit Mai 1933 NSDAP-Mitglied war, sowie auf Hans Knudsen, der während der NS-Zeit mit Hilfe politischer Einflußnahme Max Herrmanns Lehrstuhl übernahm. Unter anderem weil alle drei nach anfänglicher Suspendierung ihre Lehrstühle zurückbekamen, haftete dem Fach bis Ende der 60er Jahre der Verdacht des „braunen Flecks" an.

Öffnung in den 60er Jahren

Fachgeschichte ist allerdings nie ausschließlich eine Geschichte umstrittener Persönlichkeiten, sondern vor allem die Geschichte von Forschung und Lehre innerhalb eines Faches. Bis in die 60er Jahre hinein waren theaterwissenschaftliche Publikationsreihen hauptsächlich der Theatergeschichte gewidmet. Gelegentlich wurden auch systematisch ausgerichtete Dissertationen, etwa zu Regie, Schauspielkunst, Dramentexten vorgelegt, aber diese blieben bemerkenswerte Ausnahmen. Im Zuge der Studentenrevolte Ende der 60er Jahre wurde die Theaterwissenschaft einer grundlegenden ideologischen und wissenschaftstheoretischen Befragung unterzogen. Das wohl wichtigste Ergebnis dieses Prozesses war die Öffnung des Faches gegenüber den „neuen" Medien Film, Fernsehen und Hörfunk. An den bestehenden Instituten wurde die Medienfrage unterschiedlich gelöst. Manche wurden umbenannt in Institute für Theater-, Film- und Fernsehwissenschaften; andere versuchten den „Medienanteil" möglichst gering zu halten.

Expansion

Die zweite wichtige Entwicklung vollzog sich in den 80er Jahren in Form einer Expansion des Fachs. Neben den etablierten Instituten in Berlin, Köln, München, Erlangen und Wien entstanden in rascher Folge Neugründungen 1975 in Bayreuth mit Schwerpunkt Musiktheater und ab Anfang der 80er Jahre in Gießen (Angewandte Theaterwissenschaft), Bochum, Frankfurt a.M., Mainz, Bern und Leipzig. Mit dieser „Gründungswelle" ging auch die Notwendigkeit einher, die Arbeit unter den Instituten besser zu koordinieren. Im Jahre 1991 konstituierte sich die Gesellschaft für Theaterwissenschaft in Wien. Sie tritt seitdem in zweijährigem Turnus zusammen und veranstaltet vor allem Tagungen.

Zu Beginn des neuen Jahrhunderts läßt sich feststellen, daß sich das Fach Theaterwissenschaft aus einem belächelten Schattendasein zu einem festen Bestandteil der universitären Landschaft entwickelt hat. Angehende Studierende haben nun eine breite Auswahl an Instituten, die eine Reihe von Schwerpunkten in Lehre und Forschung aufweisen.

⇒ Klier 1981; Kirsch 1992; 1996; Fischer-Lichte 1994a; Corssen 1997.

Teil I Grundlagen der Theaterwissenschaft

1. Teildisziplinen und Gegenstandsbereiche

Die europäische Theatertradition zeichnet sich durch einen hohen Grad an Ausdifferenzierung und Spezialisierung aus. Seit der Renaissance haben sich die Bereiche Schauspiel-, Musik-, Tanz- und Figurentheater sukzessive auseinanderentwickelt. Die Unterscheidung nach diesen vier Gattungen geht jeweils vom zentralen Träger, dem überwiegend sprechenden, singenden, tanzenden oder pantomimisch agierenden Darsteller aus. Allerdings wäre es irreführend anzunehmen, diese Theaterformen existierten von Anfang an in Reinform. Sprechtheater ohne Musik beispielsweise, d.h. ohne musikalische Begleitung, ist eine Erscheinung des ausgehenden 19. Jahrhunderts. Es gibt zahlreiche historische Übergangsformen, so etwa den sprechenden Sänger im Singspiel, in der Opéra comique, in der Operette und im Musical, den sprechenden Schauspieler in der Posse mit Gesang, im modernen epischen Theater, den sprechenden und tanzenden Schauspieler im Musical. In vielen, wenn nicht in den meisten außereuropäischen Theaterformen gilt diese Trennung in Tanz-, Sprech- oder Musiktheater ohnehin nicht.

Die ursprüngliche Entstehung der Theaterwissenschaft aus der germanistischen Literaturwissenschaft brachte im deutschsprachigen Raum (wie in anderen europäischen Ländern, wo sich analoge Entwicklungen, wenn auch etwas zeitverschoben, vollzogen) einen primären Akzent auf dem Schauspieltheater mit sich, der bis heute dominiert. Studierende der Theaterwissenschaft müssen sich auf Institute einstellen, in denen sich die wissenschaftliche Beschäftigung mit Theater beinahe ausschließlich auf Schauspieltheater konzentriert. *Akzent Schauspieltheater*

Europäisches Musiktheater ist bislang überwiegend die Domäne der Musikwissenschaft, was zu einer weitgehenden Dominanz musikhistorischer und -stilistischer Fragen gegenüber theatergeschichtlichen oder -theoretischen führte. Erst seit einigen Jahren institutionalisierte sich mit dem Institut für Musiktheaterforschung in Bayreuth (1975) und der Dozentur für Musiktheater am Institut für Theaterwissenschaft der Universität München eine spezielle Musiktheaterforschung innerhalb der deutschsprachigen Theaterwissenschaft. *Musiktheater*

Seit etwa Mitte der 80er Jahre ist die Forderung nach einer „integrativen" Theaterwissenschaft, bei der neben Sprechtheater auch Musik- und Tanztheater zu größerem Ansehen gelangen sollen, vernehmbar. Von besonderer Bedeutung für eine solche integrative Wissenschaft ist die Reflexion über Gemeinsamkeiten und Unterschiede. Die Theaterwissenschaft orientiert sich wie der institutionalisierte Theaterbetrieb an einem Theaterverständnis, bei dem ein alter oder neu geschriebener Text von einem Produktionsteam in Szene gesetzt wird. (Nur selten wird der Text selbst von eben demselben Team in situ erarbeitet.) Dies gilt auch für das Musiktheater, wobei der Schwerpunkt noch deutlicher auf einem historisch gewachsenen, kaum veränderlichen Standardrepertoire liegt. Im Theatertanz dagegen *Integrative Theaterwissenschaft* überwiegen Novitäten, d.h. neu choreographierte Werke. Was die Produktion an neuen Werken angeht, hat das Tanztheater das Sprechtheater im deutschsprachigen Raum als Leitform abgelöst.

1.1 Sprechtheater

Schauspiel- oder Sprechtheater werden als Termini oft synonym gebraucht, bedeuten aber streng genommen Verschiedenes. *Schauspieltheater* meint das Medium, in dem das geschriebene Drama zur Aufführung gelangt. Die damit implizierte Fokussierung auf das Drama bzw. Schauspiel bedingt jedoch eine Einengung des wissenschaftlichen Horizonts. *Sprechtheater* dagegen denotiert verhältnismäßig wertfrei Theaterformen, die sich im Gegensatz zu gesungenen oder zu getanzten Aufführungen vorrangig des gesprochenen Worts bedienen. Sprechtheater umfaßt aus theaterwissenschaftlicher Sicht neben den normalerweise im Schauspieltheater anzutreffenden Spiel- und Dramengattungen eine ganze Palette an weiteren Theaterformen. Dazu gehören u.a.:

- Kabarett,
- Vaudeville, Revue (mit Anbindung an das Musik- und Tanztheater),
- Kinder- und Jugendtheater (eine aufgrund des besonderen Adressatenkreises spezielle Form des Schauspieltheaters),
- experimentelle Theaterformen, bei denen der gesprochene Text nur eine neben anderen Ausdrucksformen ist,
- Improvisationstheater.

Im vorliegenden Buch werden die genannten Formen des Sprechtheaters nur am Rande bzw. vergleichend herangezogen. Entsprechend der Praxis der institutionalisierten Häuser wird in der Regel von einer zu sprechenden Textvorlage, zumeist einem veröffentlichten Dramentext ausgegangen. Die besondere Bedeutung experimenteller Theaterformen, zumal derjenigen in der Nähe der Performance-Kunst, erhält eine gesonderte Betrachtung in Kap. 9.

dramenzentrierte Forschung

Aufgrund der fachgeschichtlichen Anfänge in der Literaturwissenschaft läßt sich für die Theaterwissenschaft eine Akzentsetzung auf dem „gehobenen" Drama feststellen. Diese Sicht verträgt sich schlecht mit der theoretischen und systematischen Selbstdefinition des Fachs. In jüngster Vergangenheit wurde zu Recht argumentiert, daß eine Definition des Fachs aufgrund einer besonderen literarischen Gattung problematisch ist, obwohl diese Fokussierung auf das „gehobene" Schauspieltheater den herrschenden institutionellen Strukturen einschließlich der Subventionsverteilung entspricht.

1.2 Musiktheater

Musiktheater als Gegenstandsbereich der Theaterwissenschaft ist durch eine paradoxe Situation gekennzeichnet: Während ihr wichtigstes Teilgebiet, die Oper, mindestens zwei Jahrhunderte lang die beherrschende Gattung des europäischen Theaterwesens gewesen ist, läßt die wissenschaftliche Aufarbeitung der Oper im Rahmen eben dieses Fachs eher eine Randstellung vermuten. Auch der Begriff ‚Musiktheater' selbst ist nicht unumstritten. Zum einen ist er im eben genannten Sinne ein Dachbegriff für alle Erscheinungsformen eines dominant musikalischen Theaters zu verstehen. Zum anderen bezeichnet Musiktheater einen historisch bedingten, von den Opernkonventionen sich verselbständigenden Regiestil im 20. Jahrhundert, der die theaterästhetischen Errungenschaften des Sprechtheaters auf die Opernbühne zu übertragen versuchte (⇒ Felsenstein 1976). Bis ins 19. Jahrhundert wurde auch der Tanz – sowohl die Balletteinlagen als auch das abendfüllende klassische Ballett – als Bestandteil des Musiktheaters oder zumindest ihm zugehörig betrachtet. Aus theaterwissenschaftlicher Sicht ist dieser historische Tatbestand jedoch wenig hilfreich, und so hat sich entsprechend der Theatertanz bzw. die Tanzwissenschaft als eigenständige Teildisziplin herausgebildet (⇒ Kap. 1.3).

Begriff

„Opernforschung als Teilgebiet der Musikwissenschaft und Musiktheater-Forschung als Teildisziplin der allgemeinen Theaterwissenschaft sind nicht homogen und keineswegs homolog", stellte der Münchner Theaterwissenschaftler und Spezialist für Musiktheater Jürgen Schläder bei seiner Bestandsaufnahme 1990 fest (Schläder 1990: 129). Aufgrund der Dominanz des Zeichensystems Musik, dessen Dekodierung vom Rezipienten Spezialkenntnisse verlangt, ist musikalisches Theater Schläder zufolge ein noch komplexeres Gebilde als Sprech- oder Tanztheater. Demgegenüber ist das Zeichensystem des Schauspieltheaters jedem Zuschauer sozusagen in die Wiege gelegt worden:

> Musik als Mittel des dramatischen Ausdrucks trifft hingegen niemals auf diese umfassende, bei einer Vielzahl von Rezipienten analoge Kompetenz. Musik ist keine mimetische Kunst, und musikalische Handlungen setzen eine spezifische Verstehensweise voraus; ihre angemessene Rezeption gründet in besonderer Schulung und Erfahrung des Hörers/Zuschauers im Umgang mit musikalischen Kunstwerken. (1990: 129)

Das hier artikulierte „Spezialproblem" des Musiktheaters übertrug sich unmittelbar auf die wissenschaftliche Forschung. Zunächst fand lediglich die musikalische Komponente im Rahmen stilgeschichtlicher und kompositionstechnischer Untersuchungen Beachtung. Der Musik- und Theaterwissenschaft blieb die Einbettung der Theatermusik in ein Bühnenereignis und davon ausgehend eine Vielzahl an ästhetischen und theoretischen Fragen, die dem Schauspieltheater analog sind, verborgen. Erst in den 70er Jahren des 20. Jahrhunderts entwickelten sich im Rahmen der Musikwissenschaft Ansätze zu einer theaterbezogenen Opernforschung. Ein von dem Musiktheaterforscher Heinz Becker 1973 aufgestellter Fragenkatalog hätte analog für die Theaterwissenschaft formuliert werden können. Becker forderte die Erforschung:

Spezialproblem

theaterbezogene Opernforschung

- der Bühnentechnik
- der Inszenierungsgeschichte

- der Arbeitsweise von Komponisten, Librettisten und Ballettmeistern
- der Rezeptionsgeschichte
- der Stoffgeschichte und
- der ökonomischen Bedingungen des Opernbetriebs vergangener Jahrhunderte

(Becker 1974: 162–64, nach Schläder 1990: 164)

Erst mit der Etablierung spezieller Forschungseinrichtungen für Musiktheater konnten solche Forderungen berücksichtigt werden. 1975 wurde ein der Universität Bayreuth angegliedertes Institut für Musiktheaterforschung in Thurnau gegründet. Mit der Einrichtung einer Professur für Musiktheater 1985 am Institut für Theaterwissenschaft in München wurde das Teilgebiet im Rahmen des Fachs institutionalisiert. Die von Becker skizzierten Forschungsgebiete spielen bei diesen Neueinrichtungen, angereichert durch theatertheoretische und musikdramaturgische sowie Fragen der Inszenierungsanalyse, eine zentrale Rolle.

Formen des Musiktheaters

Das Musiktheater unterscheidet drei grundsätzliche Formen: Oper, Operette, beginnend im 19. Jahrhundert, und Musical, beginnend im 20. Jahrhundert, mit einer Reihe von Zwischenformen wie zum Beispiel das Singspiel. Die Oper wiederum weist eine große Zahl von historischen Formen auf, die seit den Anfängen in Italien im ausgehenden 16. und beginnenden 17. Jahrhundert entstanden sind. Diese Gattungsgeschichte verläuft zum Teil parallel zu Entwicklungen im Sprechtheater; auch sie ist vor allem in eher populären Formen wie dem Singspiel nationalsprachlich und nationalkulturell bedingt. Italien übte bis ins 19. Jahrhundert hinein einen unverhältnismäßig großen Einfluß aus, was zum Teil an den Gattungsbezeichnungen abzulesen ist, gefolgt von Frankreich und Deutschland in der zweiten Hälfte des 19. Jahrhunderts.

Die Gattungssystematik des Musiktheaters zeigt, daß die im Verlauf der Musiktheatergeschichte entwickelten Formen und Subgenres keinesfalls rein musikspezifischen Unterscheidungskriterien unterliegen. Vielmehr wirken verschiedene theater- und dramaturgiebezogene Faktoren bei der Konstituierung neuer Gattungen zusammen.

Für die Einbeziehung des Musiktheaters als Bestandteil einer integrativen Theaterwissenschaft sprechen folgende Gründe:

- Ebene der Darstellung: Die Werke des Musik- und Sprechtheaters konstituieren sich durch Darsteller, sie weisen einen transitorischen Werkcharakter auf, und bei der Analyse spielen Fragen der Dramaturgie sowie der Inszenierung eine zentrale Rolle. Im noch engeren Sinne verbindet auch die menschliche Stimme in der theatralen Produktion beide Sparten: die singende auf der einen und die sprechende Stimme auf der anderen Seite (Bayerdörfer 1999).

1. Teildisziplinen und Gegenstandsbereiche 21

Entwicklung des Musiktheaters

Zeit	Epoche	Theaterformen und Gattungen	Raum
1550–1600	Renaissance	Vorformen: Intermedien, Pastorale; Madrigalkomödie	Italien
1600–1730	Barock	Favola in musica, Dramma per musica, Tragédie lyrique, Masques; Opera buffa; Opéra ballet; Opéra-comique; Ballad opera	Italien: Mantua, Florenz, Venedig. Frankreich, Spanien, England, Deutschland, Österreich
1730–1820	Barock, Aufklärung, Früh- und Hochklassik	Opera seria, Opera buffa, Intermezzo, Ballad Opera, Singspiel, Melodram, Tragédie lyrique, Opéra-comique, Reformoper, Zarzuela	Italien, Frankreich, England, Niederlande, Deutschland, Österreich, Spanien
1800–1890	Romantik, Historismus, Realismus	Melodramma, Opera buffa, Grand Opéra. Opéra bouffe, romantische Oper, Singspiel, Musikdrama, komische Oper, Operetta	Europäischer Raum
1890–1910	Verismus, Realismus, Exotismus; Symbolismus	Melodramma, Drame lyrique, Opéra comique, Musikdrama, komische Oper, Operetta	Europäischer Raum
1910–1933	Expressionismus, Neoklassizismus, Neue Sachlichkeit	Zeitoper, episches Musiktheater, Opernoratorium, Komische Oper, Kammeroper, Musikdrama, Schuloper, Musical	Europäischer Raum und USA
1933–1945	Neoklassizismus, Neue Sachlichkeit, gemäßigte Moderne	Zeitoper, Bekenntnisoper, lyrisches Drama, episches Musiktheater, Musikdrama, Komische Oper, Kammeroper, Spieloper, Schuloper, Musical, Operette	Europäischer Raum und USA
1945–heute	Avantgarde, gemäßigte Moderne, Postmoderne	Literaturoper, Funkoper, Komische Oper, Musikdrama, Rituelles und mythisches Musiktheater, Politisches Musiktheater, Szenische Komposition, Rockoper	International

- die historische Ebene: Das Musiktheater bildet in bestimmten Epochen das kulturelle und ästhetische Leitmedium. Untersuchungen zum „Theater" des 19. Jahrhunderts in einer Reihe von Ländern einschließlich Deutschland, Italien und Frankreich ergeben eine verzerrte Sicht der damaligen Wahrnehmung, wenn das Musiktheater nicht gebührend berücksichtigt wird. Zudem läßt sich die für das 20. Jahrhundert bestimmende Theaterreformdebatte und vor allem die Aufwertung der Regie ohne eine Berücksichtigung des Wagnerschen Musiktheaters und der aus ihm hervorgehenden Impulse nicht annähernd erfassen.
- die personelle Ebene: Es gibt kaum führende Regisseure und Bühnenbildner, die nicht in beiden Hauptsparten des Theaters arbeiten.
- die Rezeptionsebene: Eine Diskussion über experimentelles Theater seit 1960 läßt sich ohne Kenntnisse der Theorien und Experimente von Komponisten wie John Cage oder Maurizio Kagel kaum führen.

⇒ Becker 1974; Wiesmann 1980; Schläder 1990; Bayerdörfer 1999.

1.3 Theatertanz und Körpertheater

Der Begriff „Theatertanz" ist neueren Datums und umfaßt diejenigen Formen des Tanzes, die sich im Rahmen von Theateraufführungen herausgebildet haben: historisch am signifikantesten das klassische Ballett und im Laufe des 20. Jahrhunderts *modern dance*, Ausdruckstanz, *postmodern dance* u.a.m. Zum Theatertanz kann freilich jede Form des Tanzes werden, der in erster Linie für ein Publikum aufgeführt wird. Der Begriff wird oft mit „Tanztheater" gleichgesetzt, einer bestimmten Tendenz des modernen Theatertanzes, die vor allem mit der deutschen Choreographin Pina Bausch in Verbindung steht. Im vorliegenden Buch werden beide Begriffe synonym verwendet, da dies dem heutigen Sprachgebrauch entspricht. Neben Theatertanz bürgern sich die Termini *Bewegungs-* bzw. *Körpertheater* zunehmend ein. Einerseits umfassen sie eine große Zahl zeitgenössischer Theaterexperimente, die weder dem Schauspiel- noch dem Tanztheater zuzurechnen sind, bei denen aber der menschliche Körper die ästhetische Dominante bildet. Andererseits erfaßt Bewegungstheater ältere Formen wie die *Pantomime*, die bis in die Antike zurückreichen und eine schwer einzuordnende Mittelposition zwischen Schauspiel-, Tanz- und Musiktheater okkupieren.

Tanz als gesamtkulturelles Phänomen – gemeint sind Formen wie Gesellschaftstanz, Volkstänze, rituelle Tänze usw. – werden zumindest im deutschsprachigen Raum an andere Fächer wie die Volks- und Völkerkunde delegiert, wenn sie überhaupt Gegenstand wissenschaftlicher Untersuchungen sind. Aufgrund der theatergeschichtlich engen Beziehungen zwischen Tanz- und Musiktheater – Opern und Operetten waren bis ins 19. Jahrhundert hinein in den meisten Fällen ohne Tanzeinlagen nicht denkbar – bleibt

Theatertanz bis heute institutionell im Rahmen der Musikwissenschaft verankert. Die Beiträge namhafter Komponisten zum Theatertanz wie Tschaikowski oder Strawinski legitimieren eine Beschäftigung mit Tanz im Rahmen der Musikwissenschaft noch weiter. Im deutschsprachigen Raum gibt es bislang keine definitive Richtung der Tanztheaterforschung. Im angloamerikanischen Raum ist die Situation anders. Sowohl in England als auch in den USA hat sich eine spezifische Tanzwissenschaft herausgebildet. Während in England methodologisch fundierte Grundlagenforschung betrieben wird, hat man in den USA die Signifikanz von Körper, Bewegung und Tanz als interdisziplinär interessante Themenfelder erkannt und bearbeitet. Eine so verstandene und etablierte Tanzwissenschaft betrachtet sämtliche tänzerische Ausdrucksformen und nicht nur die theaterbezogenen als ihren eigentlichen Forschungsgegenstand.

Tanztheaterforschung

> Tanzforschung setzt sich mit einem komplexen und komplizierten Gebilde auseinander: dem Tanzwerk. Wie die Theaterwissenschaft beschäftigt sie sich mit einer transitorischen Kunst, deren Existenznachweise, „Texte", allerdings noch schwerer zu fassen sind als die des Sprech- und Musiktheaters. Gelten hier verbale Vorlagen und Musikpartituren als Grundlagen der Bühnenproduktion, so haben sie für den Theatertanz nur periphere Bedeutung. Sein Kontinuum sind die Körperbewegungen. In ihnen wird ein bestimmtes Körper-, Bewegungs- und Tanzverständnis manifest, mit dem sich der Zuschauer konfrontiert. (Jeschke 1990: 147)

Das aus Körperbewegungen sich konstituierende Tanzwerk läßt sich historisch und theoretisch fassen. Die geschichtlich orientierte Tanztheaterforschung befaßt sich daher mit einzelnen Choreographien, mit geschichtlichen Epochen, mit herausragenden Tänzern, Choreographen sowie mit stilistischen Entwicklungen. Die theoretische Auseinandersetzung mit Tanz hat sich bislang vorwiegend auf Fragen der Bewegungs- und Körperanalyse konzentriert (⇒ Kap. 4.3.2.2).

⇒ Jeschke 1990; Schoenfeldt 1997; Woitas 1998

1.4 Figurentheater

Figurentheater ist ein Oberbegriff für Formen des Theaters, bei denen kein *lebender* Darsteller im Mittelpunkt steht. Die wichtigste ist das Puppentheater in seinen vielfältigen systematischen und historischen Erscheinungsformen. Dem Figurentheater können aber auch andere Formen zugerechnet werden wie z.B. das Theater der Gegenstände (*performing objects*) sowie Formen des Maskentheaters.

Das Puppen- oder Marionettentheater gehört zu den ältesten Erscheinungsformen des Theaters und läßt sich in einer Vielzahl von Kulturen fin-

24 Teil I Grundlagen der Theaterwissenschaft

den. Eingesetzt werden entweder zweidimensionale Figuren (vornehmlich als Schattentheater) oder dreidimensionale, plastische Figuren in Form von *Hand-, Stab-* oder *Stockpuppen*. Zwar ist das Puppentheater im europäischen Kontext und historisch betrachtet eine eher marginalisierte Theatergattung, doch läßt sich diese Randstellung aus interkultureller Perspektive nicht generalisieren. So gehört das javanesische *Wayang kulit* – eine Form des Schattentheaters mit transparenten Stabpuppen – zu den am weitesten verbreiteten Theaterformen Indonesiens, dessen Entwicklungsgeschichte bis ins 8. Jahrhundert unserer Zeitrechnung zurückreicht. Von ebenso hohem gesellschaftlichen Stellenwert ist das japanische *Bunraku*, das vor allem im 17. und 18. Jahrhundert großes künstlerisches Ansehen erlangte und heute noch neben *Nô*, *Kabuki* und *Kyôgen* den klassischen japanischen Theaterformen zugerechnet wird.

Im europäischen Kontext hat das Puppentheater nur punktuell hohe ästhetische Beachtung erhalten. Trotzdem ist es auch hier als kulturelles Phänomen in vielfältiger Weise anzutreffen, wie Gerd Taube in seiner kulturgeschichtlichen Untersuchung ausführt. Taube benennt folgende Kontexte des Puppenspiels:

- gewerbliches Angebot kultureller Kommunikation im Schaugewerbe
- kulturelle Kommunikation im künstlerischen Kontext
- christlicher Kontext
- repräsentativer und juristischer Kontext (z.B. Vollstreckung der Strafe an Scheinleibern) (Taube 1995: IX)

Die Theaterwissenschaft befaßt sich mit der zweiten der vier aufgelisteten Kategorien. Dabei lassen sich hauptsächlich *historische* und *theoretische* Ansätze unterscheiden, wobei sie nur selten klar voneinander zu trennen sind.

Eine *Geschichte* des Figurentheaters unterscheidet im europäischen Kontext zwei Hauptphasen: das traditionelle und das moderne Puppentheater. Traditionelles Puppentheater bezeichnet die theatralen Erscheinungsformen des Puppenspiels vom 17. bis 19. Jahrhundert. Im 17. und 18. Jahrhundert war das Puppenspiel an das Schauspiel der Wandertruppen angegliedert und in deren Programm eingebettet. Es fand erst im 19. Jahrhundert in der Form von Wandermarionettentheatern und in der Gestalt des Handpuppenspiels im Rahmen des Schaustellergewerbes zur Eigenständigkeit. Modernes Puppentheater setzt im 20. Jahrhundert ein. Das 20. Jahrhundert leitete zunächst die Ära des künstlerischen Puppentheaters ein, die etwa von der Jahrhundertwende bis zum Zweiten Weltkrieg andauerte. In Rußland, Deutschland und Österreich traten Künstler hervor, die sich von den nicht seßhaften Marionetten- und Jahrmarktspielern distanzieren wollten. Sie führten eine Hinwendung zu einer neuen künstlerischen Auseinandersetzung mit dem Marionettentheater herbei, die sich zum Teil aus literarisch-ästhetischen Tendenzen (⇒ Bayerdörfer 1976), zum Teil aus der Rezeption des fernöstlichen Figurentheaters speisten. Diese Bestrebungen erweckten das Interesse bildender Künstler am Figurentheater, die als Bühnenbildner oder Figurengestalter wirkten.

Nach 1945 entwickelte sich das Figurentheater rasch von seinen traditionellen Wurzeln fort und erweiterte das Spielrepertoire sowie die Vielfalt der Techniken. Im Rahmen avantgardistischer Theaterexperimente fanden Formen und Gattungen des Figurentheaters Verwendung, wobei Puppen und menschliche Darsteller häufig nebeneinander auftraten. Es handelt sich hier einerseits um eine Sichtbarmachung des implizit vorhandenen Manipulators, der im traditionellen europäischen Figurentheater unsichtbar ist. Andererseits geht die Integration des Figurentheaters in das Sprechtheater mit theaterästhetischen Diskursen zum Status des menschlichen Darstellers auf der Bühne einher. Zeitgenössische Regisseure wie Ariane Mnouchkine, Tadeusz Kantor und Robert Lepage setzen punktuell aus theaterästhetischen Gründen Puppen in ihren Inszenierungen ein. Andererseits gibt es Truppen wie die südafrikanische *Handspring Puppet Company*, die primär Puppentheater mach(t)en, aber zunehmend menschliche Darsteller einbeziehen.

nach 1945

Sprechtheater

Eine *Theorie* des Figurentheaters hat auch ihre Geschichte. Sie beginnt traditionsgemäß mit dem berühmten Aufsatz des englischen Theaterreformers Edward Gordon Craig aus dem Jahr 1908: *The Actor and the Übermarionette* (Craig 1969). Craig entwickelt hier eine komplexe Argumentation über das Subjektivitätsproblem in der Schauspielkunst. Dem unzuverlässigen und seiner individuellen Subjektivität unterworfenen menschlichen Darsteller setzt Craig „die Kunstfigur, das symbolische Geschöpf" eines noch zu schaffenden ‚Marionettentypus'" entgegen. Die Antinomie von ‚Mensch und Kunstfigur' wird im gleichnamigen Aufsatz von dem Bauhauskünstler Oskar Schlemmer (1925) wieder aufgegriffen. Wie Craig geht es auch Schlemmer um die Herauslösung des Darstellers aus seiner menschlichen „Gebundenheit", was von der Erkenntnis getragen wird, daß der menschliche Darsteller nur in beschränktem Maße „kunsttauglich" sei. In der Theorie Schlemmers sieht die „absolute Schaubühne" eine Verbannung des „beseelten Menschen" vor. An ihrer Stelle werden die Bewegungen mechanischer Kunstfiguren imaginiert. Schlemmers eigene Experimente mit dem „Triadischen Ballett" in den 20er Jahren führten zur Entwicklung eines Figurentheaters mit lebenden Tänzer-Darstellern, die aufgrund der Kostümierung und Bewegungen nicht als Menschen in Erscheinung traten.

Theorie

Die *Theatersemiotik* (⇒ Kap. 3.2.2) hat recht früh das Figurentheater als Untersuchungsgegenstand entdeckt. Bereits in den 20er Jahren untersuchte der russische Volkskundler Petr Bogatyrev die Wechselbeziehung zwischen Puppentheater und lebenden Darstellern. Figurentheater ist deshalb für Semiotiker ein besonders privilegiertes Untersuchungsobjekt, weil der menschliche Darsteller und das Problem der Materialität des Körpers zunächst ausgeschaltet werden können. Die Puppe ist in den Worten des tschechischen Semiotikers Jiri Veltrusky „ein reines Zeichen", weil alle ihr zugrundeliegenden Komponenten intentionaler Natur sind (1983: 79). Die Bühnenfigur entsteht aus einer unbelebten Figur, der Bewegung, die ihr vermittelt und der Stimme, mit der sie belegt wird. Dabei kommt es hier

Theatersemiotik

nicht zur vollständigen Verschmelzung dieser Elemente, sondern die Trennung bleibt bewußt und liefert so eine zusätzliche Bedeutungsdimension. Veltruskys Theorie ist eine semiotische Umschreibung für das, was Craig und Schlemmer die „Künstlichkeit" der Marionette oder Puppe nannten.

    Da die Puppe auf der Bühne auf besonders augenfällige Art und Weise künstlerische Intentionalität hervorhebt, entsteht in der Wahrnehmung seitens der Zuschauer so etwas wie eine „Doppelvision", wie Steve Tillis argumentiert. Zum einen wird die Puppe in ihrer Objekthaftigkeit gesehen, zum anderen durch die Manipulation als verlebendigt imaginiert. Diese zweifache Wahrnehmung der Puppe provoziert, so Tillis, zwangsläufig Fragen und Zweifel hinsichtlich ihres ontologischen Status: Auf welcher Seinsebene existiert sie? (1992: 159) Aus dieser Doppelexistenz ergeben sich weitere theoretische und ästhetische Fragen hinsichtlich der gegenseitigen Beeinflussung der Puppenspieler und Puppe, wie Konstanza Kavrakova-Lorenz zeigt. Das Objekt Puppe erfahre im Gestaltungsprozeß eine Subjektivierung, eine Verlebendigung, wie Tillis sagt, während das menschliche Subjekt Puppenspieler einer Objektivierung, einer Verdinglichung unterworfen werde (Kavrakova-Lorenz 1989: 240). Dieser Vorgang läßt sich besonders deutlich im offenen Spiel beobachten (beispielsweise im japanischen *Bunraku*-Theater, in dem die Manipulatoren mit der Puppe auf der Bühne agieren), da hier die grundlegenden Wesenseigenschaften Objekt-Sein und Subjekt-Sein in starkem Kontrast zueinander erscheinen.

    Das Figurentheater wurde von der Theaterwissenschaft bislang recht stiefmütterlich behandelt. Aufgrund der Assoziationen mit Krippen- und Kasperlspiel wurde es vorwiegend an die Volkskunde delegiert. Doch ist diese marginale Position – nicht zuletzt aufgrund der zunehmenden Zahl anspruchsvoller Inszenierungen, die die Grenzen zwischen Menschen- und Figurentheater überschreiten oder sie gar zum ästhetischen Thema machen – weder geschichtlich, theoretisch noch analytisch gerechtfertigt.

Margin notes: Doppelvision; Subjektivierung; Objektivierung

⇒ Kavrakova-Lorenz 1989; Tillis 1992; Taube 1995

2. Theatergeschichte

Die Bezeichnungen Theaterwissenschaft und Theatergeschichte wurden bis in die 60er Jahre hinein so gut wie synonym verwendet, und zwar deshalb, weil sich die Theaterwissenschaft aus der Theatergeschichtsschreibung heraus entwickelt hat. Zwar ist heute die Theatergeschichte keineswegs mehr das beherrschende Forschungsfeld der Theaterwissenschaft, trotzdem gehören theatergeschichtliche Fragen und Kenntnisse immer noch zu den Kerngebieten des Fachs. In diesem Kapitel sollen einige methodische Grundlagen der Theatergeschichtsschreibung vorgestellt werden. Zunächst wird gezeigt, welche Art von Quellen dem Theaterhistoriker zur Verfügung stehen, um dann die Frage zu diskutieren, welchen erkenntnistheoretischen Wert die verschiedenen Quellen beanspruchen können. Im zweiten Teil des Kapitels wird das Problem der Periodisierung aufgegriffen. Schließlich werden neue Ansätze in der Theatergeschichtsschreibung präsentiert. Da diese Ansätze historische Fragestellungen aus verschiedenen theoretischen und ideologischen Perspektiven neu formulieren, definieren sie die eigentliche Arbeit des Theaterhistorikers.

Womit befaßt sich die Theatergeschichtsschreibung? Die Antworten darauf sind so unterschiedlich wie die gegenwärtigen und vergangenen Forschungsansätze. Zudem werden sie maßgeblich von der Definition des Forschungsgegenstandes bestimmt. Versteht man diesen Gegenstand primär als ästhetischen und erst in zweiter Linie als kultur- oder sozialgeschichtlichen, so wäre er als das Theaterkunstwerk, das sich in der Aufführung konstituiert, zu bestimmen. In der deutschen Tradition der Theaterwissenschaft besteht seit Max Herrmann Konsens über den zentralen Status der Aufführung bzw. der Inszenierung als Forschungsgegenstand. Für die Theatergeschichtsschreibung bringt diese Prämisse nach Dietrich Steinbeck zwei Verfahrensweisen hervor:

Theatergeschichtsschreibung: Ziele

> Theatergeschichte kann grundsätzlich als Inszenierungs- oder als Lokaltheatergeschichte betrieben werden. [...] Beide sehen sich aber demselben Grundproblem konfrontiert: ihre „Gegenstände" zunächst durch besondere Operationen „dingfest" machen, sie in ihrer Gestalt philologisch exakt vergegenwärtigen zu müssen. (1970: 163)

Lokaltheater bezeichnet demnach die Geschichte der Aufführungen verschiedenster literarischer und musikalischer Theatergattungen an einem Ort in einem historisch begrenzten Zeitraum. Inszenierungsgeschichte beschäftigt sich mit den verschiedenen Inszenierungen eines Werkes nach festgelegten zeitlichen und räumlichen Parametern.

Diese Unterscheidung macht auf zwei für die Theatergeschichtsschreibung zentrale Probleme aufmerksam: Wie lassen sich ephemere theaterhistorische Phänomene „dingfest" machen? Das heißt, auf welche Art von Quellen kann der Theaterhistoriker zurückgreifen und wie soll er mit ihnen umgehen? Und zweitens: wie läßt sich der Gegenstand räumlich und zeitlich gliedern? Auf diese beiden Fragen wird in den nachfolgenden Kapiteln eingegangen.

2.1 Quellenkritik und Rekonstruktion

Wenn Steinbeck von „philologisch exakt[er]" Vergegenwärtigung spricht, so ist hier die Quellenfrage gemeint. Die ersten grundlegenden quellenkritischen Studien für die Theaterwissenschaft wurden von Max Herrmann im Rahmen seiner Methode der *Rekonstruktion* entwickelt. Mit diesem vieldiskutierten Begriff ist die Vorstellung verknüpft, der Theaterhistoriker könnte mit Hilfe von Quellen vergangene Theaterbauten und sogar Inszenierungen in allen Einzelheiten soweit veranschaulichen, daß eine physische Rekonstruktion der Bühnenform und eine Durchführung von Aufführungen im historischen Stil möglich wären. Die grundsätzliche Frage nach dem Zweck einer solchen theaterhistorischen Rekonstruktion beantwortete Herrmann mit der Feststellung: „[D]as Ziel aller solcher Untersuchungen [ist] im wesentlichen die Herstellung verloren gegangener Leistungen, bis sie in der Anschaulichkeit eines unmittelbaren Abbildes vor uns stehen" (1914: 7). Neben der wissenschaftlichen Vergegenwärtigung „verloren gegangener Leistungen" schwebte Hermann auch deren theaterpraktische Umsetzung vor: In seinem Standardwerk, *Forschungen zur deutschen Theatergeschichte*, heißt es:

> Wir stellen uns die Aufgabe, eine theatralische Aufführung der Vergangenheit bis ins kleinste dermaßen wieder lebendig werden zu lassen, daß man sie, wenn nur die finanziellen Mittel zur Verfügung stehen, ohne Furcht vor bedenklichen Verstößen tatsächlich einem modernen Publikum vor Augen bringen könnte. (1914: 13)

Die Problematik dieser Vorgehensweise wurde bereits zu Lebzeiten Herrmanns deutlich. In seinem Buch glaubte er, genügend Beweise erbracht zu haben, um die Form der sogenannten Meistersingerbühne des 16. Jahrhunderts (auch als Hans-Sachs-Bühne bekannt) rekonstruieren zu können. Herrmann meinte nachweisen zu können, daß Hans Sachs die Nürnberger St. Martha-Kirche für die Aufführung seiner Werke benutzte. Er schlug ferner eine hypothetische Rekonstruktion dieser Bühnenform vor, was anschließend zu einem berühmten und erbitterten Streit mit dem Germanisten Albert Köster führte. Inzwischen sind die Thesen beider Forscher weitgehend widerlegt worden. Auch wenn das Ergebnis im Detail falsch war, blieben die von Herrmann entwickelten systematischen Prinzipien unangefochten. Zwar wird die Inszenierungs-Rekonstruktion als Selbstzweck heute nicht oder kaum mehr praktiziert. Dennoch gilt die dort entwickelte quellenkritische Methodik als Grundlage jeder Form theaterhistorischer Forschung und somit als ein von jedem Theaterwissenschaftler zu beherrschendes „Handwerk".

2. Theatergeschichte

Theatergeschichtliche Quellen	
unmittelbare	**mittelbare**
in Objektsprache überliefert	**in Metasprache überliefert**
Theatergebäude	Szenarien
Spielort	Aufführungsberichte
Bühne	Rollenbeschreibungen
Bühnentechnik	Protokolle
Dekorationsteile	Jahrbücher
Kostüme	Almanache
Requisiten	Kritiken
Masken	Theaterzeitschriften
Regiebücher	Briefe
Rollenhefte	Tagebücher, Memoiren
Soufflierbücher	Biographien
Inspizientenbücher	Anekdoten
Bühnenmodelle	Theaterromane
technische Zeichnungen	Pamphlete
Akten, Verträge, Urkunden	Theoretische Schriften
Theaterzettel	Plakate
in Metasprache	Darstellungen der bildenden Kunst
Bühnenfotos	
Filme & Videoaufzeichnungen	
Szenenbilder	**in Objektsprache**
Rollenbilder	Textbücher (Dramen)
Bühnenbild-Aufnahmen	Noten (Klavierauszüge, Partituren)
Grund- und Aufrisse	
Kostüm- und Bühnenbildentwürfe	

In Anlehnung an Herrmann hat Dietrich Steinbeck die Quellenfrage weiter systematisiert. Steinbeck trifft zwei grundlegende Unterscheidungen im Hinblick auf den Status theatergeschichtlicher Quellen. Zunächst müsse zwischen *unmittelbaren* und *mittelbaren* Quellen differenziert werden. Unmittelbare Quellen oder Belege stehen mit der Herstellung der Aufführung in direkter Verbindung. Dazu gehören das Theatergebäude oder der Spielort; die Bühne, die Bühnentechnik, Kostüme usw. Mittelbare Quellen sind Aufführungsberichte, Kritiken, Briefe, Memoiren usw.

_{unmittelbare und mittelbare Quellen}

Die zweite Unterscheidung betrifft die Sprache der Vermittlung. Sprache bedeutet hier nicht die natürliche Sprache, sondern Sprache im übertragenen Sinne. Steinbeck trennt zwischen *Objekt-* und *Meta*sprache. Objektsprache meint die Sprache des Theaters. Eine metasprachliche Quelle dagegen enthält immer eine *Reflexion* über die Aufführung. Aus dieser Unterscheidung ergibt sich das obige Schema.

Objekt- und Metasprache

Die Unterscheidung in Objekt- und Metasprache unterstreicht die Notwendigkeit, den erkenntnistheoretischen Status der jeweiligen Quellen abzusichern. Der Theaterhistoriker soll sich fragen, in welchem Verhältnis zu einer „realen" Bühnengestalt bzw. „Schicht der realen Bedeutung" (1970:

91) sie stehen. Diese Unterscheidungen lassen sich mit folgendem Beispiel illustrieren. Ist der Untersuchungsgegenstand die Szenographie einer Inszenierung des Meininger Theaters aus dem späten 19. Jahrhundert, so ergeben sich vier potentielle Quellentypen. Handelt es sich um Skizzen für ein Bühnenbild, Teile des Bühnenbilds selbst, eine Fotografie des Bühnenbilds oder eine Beschreibung desselben? Nach Steinbecks Schema lassen sich die Quellen wie folgt einordnen:

- Eine vom Bühnenbildner oder Regisseur entworfene Skizze ist eine unmittelbare Quelle in einer Metasprache überliefert, in diesem Fall in der Sprache der bildenden Kunst.
- Das Bühnenbild selbst oder Teile davon sind unmittelbare Quellen in der Objektsprache des Theaters.
- Eine Fotografie des Bühnenbilds stellt eine unmittelbare Quelle in der Metasprache der Fotografie dar.
- Eine Beschreibung der Bühnendekoration etwa in einer Theaterkritik oder in einem Brief enthält bereits eine Reflexion über den Gegenstand und ist entsprechend als mittelbare Quelle in einer Metasprache zu bezeichnen.

Entscheidend ist hier weniger die genaue Beachtung der Termini Metasprache/Objektsprache als vielmehr das Bewußtwerden über den Status und die damit verbundene Aussagekraft der verschiedenen Quellentypen.

Abb. 1: Herzog Georg II von Meiningen. Regieskizze zu Julius Mindings Historiendrama *Papst Sixtus V*. Deutsches Theatermuseum, München.

Daß sich diese Kategorien nicht immer säuberlich trennen lassen, zeigt Abb.1. Diese Skizze stammt von Herzog Georg II., dem Begründer des Meininger Hoftheaters, das in der zweiten Hälfte des 19. Jahrhunderts für seine historisch genauen Bühnenbilder und eindrucksvolle Massenregie europaweit bekannt wurde. Diese Quelle stellt eine bildliche Anweisung für den Bühnenbildner dar, die auch die schriftliche Mitteilung enthält, daß er vorhandene Versatzstücke aus dem Fundus benutzen soll. Somit gewinnt der Theaterhistoriker sowohl eine Vorstellung von dem ‚Bild' der Bühne, der Plazierung der Schauspieler usw. als auch von der szenographischen Praxis, die bei aller Genauigkeit in dieser frühen Phase noch recht schablonenhaft vor sich ging.

Die Quellenfrage wirft auch theoretische Probleme auf. Da die Aufführung bereits am Ende der Vorstellung unwiederbringlich verloren ist, kann der Theaterhistoriker auch bei einer sehr guten Quellenlage vergangene Inszenierungen nur über „Begriffe" ‚dingfest' machen, so Steinbecks Argumentation (1970: 155). Um dieses erkenntnistheoretische Problem zu präzisieren, unternimmt Steinbeck eine weitere wichtige Unterscheidung.

Die zu untersuchenden Inszenierungen ließen sich auf zweierlei Art und Weise erfassen: erstens als ein *intentionales Schema* mit Hinblick auf die Intentionen der an der Inszenierung beteiligten Künstler und zweitens als *vermeinte Gestalt* bezogen auf die Konkretisierungen des intentionalen Schemas durch die Zuschauer. Man könnte auch von der *Produktions-* und der *Rezeptionsebene* sprechen. Unabhängig davon, wie diese beiden Ebenen terminologisch zu benennen sind, steht die Erforschung dieser Schemata oder „vermeinten Gestalten" vor denselben quellenkundlichen und quellenkritischen Fragen.

Auch wenn die genaue Rekonstruktion eine Utopie bleibt, weil das Abbild immer mittelbar und nie unmittelbar sein kann, ist die Vorstellung, die Theaterwissenschaft müsse sich einen verbindlichen Kanon an Wissen und Werken schaffen, folgenreich gewesen. Hier hat die Theatergeschichtsschreibung in den letzten fünfzig Jahren ansehnliche Arbeit geleistet. Die Anschaulichkeit des griechischen, des mittelalterlichen und des Shakespeare-Theaters ist inzwischen weitgehend gewährleistet. Unsere Vorstellungen dieser Theaterformen sind keineswegs auf bestimmte Aufführungen bezogen, sondern auf Epochenmerkmale. Das ist allerdings ganz im Sinne Herrmanns, dem es darum ging, das Theater des Mittelalters oder der Renaissance in seinen epochentypischen Ausprägungen nachzubauen und nicht einzelne Inszenierungen zu rekonstruieren, was für das Theater dieser Zeit aufgrund der Quellenlage nur in wenigen Fällen möglich wäre.

Kritik an der Rekonstruktion

Aus heutiger Sicht ist die Rekonstruktion ein äußerst problematisches Unterfangen. In ihrer anspruchslosesten Ausprägung erschöpfte sie sich im Ansammeln von „Fakten" und Quellen. Bereits Ende der 60er Jahre wurde an diesem ‚positivistischen' Verfahren (⇒ Kap. 2.3) massiv Kritik geübt:

> Nicht unerhebliche Energien wurden deshalb darauf verwendet, mittels der Rekonstruktionsmethode das zu erschaffen, was benachbarte Disziplinen wie Literatur-, Kunst- und Musikgeschichte als Geschenk des Himmels besitzen: ein corpus delicti. Text, Gemälde, Plastik, Partitur – sie stellen immerhin Objekte dar, an denen sich Aussagen über sie überprüfen und messen lassen, da sie in ihrem angestammten Medium erhalten sind; Theater hingegen, [...] ist [...] im Nachhinein nicht mehr vollkommen empirisch faßbar: aus einem polyphonen Medium, bestehend aus vielerlei verschiedenartigen und -wertigen Zeichensystemen, wird in der Tradierung ein mehr oder minder feuilletonistischer Text, bestenfalls eine Transkription in ein anderes, lineares Medium, die Sprache. (Schöll/Kleindieck [1970] 1981: 172–73)

Wie die Verfasser richtig bemerken, sah sich die Theaterwissenschaft in einem Legitimationszwang und versuchte dieselben „philologischen" Prinzipien auf das Theater anzuwenden, die bereits für die Erforschung von Texten, Musik oder Bildern galten.

Die Zielsetzung der Rekonstruktion kann aber eine ganz andere sein, wie sich am Beispiel der Tschechow-Inszenierungen von Peter Stein demonstrieren läßt. Peter Steins Inszenierung der *Drei Schwestern* (UA 1984) an der Berliner Schaubühne ist in vielen Einzelheiten eine genaue Rekonstruktion der Inszenierung Stanislawskis am Moskauer Künstlertheater. Diese Rekonstruktionsarbeit betraf nicht nur die Szenographie, sondern auch szenische Arrangements, Bewegungsabläufe und Einzelheiten der Kostüme. Damit der Zuschauer diese Rekonstruktionsarbeit besser beurteilen konnte, brachte die Dramaturgie der Schaubühne anläßlich der Aufführung der *Drei Schwestern* eine reich bebilderte Dokumentation – *Die Stücke Anton Tschechows in den Inszenierungen des Moskauer Künstlertheaters* – heraus. Schon Max Herrmann hatte betont, der moderne Dramaturg könne seinen Beruf ohne Kenntnis der Uraufführungsbedingungen der zu inszenierenden Werke nicht ausüben.

> Wird ein altes Werk inszeniert, so muß der Dramaturg wissen, aus welchem Geist und aus welchen Verhältnissen heraus das alte Werk geschrieben und auf welche Weise es zu seiner Zeit gespielt. Er muß sozusagen die ältere Theatersprache kennen, wenn er das Werk in die seiner eigenen Zeit übersetzen will. (1981: 18)

Kaum ein anderer Regisseur in Deutschland hat diese Forderung nach einer wechselseitigen Befruchtung zwischen Theatergeschichte und aktueller Regie so ernst genommen wie Peter Stein.

> Ich bin jemand, der die Wissenschaft liebt, und ich betreibe ein Theater, das ohne wissenschaftliche Beschäftigung gar nicht denkbar ist. Ich verbünde mich sehr gern mit der Wissenschaft, und ich weiß, daß das Resultat dieses Bündnisses ein Theater ist, das im wesentlichen eine Art Museum darstellt. (Mainusch 1985: 112)

Die ästhetischen Konsequenzen dieser archäologischen Theaterkonzeption – die Bezeichnung ‚archäologisch' stammt von Stein selbst – kann hier nicht vertieft werden. Es soll nur darauf hingewiesen werden, daß die wissenschaftliche Beschäftigung mit Aufführungsrekonstruktion, die im Fach selbst heute nur noch belächelt wird, genau dort betrieben wird, wo es am wenigsten zu erwarten wäre – in der Theaterpraxis.

⇒ Steinbeck 1970; Klier 1981; Kotte 1994; Corssen 1997

2.2 Periodisierung

Die Theatergeschichtsschreibung läßt sich nicht auf das Problem der Quellenkritik und der Rekonstruktion reduzieren. Von ebenso großer Bedeutung ist die Frage der Periodisierung, d.h. der Gliederung nach Epochen und Räumen. Als verhältnismäßig ‚junger' Wissenschaft standen der Theaterwissenschaft entweder literatur- oder kunsthistorische Periodisierungsmodelle zur Verfügung. Beide erwiesen sich als nicht ganz passend für die Theatergeschichte. Wie bereits gezeigt, unterscheidet Steinbeck zwei grundsätzliche theaterhistoriographische Vorgehensweisen: Inszenierungsgeschichte, die sich auf eine diachrone Betrachtung bestimmter Theaterkunstwerke innerhalb festgelegter raumzeitlicher Koordinaten konzentriert, und Lokaltheatergeschichte, worunter man im weitesten Sinne die Erscheinungsformen des Theaters in bestimmten Ländern, Städten und Epochen zu verstehen hat.

Beide Möglichkeiten lassen sich vielfach ausdifferenzieren. Die Aufführungs- bzw. Inszenierungsgeschichte bestimmter Werke hat sich aus der philologischen Beschäftigung mit kanonisierten Werken, vor allem im Rahmen der Shakespeare-Forschung, entwickelt, da man auch in der Literaturwissenschaft zu der Erkenntnis gelangt war, daß sich das Verständnis von Dramen im Laufe der Geschichte nicht nur aufgrund literarischer, sondern auch theatraler Interpretationen wandelt. Bereits hier stellt sich die Frage der Periodisierung insofern, als die Konjunktur der Aufführungsgeschichte (das Interesse an bestimmten Dramen, Opern oder Choreographien) nicht immer literarischen und anderen künstlerischen Strömungen entsprach. *Aufführungsgeschichte*

Besonders akut stellt sich die Frage der Periodisierung bei der geokulturellen Betrachtungsweise, der bisher verbreitetsten Form der Darstellung. Hier gibt es verschiedene Möglichkeiten der raumzeitlichen Einteilung. Diese reichen von überregionalen Gesamtdarstellungen – Weltgeschichten des Theaters – über Geschichten des europäischen Theaters oder etwa des fernöstlichen Theaters bis hin zu den nationalen Theatergeschichten und schließen auch regionale und städtische Darstellungen sowie die Geschichte einzelner Gebäude bzw. Organisationen ein. *geokulturelle Betrachtung*

Problematisiert wurden bisher lediglich die Versuche, nationale sowie länder- und kontinentübergreifende Theatergeschichten zu schreiben. Was die nationalen Theatergeschichten betrifft – die Theatergeschichte Englands, Deutschlands usw. – so wird zunehmend bemängelt, daß sie sich an bestehenden literarhistorischen Epochengrenzen und ‚Blütezeiten' orientieren. Theatergeschichtliche Schwerpunkte hingegen liegen häufig quer zu den konjunkturellen Schwankungen der Literatur, zumal wenn der Begriff breit ausgelegt und auch populäre, nichtliterarische Darstellungsformen einbezogen werden.

Gesamtdarstellungen

Theaterhistorische Gesamtdarstellungen – die Weltgeschichten des Theaters bzw. die Theatergeschichten Europas – beachten eine inzwischen beinahe zur Norm gewordene Periodisierung. Problematisch ist bei diesen Ansätzen, daß die Epochengrenzen und räumlichen Schwerpunkte oft willkürlich gesetzt werden. Hinzu kommt die Schwierigkeit, aussagekräftige theaterspezifische Epochenbezeichnungen zu finden, die den Besonderheiten des Theaters gerecht werden. Um diese Probleme zu veranschaulichen, sollen anhand des nebenstehenden Schemas einige Ungereimtheiten und Diskrepanzen diskutiert werden. Das Schema orientiert sich an einer Auswahl theaterhistorischer Gesamtdarstellungen, die seit 1960 erschienen sind. Berücksichtigt wurden insbesondere diejenigen Werke, die Studenten zugänglich sind und als Referenzpunkte gelten. Diese sind:

- Margot Berthold: Weltgeschichte des Theaters (1968).
- Oscar Brocketts Standardwerk der amerikanischen Theatergeschichtsschreibung, *History of the Theater*, das zuerst 1974 und inzwischen in der achten, überarbeiteten Auflage (1998) vorliegt.
- Heinz Kindermanns zehnbändige *Theatergeschichte Europas*, die zwischen 1959 und 1970 erschien.
- Herbert Frenzel: *Geschichte des Theaters: Daten und Dokumente 1470–1890*, [2]1984.
- Manfred Brauneck: *Die Welt als Bühne: Geschichte des europäischen Theaters*, Bd.1–3. 1993–1999.

Bei allen Unterschieden in einzelnen Fragen und Schwerpunktsetzungen verbindet diese Werke eine Periodisierung auf der Grundlage nationalstaatlicher Kriterien (Italien, Deutschland, England usw.) und geistesgeschichtlicher Ordnungskategorien (Antike, Renaissance, Barock usw.). Nach den Anfängen in der griechischen und römischen Antike wird die Geschichte des europäischen Theaters bereits im Mittelalter zunehmend in landesspezifischen Ausprägungen dargestellt. Beibehalten werden zudem Epochenbezeichnungen wie Humanismus, Renaissance, Barock, Aufklärung usw., die anderen Wissenschaftskulturen (Geschichts-, Kunst- und Literaturwissenschaften) entstammen.

Periodisierung in der europäischen Theatergeschichtsschreibung

Zeit	Epoche	Theaterformen und dramatische Gattungen	Raum
bis 500 v.Chr.	Urtheater bzw. Prätheater	Mimus, Tänze, Rituale, Zeremonien	Mittelmeerraum, Ägypten
500–350 v.Chr.	Antike	attische Tragödie und Komödie; Satyrspiel; griech. Mimus	Griechenland, Kleinasien
300 v.Chr.– 500 n.Chr.	Antike	Atellane; Römische Komödie und Tragödie; Pantomimus	West- und oströmisches Reich
1200–1550	Mittelalter	Osterspiele; Passions- und Fronleichnamsspiele; Mirakel- und Legendenspiele; Mysterienspiele; sacra rappresentazione; Farcen; Fastnachtsspiele; Moralitäten	Europa
1490–1600	Renaissance und Humanismus	Humanistentheater; Trionfi; Intermedien; Commedia erudita; Tragödien; Schäferspiel; Schuldrama; Commedia dell'arte; Rederijker	Italien, Deutschland, die Niederlande
1550–1642	Elisabethanisch, Jakobäisch	Vielzahl dramatischer Gattungen; Court Masques;	England
1580–1700	Siglo de oro und Barock	auto sacramental; Entremeses; Mantel- und Degenstücke; Comedia; Zarzuela	Spanien
1600–1700	Barock und Klassik	Commedia dell'arte; Oper; Jesuitentheater; *tragédie classique* und Komödie; Ballet de cour; Opera seria;	Frankreich, Italien, Deutschland
1700–1780	Aufklärung	Restaurationskomödie; *comédie larmoyante*; *genre sérieux*; bürgerliches Trauerspiel; Sturm und Drang; Singspiel; Reformoper; Handlungsballett; Hof- u. Nationaltheater;	Europa
1780–1805	Neoklassik	klassizistische Dramatik; Familien- und Rührstücke	Deutschland, England
1800–1850	Romantik	romantisches Ballett; Grand Opéra; Wiener Volkstheater; Musikdrama	Europa, Nordamerika
1850–1900	Realismus / Historismus; Naturalismus	*pièce bien faite*; Melodrama; Vaudeville; Theater der Meininger; Freie Bühnen	Europa, Nordamerika
1890–1915	Moderne	Symbolismus; Stilbühne	Europa, Rußland
1919–1939	Avantgarde	Futurismus; Expressionismus; Konstruktivismus; Surrealismus; Bauhaus; politisches Theater	Europa, Rußland, Nordamerika
1940–1968	Nachkriegstheater	absurdes Drama; Happenings; Dokumentartheater; politisches Volkstheater	international
1968–heute	Gegenwartstheater	postmodernes, interkulturelles, postkoloniales Theater	international

Obwohl diese Epocheneinteilung auf den ersten Blick nicht sonderlich problematisch erscheint, erweist sie sich beim näheren Hinsehen als ein Konglomerat an Kriterien. Der amerikanische Theaterhistoriker Thomas Postlewait hat 22 verschiedene Kriterien identifiziert, mit denen theatergeschichtliche Epochen bezeichnet werden (Postlewait 1988: 305–306). Viele davon lassen sich im oben angeführten Schema wiederfinden. Beispiele wären:

(1) *politische Reiche oder Dynastien*: ägyptisch, römisch; (2) *Monarchien*: elisabethanisch, Restauration; (3) *geistesgeschichtliche Epochen*: Antike, Mittelalter, Renaissance, Aufklärung; (4) *normative Attribute*: neoklassizistisch; (5) *nationalstaatlich*: englisch, deutsch, französisch; (6) *pannationalistisch*: skandinavisch, slawisch, afrikanisch; (7) *philosophische Schulen*: Humanismus; (8) *chronologisch*: 1470–1590, 18. Jahrhundert, Nachkriegszeit; (9) *Literaturbewegungen*: Romantik, Realismus, Naturalismus, Moderne; (10) *berühmte Leute*: Shakespeare-Zeit; (11) *bildende Kunst*: Barock.

Die Vielfalt der Kriterien läßt sich keinesfalls darauf zurückführen, daß eine Synthese aus mehreren Büchern hergestellt wurde. Alle Autoren bedienen sich beinahe aller angeführten Epochenbezeichnungen (und einiger mehr). Am deutlichsten tritt der Mangel an konsistenten Periodisierungskriterien bei Kindermanns zehnbändigem ‚Standardwerk' zutage. Leitkriterien sind vorwiegend literaturgeschichtlicher Provenienz (Barock, Aufklärung, Romantik, Realismus, Naturalismus, Impressionismus), im Rahmen derer eine Vielzahl von Gliederungsmöglichkeiten aufscheint. Diese reichen von nationalstaatlichen Zuordnungen („romantisches Theater in Ungarn") über philosophische Bezeichnungen („Das englische Theater im Zeitalter des Empirismus") bis hin zu ad-hoc-Etikettierungen („Glanzzeit des Burgtheaters und des Wiener Volkstheaters").

Positiv gewendet, könnte man dieses kategoriale Wirrwarr auf die Komplexität des Gegenstands zurückführen, auf die Multimedialität des Theaters, das Strömungen der bildenden Kunst im Bühnenbild mit Entwicklungen in der Literatur im Drama in Verbindung bringt, das Fragen der Anthropologie (Praxis der Schauspielkunst) neben gesellschaftspolitische Veränderungen (Theater als Institution) stellt. Alle diese Faktoren mit ihren unterschiedlichen Veränderungsgraden innerhalb homogener Periodisierungskategorien zu vereinen, ist wahrscheinlich weder möglich noch erstrebenswert.

Es mag als Trost erscheinen, daß die hier dargestellte Diskussion keinesfalls auf die Theatergeschichtsschreibung beschränkt ist, sondern auch innerhalb der Geschichts-, Literatur-, und Kunstwissenschaften geführt wird. Entscheidend ist hierbei die Infragestellung der Konventionen der Geschichtsschreibung schlechthin. Zu den wichtigsten dieser Konventionen gehört die Epochenbildung. Die im nächsten Unterkapitel vorgestellten neuen Ansätze in der Theatergeschichtsschreibung sind als Reaktion auf diese Diskussion zu verstehen.

Welche Auswege gibt es aus dem Dilemma? Man kann es einfach ignorieren, wie Manfred Brauneck es in seiner ‚neuen' Theatergeschichte Europas tut. Brauneck übernimmt beinahe unverändert Kindermanns Gliederung und strukturiert seinen Gegenstand ausschließlich entlang nationalstaatlicher oder pan-nationalistischer Kriterien wie etwa „Die slawischen und osteuropäischen Länder". Produktiver erscheint die Vorgehensweise von Erika Fischer-Lichte in ihrer *Kurzen Geschichte des deutschen Theaters* (1993a). Sie erkennt das Problem und plädiert für eine pragmatische und „problemorientierte" Strategie, die sie der chronologischen Darstellungsweise gegenüberstellt:

Auswege

Problemorientierung

> Wenn man dagegen problemorientiert vorgeht, also bestimmte Fragen an die Theatergeschichte stellt, dann wird man nicht umhin können, Periodisierungen vorzunehmen und Epochen nach den Fluchtlinien zu konstruieren, welche der Gang der Untersuchung jeweils vorzeichnet. Man wird entsprechend die Kriterien je nach Fragestellung anders wählen müssen. So könnte zum Beispiel ein Wechsel in der sozialen Trägerschicht des institutionellen Theaters als Kriterium gelten oder auch ein Wechsel in seiner sozialen Funktion; ein Wandel der vom Theater propagierten Normen, Werte und Einstellungen wäre ein denkbares Kriterium ebenso wie ein Wandel seiner ästhetischen Prinzipien; eine Verschiebung im hierarchischen Gefüge der einzelnen theatralischen Systeme ebenso wie ein grundlegender Wandel innerhalb eines dieser Systeme (in der Schauspielkunst, im Drama, in der Musik, im Bühnenbild, im Theaterbau usw.). (1993a: 9)

Epochen nach „Fluchtlinien" zu konstruieren, bedeutet in der Tat einen neuartigen Versuch, dem alten Problem der Epochenbildung mit einer pragmatischen Strategie zu begegnen, die der Komplexität des Gegenstands gerecht wird. Ungeachtet solcher innovativen Ansätze und in Ermangelung fachlicher Konsensbildung hinsichtlich alternativer Periodisierungsmerkmale wird sich der Studienanfänger der Theaterwissenschaft mit den eingeführten Epochenbezeichnungen immer noch zu beschäftigen haben.

2.3 Neuere Forschungsansätze

Die quellenkritischen Studien von Dietrich Steinbeck stellen, so läßt sich der Entwicklungsstand etwas vereinfacht zusammenfassen, den Endpunkt einer *positivistischen* Wissenschaftsauffassung dar. Wissenschaftstheoretisch gesehen geht der Positivismus von der Prämisse aus, daß die zu erforschenden Gegenstände einen analytisch-empirischen Wirklichkeitsgehalt besitzen, über den eine intersubjektive Verständigung unter Wissenschaftlern möglich sei, die im Sinne der Wertfreiheit zu geschehen habe. Ausgangspunkt für den Positivismus sind Hypothesen, die mit Hilfe von Fakten, empirischem Material etc., und mit der Methode des „trial and error" – Versuch und Irrtum – verifiziert oder falsifiziert werden. Diese wissenschaftliche Grundeinstellung geriet gegen Ende der 60er Jahre zunehmend in die Kritik und wurde vor allem in den Sozial-, aber auch in den Geisteswissenschaften

38 Teil I Grundlagen der Theaterwissenschaft

Erkenntnis-
interesse

grundsätzlich in Frage gestellt. Motiviert war die Positivismuskritik von einer im weitesten Sinne materialistischen bzw. marxistischen Geschichts- und Wissenschaftsauffassung.

Wichtigster Wortführer des antipositivistischen Lagers in Deutschland war Jürgen Habermas. Mit seinem Begriff des *Erkenntnisinteresses* bzw. des *erkenntnisleitenden Interesses* stellte er die Vorstellung einer im wertfreien Raum operierenden Wissenschaft in Frage. Es gebe, wie Habermas in seiner Schrift *Erkenntnis und Interesse* argumentiert, keine objektive Erkenntnis. Vielmehr organisiere der Forschungsprozeß seinen Objektbereich so, wie es den Interessen entspreche, die dem Lebensprozeß der Handelnden, also auch erkennenden und forschenden Menschen entspringen. Was die Theatergeschichtsschreibung betrifft, so läßt sich der Positivismusvorwurf vor allem im Hinblick auf deren Bemühungen um Rekonstruktion formulieren: In den Worten des Berliner Theaterwissenschaftlers Hermann Haarmann: „Geschichte ist [für die traditionelle Theaterwissenschaft] einzig das zu rekonstruierende Gewordene, nicht aber das Gewordene, das wird" (1981: 299). Haarmanns Position ist repräsentativ für die Kritik, die allenthalben an der älteren Theatergeschichtsschreibung geübt wurde.

materialistische
Theater-
geschichts-
schreibung

Welche wissenschaftstheoretischen und forschungspraktischen Konsequenzen wurden dann aus der marxistischen Kritik gezogen? 1974 veröffentlichten die beiden in der damaligen DDR arbeitenden Theaterwissenschaftler Joachim Fiebach und Rudolf Münz *Thesen zu theoretisch-methodischen Fragen der Theatergeschichtsschreibung*. Auch ihr Widerspruch entzündet sich zunächst an dem Begriff der Rekonstruktion; aber auch sie sind der Meinung, die Theatergeschichtsschreibung müsse „die Inszenierung erfassen" (1981: 315). Zu den wesentlichen Punkten einer materialistischen Theatergeschichtsschreibung gehört eine Wesensbestimmung des Theaters als eine vorrangig gesellschaftliche Kunst: „Das Theater (als soziale Organisationsform wie als Kunst) ist eine Funktion der Gesellschaft, deren Interessen es dient" (1981: 313). Daraus läßt sich ein besonderes Interesse für die Organisationsform Theater im Rahmen einer Klassengesellschaft und im Zusammenspiel mit ökonomischen Faktoren ableiten. Das wissenschaftliche Interesse wendet sich in den 70er Jahren der Vielfalt nebeneinander existierender Theaterformen als Spiegelbild einer komplexen Gesellschaft zu. Angeführt seien hier zwei Beispiele aus einem umfassenderen Katalog. Im 18. Jahrhundert existierten beispielsweise Wanderbühnen neben bürgerlichem Bildungstheater und Hoftheater. Mit dem Phänomen dieses „anderen", volkstümlichen Theaters befaßte sich Rudolf Münz (1979). Theaterkunst sah man im materialistischen Ansatz ferner als *territorial* gebunden: Das Verhältnis zwischen Provinz und Hauptstadt rückte stärker als bisher in das Blickfeld theaterhistorischer Forschung. Neben vorhersehbaren orthodoxmarxistischen Positionen brachten die Ansätze von Fiebach und Münz auch Forschungsergebnisse, die über eine streng demarkierte „Parteilinie" hinausgehen.

Kritik aus
den USA

Während in der DDR in den 70er Jahren ergiebige theaterhistoriographische Ansätze entworfen wurden, verharrte die Theatergeschichtsschreibung in der BRD auf der Stelle. Man las weiterhin Heinz Kindermanns *Theatergeschichte Europas*, das Hauptwerk des deutschsprachigen Theaterpositivismus, oder man entwarf Pläne, mehrbändige Regionalgeschichten im gleichen Geist zu schreiben. Erst Ende der 80er Jahre führten entscheidende neue Impulse zur Reform der Theatergeschichtsschreibung, und zwar aus den USA. Dort war Ende der 70er Jahre, also etwa zehn Jahre später als in Deutschland, ebenfalls Widerstand gegen die positivistische Theatergeschichtsschreibung aufgekommen, der durch die umfassende Politisierung der Geistes- und Sozialwissenschaften motiviert war. Den Auftakt bildete ein Aufsatz des Theaterhistorikers Bruce McConachie, *Towards a Post-Positivist Theatre History*, aus dem Jahr 1985. McConachies Argumente gegen eine positivistische Geschichtsschreibung knüpfen an die materialistische Wissenschaftskritik an.

Die Weiterentwicklung dieser Kritik führte zu einem umfassenden Methodenpluralismus. An die Stelle einer ideologisch unreflektierten Chronologie – also die Geschichte des euro-amerikanischen Theaters als einheitliche Kulturgröße – sollen verschiedene „Theatergeschichten" treten: das Theater der Arbeiterklassen, Theater aus geschlechtlichen und ethnischen Gesichtspunkten usw. Nicht nur wird die Einheit des Gegenstands „Theater" selbst in Frage gestellt, pluralisiert und als Objekt verschiedener Interessengruppen definiert. Auch die implizit „objektive" Perspektive des Theaterhistorikers wird kritisiert und eine bewußte Reflexion über das klassen- oder genderbezogene Erkenntnisinteresse des jeweiligen Forschers bzw. der Forscherin gefordert. Diese Selbstreflexion firmiert unter dem Begriff der „Positionalität".

<small>Methodenpluralismus</small>

Das Umdenken und die methodologische Selbstreflexion innerhalb der Theatergeschichtsschreibung waren keineswegs auf das Fach Theaterwissenschaft beschränkt. Sie sind vielmehr Ausdruck einer breit angelegten Methodendiskussion innerhalb der Geschichts- und Geisteswissenschaften. Diesen Prozeß hat der Münchener Theaterwissenschaftler Hans-Peter Bayerdörfer als einen Verlust an Verbindlichkeit geschichtlicher Orientierung beschrieben: „Das vermeintlich gesicherte historische Wissen und der selbstverständliche Zugang zur Geschichte, wie er seit der Fundierung der Geschichtswissenschaften in der zweiten Hälfte des 19. Jahrhunderts als verläßlich erschien, ist tief fragwürdig geworden" (1990: 41). Die Fragwürdigkeit geschichtlicher Darstellungen jeglicher Art, vor allem hinsichtlich deren Objektivitätsansprüche, hat allerdings nicht zu einem Verstummen, sondern im Gegenteil zu einer Vielzahl neuer Ansätze geführt. Die wichtigsten sollen im folgenden kurz vorgestellt werden.

<small>Fragwürdigkeit der Geschichtsschreibung</small>

Unter dem Begriff der *Diskursanalyse* läßt sich im geschichtswissenschaftlichen Kontext vorwiegend die Rezeption und Anwendung der Diskurs- und Machttheorie Michel Foucaults fassen. Dem Machtbegriff Foucaults liegt eine Umwertung des Wortes selbst zugrunde. Unter Macht versteht er nicht in erster Linie von oben verordnete und ausgeübte Unterdrückungsmechanismen einer herrschenden Klasse. In *Überwachen und Strafen: Die Geburt des Gefängnisses* (1976) argumentiert Foucault, daß

<small>Diskursanalyse

Foucault</small>

man endlich aufhören sollte, das Wort Macht nur im negativen Kontext zu gebrauchen. Macht negiere nicht nur, sondern produziere auch, und sie zeige sich deutlicher in alltäglichen sozialen und kulturellen Praktiken als in zentralisierten staatlichen Organisationen. Ein Diskurs nach Foucault ist ein komplexes Netz an Sprech-, Schreib- und Artikulationsformen, die sich verdichten, um über bestimmte Sachverhalte Wissen zu produzieren. Es gebe daher kein Wissen außerhalb der es produzierenden Diskurse. Machtdiskurse seien demnach allgegenwärtig, jedoch ließen sie sich in bestimmten Bereichen wie etwa dem Körper gezielt untersuchen.

Körper

Die Wieder-Entdeckung des Körpers im Zeichen der Foucaultschen Diskurstheorie hat tiefe Spuren in der theaterwissenschaftlichen Forschung hinterlassen. Sie führte vor allem zu einer erneuten Beschäftigung mit der Schauspielkunst als einer Körperkunst und daher als Ort der Überkreuzung der Machtdiskurse. In seiner Studie *The Player's Passion: Studies in the Science of Acting* (1985) beispielsweise arbeitet der amerikanische Theaterwissenschaftler Joseph Roach explizit mit Foucaults Begriffen und analysiert, wie die im 18. Jahrhundert entstehende Theorie der Schauspielkunst maßgeblich durch philosophische und naturwissenschaftliche Diskurse geprägt wurde. Aus dieser Perspektive wird die Debatte über den schauspielerischen Gefühlshaushalt – Identifikation oder Distanz – neu beleuchtet und historisiert (⇒ Kap. 5.1).

Schauspielkunst

Feminismus und Gender-Theorie

Die Foucault-Rezeption hat auch die feministische Forschung stark geprägt. Unter dem Schlagwort „Inspektion der Herrenkultur" begann Anfang der 80er Jahre der breit angelegte Versuch, feministische Fragestellungen in die Wissenschaft einzuführen. Der sogenannte Objektivitätsanspruch der Wissenschaft wurde als getarnte männliche Herrschaftsstrategie entlarvt. Für die Theatergeschichtsschreibung hatte diese grundsätzliche Kritik beinahe aller wissenschaftstheoretischen Prämissen produktive Auswirkungen. Zwei Beispiele sollen kurz vorgestellt werden:

- *hidden history* bzw. *her-story*: formuliert den Anspruch, die bislang unterdrückte Geschichte der weiblichen Theaterproduktion bzw. die Geschichte ihrer Abwesenheit aus weiblicher Perspektive zu schreiben. Das erkenntnisleitende Interesse an weiblicher Autorschaft führt in diesem Fall zur Entdeckung von und Auseinandersetzung mit vernachlässigtem Quellenmaterial. Im deutschsprachigen Raum sei vor allem auf den von Renate Möhrmann herausgegebenen Sammelband *Geschichte der weiblichen Bühnenkunst* hingewiesen. Hierin finden sich Aufsätze zur Geschichte der Schauspielerinnen im europäischen Theater von der frühen Neuzeit bis ins 20. Jahrhundert (Möhrmann 1989).

- Der von der feministischen Filmtheorie erkannte „dreifache männliche Blick" gilt bereits in der griechischen Antike auch für das Theater. Der aus männlicher Sicht produzierte Text wird getreu der Intention aus männlicher Sicht, und überdies nur von Männern, realisiert. Das Publikum akzeptiert diese Sicht als allgemeingültig. Damit wird die männliche Perspektive konsequenterweise auch den Zuschauerinnen aufgezwungen und als die ihre suggeriert. In diesem Zusammenhang wird die Frage der mimetischen Darstellung von Frauen durch Frauen und von Frauen durch männliche Darsteller besonders intensiv diskutiert. Großes Forschungsinteresse zeigt sich an den *boy actors* der Shakespeare-Zeit und der griechischen Antike. Theater-Spiel wird auf seine homoerotischen Implikationen hin untersucht (⇒ Case 1988).

In jüngster Zeit zeichnen sich Annäherungen an die Mediengeschichte ab (Ruppert 1995). Theatergeschichte wird in Zukunft wohl noch stärker als bisher als Mediengeschichte betrieben werden. Neben den traditionellen Feldern des sozialen, politischen und ästhetischen Kontextes artikulieren Theaterforscher auch zunehmend die Frage der technologischen Konstituierung von Wahrnehmung. Hinzu kommt ein verstärktes Interesse am Verhältnis zwischen dem Theater und dem Aufkommen neuer Medien (Vardac 1987).

Mediengeschichte

Solche Ansätze werden auch sicherlich Auswirkungen auf die Frage der Periodisierung (⇒ Kap. 2.2) haben, da mediengeschichtliche und -ästhetische Innovationsschübe zu herkömmlichen Epochengrenzen häufig quer liegen. Wie man das Theater als Medium definiert, wird die Schwerpunkte des Forschungsinteresses bestimmen. Aus dieser Akzentverschiebung schließlich könnte eine neue Sicht auf Epochen und deren Bedeutung für die Theatergeschichte resultieren.

Ausblick
Es gebe „kein Kompendium über die Fachsituation, in der [sic] nicht die Krise der Theatergeschichtsschreibung beschworen würde," stellt der Berliner Theaterwissenschaftler Rainer Ruppert (1995: 23) fest. Trotz dieses „Dauerlamentos" rücken historische Fragen heute zunehmend wieder in den Mittelpunkt des fachlichen Interesses. Dies ist nicht zuletzt ein Ergebnis der fundamentalen theoretischen Infragestellung aller Bereiche der Humanwissenschaften, die in den letzten Jahrzehnten stattgefunden hat. Heute wird Theatergeschichtsschreibung weniger in einer methodologisch-theoretisch puristischen Ausrichtung betrieben, vielmehr mit Rekurs auf eine Mischung verschiedener theoretischer Ansätze. Studierende der Theaterwissenschaft müssen einen Mittelweg finden zwischen einem allzu verständlichen Bedürfnis nach gesicherten historischen „Fakten" und der Notwendigkeit, mit Hilfe neuerer Theorien und Ansätze dieses Grundlagenwissen ständig in Frage zu stellen.

⇒ Klier 1981; Postlewait/McConachie 1989; Bayerdörfer 1990;
Fischer-Lichte 1993a: 3–12; Ruppert 1995: 9–26.

3. Theatertheorie

Was ist Theatertheorie? Fragen nach der Definition von Theatertheorien oder den Differenzkriterien einer theoretischen Reflexion über das Theater im Vergleich zu anderen Diskursformen lassen sich nicht zufriedenstellend beantworten. Etymologisch gesehen sind die Begriffe Theater und Theorie nah verwandt, wie man häufig konstatiert hat. Beide entstammen dem griechischen Wort *theôría*, das zwei grundverschiedene Bedeutungen hat: Zum einen „Festschau, Schaufest, Schauspiel" und zum anderen „geistiges Anschauen, Betrachten, Untersuchen, Überlegen" (Rausch 1982: 9). Das heißt, daß bereits das griechische Wort die beiden Bereiche Aufführung (als Fest) und abstraktes Denken bzw. Schauen zumindest assoziativ verknüpfte.

Definitionen
Der Begriff „Theatertheorie" ließe sich, um mit Marvin Carlson zu sprechen, als „statements of general principles regarding the methods, aims, functions, and characteristics of this particular art form" (1984: 10) definieren. Diese Statements sind selten allumfassend, wie Carlson weiter ausführt, vielmehr zwangsläufig selektiv, d.h. nur bestimmte Facetten des Theaters werden behandelt, und häufig von Vertretern der unterschiedlichsten Denk-, Fach- und Kunstrichtungen, z.B. Philosophie, Theologie, Rhetorik, Malerei, Dichtung verfaßt. Darüber hinaus verfolgen theoretische Äußerungen recht unterschiedliche Zielsetzungen im Hinblick darauf, „what theatre is, has been, or should be" (ibid. 10). Theatertheorie umfaßt somit drei zeitliche Dimensionen: Theater in der Vergangenheit, Gegenwart und Zukunft. Daran sind gleichermaßen drei Funktionen geknüpft: Theorien zum Ist-Zustand sind meistens in den Bereich der Ästhetik einzuordnen und diskutieren das Theater nicht selten in Beziehung zu den anderen Künsten. Theoretische Abhandlungen über das vergangene Theaterwesen dienen dazu, Theaterepochen und -ideen programmatisch zu instrumentalisieren. Die Theaterprogrammatik – die Entwicklung von Ideen darüber, was Theater sein könnte oder sollte – macht besonders seit Mitte des 18. Jahrhunderts einen wichtigen Teil der Theatertheorie aus.

Für das Phänomen Theater muß aufgrund dieser potentiellen Vielschichtigkeit die gebräuchliche Definition von Theorie als „Lehre über die allgemeinen Begriffe, Prinzipien und Gesetze eines bestimmten Bereichs der Kunst" (Duden) erweitert werden. Aus theaterwissenschaftlicher Perspektive schließt Theatertheorie zum einen die *Geschichte der theoretischen Reflexion* über das Theater ein und berücksichtigt zum anderen auch die *Modellbildung* für das *gegenwärtige* Theater. Im Idealfall ergäbe sich aus dieser Doppelperspektive eine wechselseitige Beziehung zwischen historischer Betrachtung der bereits geleisteten Theorieansätze und deren gegenwärtiger Überprüfung. Das vorliegende Kapitel versucht dieser Doppelperspektive Rechnung zu tragen. Im ersten Teil zur *Theoriegeschichte* werden die Hauptlinien der theoretischen Diskussion in vier Bereichen vorgestellt und zusammengefaßt. Im zweiten Teil zur *theaterwissenschaftlichen Theoriebildung* werden Theoriemodelle vorgestellt, die aus dem Fach selbst entstanden sind.

3.1 Theoriegeschichte

Unter Theoriegeschichte lassen sich diejenigen Erklärungsmodelle subsumieren, die in bestimmten theatergeschichtlichen Epochen entstanden, um das Phänomen Theater bzw. bestimmte Aspekte davon zu erläutern, normativ festzulegen oder gar zu bekämpfen. Traditionsgemäß gilt die *Poetik* von Aristoteles (ca. 330 v. Chr.) als Geburtsstunde der Theatertheorie. Diese Auffassung trifft allerdings nur in eingeschränktem Maße zu. Die *Poetik* enthält lediglich beiläufige Ausführungen zum Theater im weiteren Sinne, befaßt sie sich doch beinahe ausschließlich mit der Gestaltung einer dramatischen Handlung, also mit dramaturgischen Aspekten. Die visuellen Elemente des Theaters werden bei Aristoteles unter dem Begriff *Opsis* subsumiert, der heute mit dem Wort Inszenierung übersetzt wird. Im Kapitel 6 der *Poetik* bezeichnet Aristoteles die Opsis allerdings als „das Kunstloseste" an einer Tragödie: „Denn die Wirkung der Tragödie kommt auch ohne Aufführung und Schauspieler zustande. Außerdem ist für die Verwirklichung der Inszenierung die Kunst des Kostümbildners wichtiger als die der Dichter" (1982: 25). Mit diesem vernichtenden Urteil endet eine mögliche theatertheoretische Beschäftigung mit Fragen der visuellen Wahrnehmungsbedingungen im Theater. Die Fokussierung auf die Ebene der Dramaturgie bedeutet, daß sich aus den von Aristoteles geprägten Fragen und Kategorien nur partiell eine Theatertheorie im heutigen Sinne ableiten läßt. Dennoch liefert die *Poetik* implizit oder explizit vier Stichworte bzw. Themen, die in den nachfolgenden Jahrhunderten mit je unterschiedlicher Akzentuierung aufgegriffen und erweitert wurden:

Opsis

- mimesis
- poiesis
- katharsis
- aisthesis

Zur zentralen theatertheoretischen Kategorie wird die *mimesis*, die Nachahmung und Repräsentation, erhoben. Dabei handelt es sich um einen in der antiken Kunst- und Dichtungstheorie sowohl komplexen als auch widersprüchlichen Begriff. Mit dem Stichwort *poiesis* kann die poetologische Diskurstradition erfaßt werden. Die damit verbundenen Fragen der Dramaturgie und der Gestaltung der Handlungsebene des Theaters gehören in den Bereich der Literaturtheorie, weshalb sie nur bedingt als genuin theatertheoretisches Problem betrachtet werden. *Katharsis* verweist auf die lange Tradition der Auseinandersetzung mit der Wirkung des Theaters. Obgleich bei Aristoteles verhältnismäßig eng definiert, dient der Begriff theoriegeschichtlich zur Umschreibung von theatraler Wirkungstheorie schlechthin. *Aisthesis* bezieht sich auf die Ebene der Wahrnehmung im allgemeinen und die Entwicklung einer Theaterästhetik im engeren Sinne. Die ebenfalls zentrale Diskussion um Schauspiel- bzw. im weitesten Sinne Darstellungstheorie in allen Theaterformen (auch Tanz- und Musiktheater) wird im Kapitel über Schauspielkunst behandelt (⇒ Kap. 5).

3.1.1 Mimesis

Mimesis ist einer der zentralen wahrnehmungsästhetischen Begriffe der Antike und umfaßt alle Künste, nicht nur das Theater. In der antiken Theatertheorie wird das besondere Verhältnis der auf der Bühne dargestellten Phänomene zur Wirklichkeit als ein *mimetisches*, also ein nachahmendes, bezeichnet. Nahezu alles auf der Bühne folgt diesem besonderen ästhetischen Modus der Nachahmung. Nachgeahmt wird auf der dramaturgischen Ebene, also die Geschichte, die gespielt wird; mimetisch ist auch die Tätigkeit des Schauspielers, der eine Figur mit den Mitteln der Bewegung und der Sprache nachahmt. Es lassen sich zwei grundlegende Auslegungen und Bewertungen des Begriffs unterscheiden: eine platonische und eine aristotelische.

Platon   Im 3. und 10. Buch des *Staates* von Platon beginnt die systematische Reflexion des Begriffs Mimesis in Bezug auf die Künste. Aller Wahrscheinlichkeit nach vom Wort *mimos* abstammend, ist Mimesis eng an theatrale Vorgänge gebunden. Für Platon stellt Mimesis allerdings zunächst ein ontologisches und erkenntnistheoretisches Problem dar, das erst in zweiter Linie künstlerische Produktion beeinflußt. Jede Art künstlerischer Nachahmung steht demnach in einem verfälschenden Verhältnis zu der abzubildenden Wirklichkeit, denn nicht die Dinge selbst werden nachgeahmt, sondern nur unsere Vorstellungen von den Dingen. Der Begriff erhält bei Platon eine zusätzliche Assoziation, die unmittelbar in die Diskussion über Wirkungsprobleme übergeht: „Der Mimesis wird [bei Platon] die Fähigkeit zur unterschwelligen, geradezu epidemieartigen Ausbreitung beigelegt; sie wird als eine entsprechend gefährliche Sache gleichsam in theoretische Quarantäne genommen" (Gebauer 1993: 335) (⇒ Kap. 3.1.3).

Platon benutzt den Mimesis-Begriff, um die Künste, allen voran die darstellende, der Unwahrheit und Wirklichkeitsverfälschung zu bezichtigen. Mit ihm beginnt implizit die Diskussion um den ontologischen Status der auf der Bühne dargestellten Personen, Vorgänge und Gegenstände. Nachgeahmten Zeichen auf der Bühne wird ein besonderer Status zugeordnet, den man verschiedentlich als „fiktional" oder „als-ob" bezeichnet. Während der Status des Fiktionalen bei dargestellten Geschichten relativ unproblematisch erscheint, liefert die Fiktionalität der Personen, Gegenstände und Räume, die im Theater real vorhanden sind, Anlaß zu Debatten und Spekulationen.

Täuschung   Von Platon geht somit die Debatte über das Theater als Ort der Täuschung, Lüge und Verstellung aus, die zu einer im Abendland zeitweise verbreiteten Theaterfeindlichkeit führte (⇒ Kap. 3.1.3). Noch heute läßt sich anläßlich der neuen Medien und der sich daran entzündenden Debatte über Begriffe wie Simulation, Theatralität und Virtualität eine platonische Grundausrichtung ausmachen (⇒ Kap. 3.2.5).

Aristoteles   Die wichtigste Gegenposition zu Platon in der Antike vertritt Aristoteles, der das Verhältnis zwischen Nachahmung und Vorbild sowohl erkenntnistheoretisch als auch wirkungsästhetisch weniger problematisch sieht. In der *Poetik* legt er besonderen Wert auf die sprachliche Nachahmung, worin sich die fast ausschließlich dramentheoretische Relevanz der Schrift begründet. Bei Aristoteles umfaßt Mimesis drei Bereiche: die Mittel, die Art und die Gegenstände der Nachahmung. Mittel der Nachahmung sind Melodik, Rhythmus oder Sprache; die Art und Weise ist entweder dramatisch oder episch; Gegenstände sind Mythos (Handlung) und Charaktere. Diese Kategorien werden in den Kapiteln 6 und 12 der *Poetik* weiter ausdifferenziert, wenn Aristoteles speziell auf die Tragödie eingeht. Im folgenden Schema sind die Ausführungen über die Tragödie theatertheoretisch auf das Theater insgesamt übertragen.

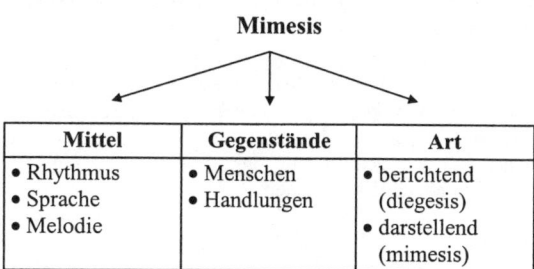

Mittel	Gegenstände	Art
• Rhythmus • Sprache • Melodie	• Menschen • Handlungen	• berichtend (diegesis) • darstellend (mimesis)

Als Grund für seine affirmative Verwendung des Mimesis-Begriffes führt Aristoteles an, daß Mimesis Ausdruck eines angeborenen Nachahmungstriebs des Menschen sei: „Das Nachahmen selbst ist den Menschen angeboren – es zeigt sich von Kindheit an, und der Mensch unterscheidet sich dadurch von den übrigen Lebewesen, daß er in besonderem Maße zur Nachahmung befähigt ist und seine ersten Kenntnisse durch Nachahmung erwirbt – als auch die Freude, die jedermann an Nachahmungen hat" (1982: 11). Künstlerische Nachahmung sei letztlich ohnehin natürlich und daher keineswegs gefährlich. Damit ist die anthropologische Komponente des Mimesisbegriffs genannt, die bis heute ihre Attraktivität für die Theatertheorie beibehalten hat.

Mimesis im Sinne eines menschlichen Grundtriebs beschränkt sich nicht auf die Wahrnehmungsbedingungen innerhalb des Theaters und hat bei Aristoteles entsprechend weitere Konnotationen. Für die Dichtkunst lehnt Aristoteles die Idee der einfachen Kopie oder Abbildung der Wirklichkeit ab und ersetzt sie durch die der schöpferischen Nachbildung bis hin zur Idealisierung (vgl. bes. Kap. 15 der *Poetik*). Mimesis und der künstlerische Schöpfungsprozeß werden somit synonym gesetzt. Im Sinne der aristotelischen Naturphilosophie liegt diese Gleichsetzung in der Natur selbst begründet, da die Natur sich in einem ständigen Prozeß des Strebens nach immer vollkommeneren Formen befindet.

Das Verhältnis von Natur und Mimesis gehört zu den umstrittensten und am häufigsten umgedeuteten Lehrsätzen der *Poetik* und wurde in jeder Epoche neu definiert. Dasselbe gilt für den Begriff der *Wahrscheinlichkeit*, dem nach Aristoteles die nachahmende Kunst vor allem zu gehorchen habe: „es [ist] nicht Aufgabe des Dichters mitzuteilen, was wirklich geschehen ist,

46 Teil 1 Grundlagen der Theaterwissenschaft

<small>Wahrschein-
lichkeit</small>

sondern vielmehr, was geschehen könnte, d.h. das nach den Regeln der Wahrscheinlichkeit oder Notwendigkeit Mögliche" (1982: 29). Daraus ergibt sich für die Dichtung deren „philosophische" Grundtendenz, eine Favorisierung des Allgemeinen gegenüber dem Besonderen, des Möglichen gegenüber dem Faktischen.

Die pejorative wie die affirmative Auslegung des Mimesis-Begriffs bei Platon und Aristoteles bildet bis heute den wichtigsten Diskursrahmen der Theatertheorie. Sie schließen sich dabei nicht gegenseitig aus, sondern stehen vielmehr in einer wechselseitigen Beziehung zueinander, wie Hans-Thies Lehmann feststellt:

> So steht einer ‚guten', nämlich ‚ebenbildnerischen' Nachahmungskunst eine schlechte, nur ‚trugbildnerische' gegenüber, und die Bestimmung der einen verweist notwendig immer wieder auf die je andere. In beiden Fällen ist Mimesis von der zweideutigen Struktur der Repetition gezeichnet, ob sie sich dem Guten und Schönen des kopierten Vorbilds verpflichtet oder jene Mimesis ist, die schon qua Nachahmung überhaupt in die Nähe von Wahn und verantwortungslosem Spiel rückt. (1991: 156)

⇒ Koller 1954; Fuhrmann 1982: 155–161; Lehmann 1991: 146–157; Gebauer und Wulf 1992

<small>antimimetische
Theorien</small>

Mimesistheorien im weitesten Sinne blieben bis Ende des 19. Jahrhunderts, wenn auch modifiziert, so doch unangefochten. Erst in unserem Jahrhundert wurden Theorien formuliert, die die Möglichkeit eines Theaters denken, das sich nicht primär im Modus des Als-ob, also als Fiktion, vollzieht. Darunter lassen sich alle Theorien zur Ritualisierung des Theaters subsumieren. Ausgehend vom deutschen Theaterreformer Georg Fuchs und seinem Manifest *Die Schaubühne der Zukunft* (1905), über das Werk Antonin Artauds bis hin zu den radikalen Experimenten der Wiener Aktionisten wie Hermann Nitsch liegt diesen Versuchen die Tendenz zugrunde, ein (zumeist ritualisiertes) Theatererlebnis zu schaffen, das sich vom rein fiktionalen Nachvollzug der Bühnenhandlung absetzt. Antonin Artauds Forderung nach einem Theater jenseits der Repräsentation entspricht dem Wunsch, den mimetischen Darstellungs- und Wahrnehmungsmodus aufzuheben und ihn durch unmittelbare Erfahrung zu ersetzen.

⇒ Derrida 1976; Lazarowicz 1971; Lazarowicz/Balme 1991: 649–680; Fischer-Lichte 1997

3.1.2 Poiesis (Dramentheorie)

Die europäische Theatertheorie steht quantitativ, möglicherweise auch qualitativ, vorwiegend im Zeichen *poetologischer* Auseinandersetzungen, d.h. Überlegungen zur Bestimmung der dargestellten Handlung. Da es sich hierbei hauptsächlich um Fragen zu inhaltlichen und formalen Ebenen von Dramen und Dramaturgie handelt, hat man argumentiert, daß Theatertheorie im engen Sinne erst seit dem 20. Jahrhundert existiert und bis dahin eigentlich von *Dramentheorie* gesprochen werden müsse (Pavis 1996a: 382–83). So berechtigt diese Sicht sein mag, ist doch festzuhalten, daß die Theoriebildung geschichtlich gesehen eine starke Akzentuierung des Dramas, d.h. der textlichen Ebene, aufweist. Maßgeblich daran beteiligt sind zweifelsohne die von Aristoteles initiierten Definitionsparameter.

Nach der antiken Dichtungslehre erfolgt die Gestaltung der sprachlich-textuellen Ebene in zwei Modi: *mimetisch* oder *diegetisch*. Diegesis bezeichnet Platon zufolge eine erzählte Geschichte im Vergleich zu einer dargestellten Handlung. Ist Diegesis der Modus der einfachen epischen Erzählung oder Rezitation, die der Präsentation der mythologischen Erzählungen dient und daher von Platon geduldet wird, setzt Mimesis die Anverwandlung der Sprache durch Schauspieler voraus. In der aristotelischen Auslegung stehen sich Diegesis und mimetisches Drama als zwei sich gegenseitig ausschließende sprachliche Ausdrucksmöglichkeiten gegenüber. Diese theoretischen Festlegungen werden jedoch theater- und dramengeschichtlich durch zahlreiche Mischformen überschritten, so daß die „Idealform" des Dramas – der nur aus Dialogen bestehende Text – eher die Ausnahme als den Regelfall darstellt. Der Begriff der Diegesis wird inzwischen von der Film- und Kunstwissenschaft wie auch von der strukturalistisch-semiotischen Theater- und Dramentheorie verwendet, um generell die *Handlungs*ebene in Kunstformen, also auch im Theater, zu bezeichnen.

Diegesis

Schwerpunkt der aristotelischen *Poetik* ist die Analyse der dramatischen Handlung, die er als *Mythos*, als Nachahmung und Konstruktion einer der griechischen Mythologie entstammenden Geschichte definiert. In Kapitel 14 heißt es: „Die Handlung muß so zusammengefügt sein, daß jemand, der nur hört und nicht auch sieht, wie die Geschehnisse sich vollziehen, bei den Vorfällen Schaudern und Jammer empfindet" (1982: 43). Die Mittel der dramatischen Darstellung unterteilt Aristoteles in zwei Grundkategorien, die später die *qualitativen* und die *quantitativen* Teile der Tragödie genannt wurden. Die qualitativen Teile beziehen sich auf die Darstellungsmittel des Theaters im allgemeinen, die quantitativen auf die Abschnitte, in die sich eine Aufführung bzw. dramatische Handlung gliedert:

48 Teil 1 Grundlagen der Theaterwissenschaft

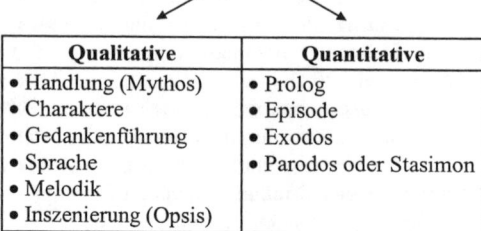

Mittel der dramatischen Darstellung

Qualitative	Quantitative
• Handlung (Mythos) • Charaktere • Gedankenführung • Sprache • Melodik • Inszenierung (Opsis)	• Prolog • Episode • Exodos • Parodos oder Stasimon

Normenkatalog

Die *Poetik* ist als Normenkatalog konzipiert, den Aristoteles auf der Basis der zu seiner Zeit vorliegenden griechischen Dramen entwickelte. Die spätere Interpretation und Weiterentwicklung der aristotelischen Poetik seit der Renaissance bis ins 19. Jahrhundert verfuhr umgekehrt und verwandelt die induktive Vorgehensweise in eine normative. Die sogenannten *neo-aristotelischen* Poetiken, die seit der Renaissance in großer Zahl erschienen, halten sich weitgehend an bestimmte formale, von Aristoteles festgelegte Charakteristiken für die Dramenform. Im Vergleich zu anderen literarischen Formen (wie etwa Epos oder Lyrik) sind dies:

- das Primat der geschlossenen Handlung
- erkenntnisfähige Charaktere
- gebundene Sprache
- Trennung in die Gattungen Tragödie und Komödie mit eindeutiger Bevorzugung der Tragödie

Primat der Handlung

Die Überlegungen zum Primat der Handlung, d. h. zu den Komponenten der Handlungsstruktur, sind in der *Poetik* am detailliertesten ausgeführt. Eine geschlossene dramatische bzw. tragische Handlung darf nach Aristoteles keine Episode entbehren, da das Fehlen eines Teils der Geschichte zum Zusammenbruch des gesamten Handlungsgefüges führen würde. Aus dem Postulat eines dicht komponierten Handlungsgefüges ergeben sich die berühmten, sogenannten aristotelischen Einheiten: Handlung, Zeit und Ort. Aristoteles selbst legt nur die Einheit der Handlung ausdrücklich fest; die Einheit der Zeit wird eher beiläufig als maximal 24 Stunden (ein Sonnenumlauf) bestimmt, während die Einheit des Ortes eine nachträgliche, erst in der Renaissance aufgestellte Norm ist.

aristotelische Einheiten

Alle im Anschluß an Aristoteles entwickelten Dramentheorien übernehmen zunächst die in der *Poetik* definierten Kriterien. Das heißt, sie befassen sich mit der Gestaltung von Figuren in Zeit und Raum. Die meisten Dramentheorien variieren diese Komponenten mit je unterschiedlichen Akzentuierungen. Was die der Figuren angeht, so hat die aristotelische Forderung nach erkenntnisfähigen Charakteren zu hochkomplexen Diskussionen

Figuren

über Figurenkonzeptionen geführt. Aus dramentheoretischer Perspektive läßt sich im 18. Jahrhundert ein grundlegender Wandel vom Primat der Handlung zum Primat der Charaktere verfolgen. Grundlage dieses Wandels war vor allem ein verändertes Menschenbild. Erkenntnisfähige Charaktere im Drama hängen auch eng mit dem Sprachverständnis zusammen, da sich komplexe dramatische Figuren weitgehend nur über eine differenzierte Sprache vermitteln.

Im 20. Jahrhundert wurde die aristotelische Dramentheorie von zwei Seiten in Frage gestellt. Zum einen durch Bertolt Brechts Theorie des epischen Theaters, die sich vor allem gegen normative Dramentheorien richtet. Brecht stellt dem dramatischen, auf Dialogen basierenden mimetischen Drama ein episches Modell gegenüber. Episch vs. dramatisch bedeutet auf formaler Ebene eine Akzentverschiebung von geschlossenen Handlungsmodellen hin zu offenen Formen. Die von Brecht geforderten Ausdrucksmittel schließen erzählerische Techniken ausdrücklich ein. Die Episierung und auch Lyrisierung des Dramas im 20. Jahrhundert wurde theoretisch wie historisch von Peter Szondi analysiert (1956). Brecht

Die zweite Gegenposition findet sich in *anti-diegetischen* Tendenzen im weitesten Sinne. Anti-diegetisch bedeutet entweder das Infragestellen des Primats des Dramas im Theater, beispielsweise bei Antonin Artaud, der eine neue Hierarchie der Theatermittel formuliert, ohne allerdings die diegetische Komponente gänzlich preiszugeben. Es kann aber auch den völligen Verzicht auf Diegesis bedeuten, d. h. auf Handlungen jeglicher Art. Anti-Diegesis in dieser radikalen Ausprägung findet sich in denjenigen Diskursen und Experimenten, die stark von der bildenden Kunst beeinflußt werden, u. a. Oskar Schlemmers Theorien, Happenings, Performance usw. (⇒ Kap. 9.3). anti-diegetische Tendenzen

Heute werden kaum noch Theorien zur diegetischen bzw. dramatischen Ebene formuliert. Im theaterwissenschaftlichen Diskurs wird „Drama" oder „Theaterstück" zunehmend durch den Begriff des *Theatertextes* als Bezeichnung für die textliche Vorlage einer Aufführung ersetzt. Dieser darf selten eine dominante Stellung beanspruchen. Man spricht bereits vom „postdramatischen" Theater (⇒ Kap. 4.1).

3.1.3 Katharsis (Wirkungstheorien)

Mit dem Begriff Katharsis ist die seit der Antike andauernde Diskussion über die Wirkung des Theaters auf die Zuschauer gemeint. Damit soll also mehr einbezogen werden als die Verwendung des Begriffs bei Aristoteles. Bekanntlich definiert er in der *Poetik* die kathartische Wirkung der Tragödie als Erzeugung der Affekte *phobos* und *eleos* (verschiedentlich übersetzt als Furcht und Mitleid oder Schauder und Jammern) in den Zuschauern. Aristoteles verwendet den Begriff im medizinischen Sinne als eine Art Purgation für angestaute und daher gefährliche Affekte. Das Betrachten einer tragischen Handlung bewirke einen psychodynamischen Prozeß der Affektentladung beim Zuschauer. Furcht und Mitleid

Teil 1 Grundlagen der Theaterwissenschaft

Übersetzungen

Die unterschiedlichen Übersetzungen des Begriffspaares weisen auf einen entscheidenden Paradigmenwechsel hin. Die ursprüngliche Idee der Affektentladung bei Aristoteles wird im Zuge der zahlreichen Interpretationen seiner Schrift zunehmend im Sinne einer sittlichen Läuterung umgedeutet. Zwar ist die aristotelische Theaterauffassung insofern an sittlich-religiöse Vorstellungen gebunden, als die dargestellte Handlung das sittliche Empfinden der Zuschauer zu beachten hat. In der *Poetik* ist allerdings nie explizit die Rede davon, daß die Zuschauer der Bühnenhandlung eine sittliche Belehrung abgewinnen sollen. Erst mit Horazens Diktum *aut prodesse aut delectare* in *De arte poetica* wird die Vorstellung, Kunst solle Vergnügen und Nützlichkeit verbinden, zum festen Bestandteil der Dramen- und Theatertheorie. Die von Lessing stammende Übertragung von *phobos* und *eleos* als ‚Furcht' (statt ‚Schrecken') und ‚Mitleid' (statt ‚Jammern') im 75. Stück der *Hamburgischen Dramaturgie* untermauert die Idee, daß die im Theater erzeugten Affekte auf einer sittlich-moralischen Ebene nachzuvollziehen seien. Erst der klassische Philologe Wolfgang Schadewaldt hat auf diese ‚fehlerhafte' Übersetzungstradition hingewiesen und für eine Restitution der medizinisch-purgativen Auslegung des Begriffs im Hinblick auf Aristoteles plädiert.

**Theaterfeind-
lichkeit**

Von Platon geht die lang andauernde Diskussion über die schädlichen Wirkungen des Theaters aus. Die Tradition christlicher Theaterfeindlichkeit beginnt bereits in der Spätantike und verbindet die platonische Erkenntnistheorie mit spezifisch christlicher Doktrin. So verweisen die frühesten Theatergegner Tertullian und Augustinus auf die Unvereinbarkeit christlicher Sanftmut mit den in Schauspielen hervorgerufenen „heftigen Gemütserschütterungen". Die in der frühkirchlichen Periode entwickelten Positionen werden in der Renaissance und Reformation wieder aufgegriffen und verschärft. Etwa zwischen 1550 und 1700 entsteht eine beinahe unübersehbare Fülle an theaterfeindlichen Streitschriften, die aber gelegentlich eigenständige theatertheoretische Gedanken formulieren. So werden etwa feine Unterschiede zwischen verschiedenen Fiktionsebenen herausgearbeitet und Überlegungen über das Verhältnis von Schauspieler und Rolle angestellt. Die theaterfeindlichen Schriften konstituieren einen eigenständigen Theoriediskurs, der alle Bereiche der Theatertheorie, dramen- und darstellungstheoretische Aspekte ebenso wie Fragen der Mimesis und Katharsis, umfaßt (⇒ Barish 1981, Lazarowicz/Balme 1991).

Frühaufklärung

Die Diskussion um die Wirkungsästhetik bestimmt maßgeblich die Theatertheorie der Frühaufklärung, die im gesamten 18. Jahrhundert einen Rechtfertigungskampf gegen theaterfeindliche Positionen führt. Sowohl Feinde als auch Verfechter des Theaters entstammen dem Bürgertum. Für die Theaterapologeten und -reformer der Aufklärung steht fest, daß der Zweck der Schaubühne in ihrer sittlich-bildenden Wirkung besteht. Gottsched etwa definiert das Trauerspiel als „ein lehrreiches moralisches Gedicht". Die intensive Rezeption der aristotelischen Poetik im 18. Jahrhundert geschieht verstärkt im Zeichen einer *Re-Lektüre* der wirkungsästhetischen Passagen, die in hohem Maße erläuterungs- und interpretationsbedürftig

Gottsched

sind. Der Begriff Kartharsis wird nun von Lessing als moralische Reinigung neu definiert. Die sittliche Domestizierung der Katharsis erfolgt jedoch nicht widerspruchslos. Der aufklärerischen Deutung der kathartischen Wirkung als „Verwandlung der Leidenschaft in tugendhafte Fertigkeiten" (Lessing) bringt Rousseau in seinem *Brief an d'Alembert* (1758) nur Skepsis entgegen: „Das einzige Mittel, die Leidenschaften zu läutern, ist die Vernunft, aber ich habe schon gesagt, daß die Vernunft keinerlei Wirkung auf dem Theater hätte" (1979: 335).

<small>Lessing</small>

Gegen Mitte des 18. Jahrhunderts verwandelt sich die sittlich-moralische Katharsis-Debatte in eine ästhetische Frage, deren zentraler Begriff nun Identifikation heißt. Jede Art kathartische Wirkung setzt die Identifikation des Zuschauers mit den auf der Bühne dargestellten Figuren voraus. Zunehmend werden die aristotelischen Begriffe – Katharsis, Jammer und Schaudern bzw. Furcht und Mitleid – zu Bestandteilen eines komplexen Identifikationsmodells, das sich auch den geschichtlich unterschiedlichen ästhetischen Strategien der Texte und Spielweisen anpassen muß.

<small>Identifikation</small>

Seit der Mitte des 18. Jahrhunderts begreift die Theatertheorie Identifikation im Theater als psychodynamischen Prozeß, der weit über ästhetische Distanzierung hinausgeht. Diesen Prozeß leitete u.a. Lessing mit der Umdeutung der aristotelischen Katharsis-Lehre ein. Im 75. Stück der *Hamburgischen Dramaturgie* interpretiert er Katharsis als „auf sich selbst bezogenes Mitleid":

> [E]s ist die Furcht, welche aus unserer Ähnlichkeit mit der leidenden Person für uns selbst entspringt; es ist die Furcht, daß Unglücksfälle, die wir über diese verhänget sehen, uns selbst treffen können; es ist die Furcht, daß wir der bemitleidete Gegenstand selbst werden können. Mit einem Worte: diese Furcht ist das auf uns selbst bezogene Mitleid. (1981: 383)

Damit ist definiert, was Hans Robert Jauss das „sympathetische Identifikationsmodell" nennt (1977: 214): Ein Modell, das für das nachfolgende, bis in unser Jahrhundert hinein gültige Interaktionsmuster des realistisch-psychologischen Dramas und Theaters bestimmend wird.

Das Vergnügen am und im Theater wurde bis zur Theatermoderne auf die Identifikation zurückgeführt. Erst mit der Formulierung einer politischen Theatertheorie und einer kulturkritischen Ästhetik gerät das Identifikationsgebot ernsthaft in die Kritik. Theorie und Praxis des politischen Theaters oszillieren zwischen einer maximalen Partizipation des Publikums am Bühnengeschehen einerseits und einer Distanzierung andererseits. Erstere zeigt sich beispielsweise in staatlich propagierten Theaterformen, deren Wirkungsabsicht darin liegt, die Identifikation des Zuschauers mit der Staatsidee durch die Auflösung einer klar getrennten Zuschauer-Darsteller-Beziehung zu erreichen. Das berühmteste Beispiel hierfür waren die Anfang der 20er Jahre in der Sowjetunion organisierten Massenaufführungen wie die Reinszenierung der Erstürmung des Petersburger Winterpalais 1917. Zu

<small>anti-identifikatorische Theatertheorien</small>

dieser Kategorie gehörte auch die von den Nationalsozialisten ins Leben gerufene Thingspielbewegung.

Die Distanzierungsstrategie zeigt sich an der anti-identifikatorischen Theatertheorie von Bertolt Brecht, die er selbst eine „nicht-aristotelische" Theaterform nennt. Anstelle der Einfühlung soll eine distanziert-beobachtende Rezeptionshaltung treten. Diese kritische Haltung lasse sich aber nicht durch ein einfaches ‚Umdenken' seitens der Zuschauer verwirklichen, sondern sei durch eine radikale Neubestimmung aller wesentlichen dramaturgischen und szenischen Mittel zu flankieren. Das wirkungsästhetische Reformprogramm stellt Brecht (1957: 19–20) schematisch dar:

Dramatische Form des Theaters	**Epische Form des Theaters**
handelnd	erzählend
verwickelt den Zuschauer in eine Bühnenaktion	macht den Zuschauer zum Betrachter
verbraucht seine Aktivität	weckt seine Aktivität
ermöglicht ihm Gefühle	erzwingt von ihm Entscheidungen
Der Zuschauer wird in etwas hineinversetzt	er wird gegenübergesetzt
Suggestion	Argument
Der Zuschauer steht mittendrin, erlebt mit	Der Zuschauer steht gegenüber, studiert
Der Mensch als bekannt vorausgesetzt	Der Mensch ist Gegenstand der Untersuchung
Gefühl	Ratio

3.1.4 Aisthesis (Wahrnehmung)
Mit dem Begriff *Aisthesis* (= sinnliche Wahrnehmung) wird „die Lehre von den Sinneswahrnehmungen" (Grassi 1980: 25) bezeichnet. Im Gegensatz zu seinem Derivat ‚Ästhetik' ist dieser Begriff wertfrei zu verstehen. Die Ästhetik wurde im 18. Jahrhundert durch A.G. Baumgarten zu einer eigenen philosophischen Disziplin. Baumgarten subsumierte unter Ästhetik „die Theorien über das Wesen der Kunst und des Schönen, wie sie im Lauf der Geschichte entwickelt worden sind" (ibid.). Der antiken Philosophie ist weder eine Lehre der Ästhetik im baumgartenschen Sinne noch eine Theaterästhetik bekannt.

Der Terminus *Aisthesis* umfaßt zwei Bereiche der Theatertheorie:
• Aisthesis materialis
• Aisthesis sensualis
Aisthesis materialis bedeutet zunächst die Abhängigkeit der ästhetischen Wirkung des Theaters von materiellen Faktoren wie etwa Raum-, Licht- und Akustikverhältnissen. Diese Fragen, so wichtig sie für das Theater sind, werden allerdings kaum theoretisch behandelt, obwohl es seit der Antike durchaus praktische Anleitungen zum Theaterbau gibt, die auch Raum,

Licht und Akustik thematisieren. Die Dominanz materieller Elemente führte dazu, daß das Theater als gesamtes Phänomen nicht der Ästhetik zugerechnet wurde.

Im Vergleich zu den rein materiellen Faktoren wurde die Frage des *aisthesis sensualis*, also des Wahrnehmungs*modus*, intensiv reflektiert. Erst im 18. Jahrhundert entstehen fundierte theoretische Reflexionen über das Problem. In diesem Jahrhundert vollzieht sich ein ästhetischer Bruch, der von zahlreichen theoretischen Überlegungen zur Wahrnehmung im Theater begleitet wird. Die wichtigste wahrnehmungsästhetische Theorie für das Theater wird von Denis Diderot mit seiner Vorstellung von einer Bühne und Zuschauerraum trennenden *Mauer* entwickelt. In seinem Aufsatz *Von der dramatischen Dichtkunst* (1758) heißt es:

> Man denke also, sowohl während dem Schreiben als während dem Spielen an den Zuschauer ebensowenig, als ob gar keiner da wäre. Man stelle sich an dem äußersten Rande der Bühne eine große Mauer vor, durch die das Parterr abgesondert wird. Man spiele, als ob der Vorhang nicht aufgezogen würde. (Diderot 1968: 284)

Diese vielzitierte Passage bildet die Grundlage der realistischen Theaterästhetik. Diderots Idee einer mentalen „Wand" zwischen Bühne und Zuschauerraum ist weniger bühnenpraktisch als -ästhetisch gedacht. Sie verlangt vom Zuschauer, der damals gewohnt war, andere Zuschauer auf der Bühne zu sehen, einen veränderten Wahrnehmungsmodus, der sich seit Mitte des 18. Jahrhunderts zu etablieren begann.

Auch Richard Wagners Forderungen nach Abschaffung des Orchestergrabens und Einführung eines verdunkelten Zuschauerraums laufen auf eine Veränderung der Wahrnehmungsbedingungen für die Zuschauer – nicht der Bühnenverhältnisse selbst – hinaus. Wagner schrieb 1873 anläßlich der Eröffnung des Festspielhauses zu Bayreuth:

> [B]ei einer dramatischen Darstellung handelt es sich [...] darum, das Sehen selbst zur genauen Wahrnehmung eines Bildes zu bestimmen, welches nur durch die gänzliche Ablenkung des Gesichtes von der Wahrnehmung jeder dazwischenliegenden Realität, wie sie dem technischen Apparate zur Hervorbringung des Bildes eigen ist, geschehen kann. (1898: 336)

Es geht Wagner darum, die Aufmerksamkeit der Zuschauer durch die Beseitigung störender Elemente zu fokussieren und damit die erwünschte „wundervolle Täuschung" zu erreichen. Mit der Verdunkelung des Theaters schafft er optimale Wahrnehmungsbedingungen zur Goutierung der Illusionsbühne. Bei solchen Forderungen gehen bühnentechnische Reformmaßnahmen mit theaterästhetischen Gedanken, die *aisthesis materialis* mit der *aisthesis sensualis*, Hand in Hand.

Seit Ende des 19. Jahrhunderts, mit der Entwicklung einer Theorie zur Inszenierung, gewinnen wahrnehmungsästhetische Fragen zunehmend an

Inszenierungstheorie

Bedeutung. Den neuen Inszenierungstheorien, wie z.B. von Adolphe Appia oder Edward Gordon Craig, ist die Ablehnung der realistischen Theaterästhetik gemeinsam. Appia beispielsweise stellt die von Wagner erstrebte „Täuschung" als ästhetische Kategorie grundsätzlich in Frage:

> Das Auge zu täuschen hat innerhalb der echten Kunst keinen Wert: die Illusion, welche ein wahres Kunstwerk hervorruft, beruht nicht darauf, daß sie uns auf Kosten der Wirklichkeit über die Natur der Dinge oder der Sinneseindrücke irreführe, sondern sie will uns im Gegenteil so tief in eine neue Schauweise mit sich ziehen, daß diese Schauweise unsere eigene zu werden scheint. (1899: 31)

Allerdings verlangt diese neue „Schauweise" vom Zuschauer „ein[en] gewisse[n] Bildungsgrad", der in der Lage sein müsse, „ein wahres Kunstwerk" zu erkennen. Die von Appia propagierte neuartige „Kunst der Inscenierung" läßt sich nicht ausschließlich auf die Produktionsebene beziehen, sondern setzt beim Zuschauer entsprechende wahrnehmungsästhetische Korrekturen voraus. Der Wahrnehmungsmodus, wie er von Diderot, Lessing und anderen konstruiert war, sollte einer neuen „Zuschau-Kunst" (Brecht) weichen, um ein Bewußtsein für die Existenz der Vierten Wand zu schärfen. Die Brechtsche Theatertheorie schließlich verlangte eine Wiedereinführung und Sichtbarmachung der von Wagner verbannten „technischen Apparate".

Fragen der Wahrnehmung gehören heute zu den Problemen, die innerhalb der Theatertheorie am intensivsten diskutiert werden. Mit der Entstehung einer Theaterkunst und einer Kunst generell, die sich der En- und Dekodierung von Botschaften entzieht, tritt Wahrnehmung an die Stelle von Verstehen als zentrale Rezeptionskategorie. Auf dieses Problem wird im nächsten Kapitel eingegangen (⇒ bes. Kap. 3.2.3, 3.2.4, 3.2.5).

⇒ Fiebach 1975; Brauneck [2]1986; Carlson 1984; Balme 1988; Fischer-Lichte 1997

3.2 Theaterwissenschaftliche Theoriebildung
Erst nach dem Zweiten Weltkrieg beginnt das Fach Theaterwissenschaft eigene theoretische Modelle zu entwickeln, die über historiographische Überlegungen hinausgehen und das Phänomen Theater in seinem Wesen sowie in seinen speziellen Ausprägungen zu erklären versuchen. Diese Aktivität geht nicht nur von der Theaterwissenschaft selbst aus, sondern auch von einer Reihe anderer Disziplinen, die das Theater als Modell für eigene Theoriebildungen entdecken. Aus Platzgründen werden im folgenden nur solche Theoriemodelle vorgestellt, die aus der Theaterwissenschaft selbst entstanden sind und versuchen, das Phänomen Theater für die eigene disziplinäre Perspektive zu beleuchten.

3.2.1 Soziologische Modelle: Symbolischer Interaktionismus und Spieltheorie

Das Interesse der Soziologie am Theater und der Theaterwissenschaft an der Soziologie manifestierte sich recht früh. Bereits 1928 hat der Theaterschriftsteller Julius Bab eine Untersuchung mit dem Titel *Das Theater aus soziologischer Sicht* vorgelegt. Die Möglichkeit, Theater nicht nur als ästhetisches, sondern auch als ein eminent soziales Phänomen zu begreifen, hat zu einer kontinuierlichen Forschungsproduktion geführt, die in den 60er Jahren gipfelte, als die Sozialwissenschaften den Status von Leitwissenschaften beanspruchten. 1993 konstatiert der israelische Theaterwissenschaftler Uri Rapp: „Das Theater selbst ist eine soziale Situation, die Schauspieler und Publikum umfaßt und in der andere soziale Situationen rekapituliert werden" (1993: 58). Zwischen den 20er und den 90er Jahren entstanden zahlreiche Arbeiten, die verstärkt ab den 50er Jahren die Wechselbeziehung zwischen sozialen und theatralen Verhaltensweisen untersuchen. Zentrales Thema hierbei ist die *Theatralität* sozialer Interaktionsformen. Zu nennen sind zum einen Erving Goffmans Konzeptualisierung des sozialen Umgangs als „Rollenspiele" (Goffman 1959) und zum anderen die soziale Organisation des Theaters selbst (Gurvitch 1956). Goffmans Ansatz und dessen Weiterentwicklung in der Untersuchung *Frame Analysis* (1974) wurden von verschiedenen Seiten innerhalb der Theaterwissenschaft aufgegriffen und für Ansätze fruchtbar gemacht, die das Theater *spieltheoretisch* begründen. Zu den Untersuchungsfeldern gehören Fragen nach dem Theaterpublikum, nach dem Verhältnis zwischen Berufsschauspielertum und Gesellschaft sowie nach dem Theater als soziale Institution. In dieser Breite handelt es sich jedoch nicht mehr um theatertheoretische Ansätze im engeren Sinne.

<small>Theatralität sozialer Interaktionsformen</small>

In der genuinen theaterbezogenen Theoriebildung innerhalb der deutschsprachigen Theaterwissenschaft spielt die Lehre des *symbolischen Interaktionismus* eine entscheidende Rolle. Der Terminus wurde aus der amerikanischen Soziologie übernommen. Dort bezeichnet er den Versuch, menschliche, zumal gesellschaftliche Handlungen, als symbolische Kommunikation zu begreifen. Für diesen Zweig der Soziologie ist der Mensch in erster Linie ein *homo symbolicus*, der sich in der Gesellschaft mit Hilfe eines dichten Netzes an kultur- oder sozialspezifischen Handlungsweisen zurechtfindet. In der deutschsprachigen Theaterwissenschaft ist diese Theorie mit den Namen Arno Paul, Uri Rapp und, in geringerem Maße, mit Klaus Lazarowicz verbunden. Ihre Theorien stehen im engen Zusammenhang mit Bemühungen, das *Wesen des Fachs* in der intratheatralen, also zwischen Bühne und Zuschauerraum verlaufenden Kommunikation, zu bestimmen und es aufgrund dieser besonderen Unmittelbarkeit von anderen Fächern abzugrenzen. In seinem Aufsatz „Theaterwissenschaft als Lehre vom theatralischen Handeln" (1971) richtet Arno Paul an die Theaterwissenschaft die Forderung zur Konzentration „auf einen wesenseigenen Kern, dessen angemessenes Studium keiner anderen Disziplin obliegt und von dem aus, den jeweiligen Fragestellungen entsprechend, interdisziplinäre Verbindungen zu verknüpfen wären" (Paul 1981 [1971]: 216). Tatsächlich bestimmt die Suche nach dem „wesenseigenen Kern" die theaterwissen-

<small>symbolischer Interaktionismus</small>

schaftliche Theoriebildung entscheidend. Paul distanziert sich pflichtgemäß von der Philologie und teilweise auch von der positivistischen Theatergeschichtsschreibung. Zur Bestimmung des „wesenseigenen Kerns" greift er auf die amerikanische Soziologie zurück: „Es gilt, gezielt und systematisch nach dem konstitutiven Moment des Theaters zu fragen, um von dort aus das zentrale Objekt einer Wissenschaft vom Theater zu fixieren" (1981: 222). Das zentrale Objekt ist die Aufführung: Paul geht mit Max Herrmann und allen anderen Theaterwissenschaftlern in dieser Einschätzung konform. Paul bestimmt alle Elemente der Aufführung als potentiell austauschbar, einschließlich der Schauspieler und Zuschauer. Was übrig bleibt, ist „ein bestimmtes Verhältnis", das er wie folgt definiert:

> Nur wenn eine unmittelbar bilaterale Beziehung zwischen Akteuren und Publikum besteht, die auf der demonstrativen Produktion und Rezeption von „Als-ob-Handlungen" beruht und sich in einem durch Konvention festgelegten Relevanzbereich bewegt, konstituiert sich Theater als eine spezifische symbolische Interaktion. [...] Unter „symbolischer Interaktion" wird ein instrumentelles Verhalten verstanden, durch das sich Individuen oder Gruppen über ihre jeweiligen Handlungen und Handlungsmotive, über ihre Bedürfnisse, Wünsche, Absichten, Meinungen, Kenntnisse usw. untereinander verständigen und sich in ihren Gefühls-, Denk- und Handlungsweisen beabsichtigt oder unbeabsichtigt gegenseitig beeinflussen. (1981: 223–224)

Theater als Kommunikationssituation

Theater wird somit als besondere Form der *face to face*–Kommunikation verstanden. Paul propagiert dieser wissenschaftlichen Akzentverschiebung entsprechend eine Anbindung an die Kommunikationsforschung.

Die Erkenntnisse dieses Theorie-Modells lassen sich folgendermaßen zusammenfassen:

- Die zentrale Bedeutung des Zuschauers für die Konstitution des Theaterkunstwerks: „Immer aber ist es das Publikum, das dem theatralischen Akt erst zum Leben verhilft, das ihn vollendet und das ihm seine zeitliche und überzeitliche Wirkung verleiht" (1981: 231).
- Die Abgrenzung des Theaters gegenüber anderen, v.a. neuen, technischen Medien.
- Die Reduzierung des Theaters auf eine kommunikative „Kernsituation" führt zur einer Theoriebildung, die darauf bedacht ist, das Phänomen Theater in ‚Reinform' zu erfassen.

Forschungstheoretisch und forschungspraktisch ergeben sich zwei wichtige Konsequenzen:

1. Wird Theater als *Informationsaustausch* im Modus des Symbolischen definiert, können diese Informationen nur von einer empirisch-quantitativen Theaterwissenschaft – wie sie beispielsweise am Institut für Theaterwissenschaft in München in den 70er Jahren praktiziert wurde – erfaßt werden (⇒ Kap. 6.1).

2. Konstituiert sich das Wesen des Theaters in der *einmaligen* Interaktion zwischen Akteuren und Zuschauern, entzieht es sich weitgehend dem Zugriff einer historisch-hermeneutischen Wissenschaft, die des Vorhandenseins intersubjektiv überprüfbarer Texte bzw. Quellen bedarf.

Als wissenschaftstheoretische Grundlage für die Theaterwissenschaft erweist sich diese – im Grunde schlüssige – Theorie rückblickend als problematisch. Trotz einiger Versuche blieb die Erforschung der Interaktion zwischen Zuschauern und Akteuren *in situ* ein schwieriges Unterfangen. Aufgrund ihrer fachgeschichtlichen Entwicklung war die Theaterwissenschaft viel enger an den Geistes- als an den Sozialwissenschaften orientiert. Die von der Theorie des symbolischen Interaktionismus vorbereitete ‚empirische Wendung' fand mit einigen wenigen Ansätzen in der Zuschauerforschung so gut wie nicht statt (⇒ Kap. 6.1).

An soziologische Ansätze knüpfen auch die Versuche an, das Theater *spieltheoretisch* zu erklären. Zentraler Referenzpunkt ist die Untersuchung des Ethnologen Gregory Bateson, *Ökologie des Geistes* (1981 [1959]), der sich mit dem Phänomen „Spiel" als besonderer Form der Metakommunikation beschäftigte: „Nun konnte dieses Phänomen Spiel nur auftreten, wenn die beteiligten Organismen in gewissem Maße der Metakommunikation fähig waren, d.h. Signale austauschen konnten, mit denen die Mitteilung ‚Dies ist Spiel' übertragen werden konnten" (1981: 244). Beherrscht der Mensch einmal diese metakommunikative Fähigkeit und sind diese Signale sozial etabliert, so kann das Theater darauf zurückgreifen und sein Tun als „Dies ist Spiel" bestimmen. Der Zuschauer muß als zusehender Spieler definiert werden, damit das Theater als Spiel funktioniert.

Spieltheorie

Die Theaterwissenschaft griff die Idee der spielerischen Metakommunikation aus verschiedenen Perspektiven, jedoch nicht immer in expliziter Bezugnahme auf Bateson auf. Das Besondere am Theater, argumentieren beispielsweise Klaus Lazarowicz und Manfred Brauneck, ist die Aufrechterhaltung der dem Theater zugrunde liegenden „Spielregeln". Die wohl wichtigste sei die Trennung zwischen Publikum und Darsteller. „Die Preisgabe dieser Unterscheidung" konstatiert Brauneck, „würde das Ende jeden Theaters bedeuten; die Theatersituation würde sich in eine Spielsituation verwandeln, die ihrem Wesen nach neu zu bestimmen wäre, nur wäre es nicht mehr Theater" (^{2}1986: 18). Ähnlich argumentiert Klaus Lazarowicz mit seinem Begriff der „triadischen Kollusion", daß sich Theater aufgrund einer spielerischen Übereinkunft zwischen Schauspieler, Zuschauer und Autor konstituiere (1977: 56).

Performance-Theoretiker wie Richard Schechner (⇒ Kap. 3.2.5) beziehen sich ausdrücklich auf Bateson, wenn es darum geht, das spezifisch Theatrale innerhalb der potentiell unendlichen Erscheinungsformen des Spiels zu bestimmen. Wollen Lazarowicz und Brauneck einen verhältnismäßig engen Theaterbegriff mit ihrer Spieltheorie festlegen, so akzeptiert Schechner eine große Bandbreite an Mischformen, denen beispielsweise weder eine textliche Vorlage noch eine klare Trennung zwischen Fiktion und Realität zugrunde liegen (1990).

Ein differenzierter spieltheoretischer Entwurf stammt von Klaus Schwind (1997). Im Gegensatz zu Brauneck und Lazarowicz, die den Spielbegriff eher voraussetzen als begrifflich oder theoretisch analysieren, unterscheidet Schwind zwischen verschiedenen dem Theater zugrunde liegenden Spielebenen. Zu differenzieren sei zwischen dem Spielvorgang auf der Bühne und dem Wahrnehmungsvorgang des Zuschauers, der dem schauspielerischen Spiel die metakommunikative Einstellung entgegenbringt:

- der Schauspieler spielt eine Rolle und konstruiert damit eine Figur
- die Unterscheidung von Wirklichkeit – Spiel – Fiktion aus der Perspektive des Zuschauers.

Demnach konstituiert sich Theater aufgrund zweier sich begegnender Spielhandlungen intentionaler Art. Dem Schauspieler kommt eine darstellerische (und vorzustellende), dem Zuschauer eine wahrnehmende (und vorzustellende) Rolle zu.

Obwohl sich diese grundlegende Unterscheidung bereits bei Lazarowicz und Brauneck findet (zumal die Idee vom Spiel, das sich durch intentionale Akte konstituiert), kommt Schwind das Verdienst zu, die Komplexität des Spielvorgangs auf der Wahrnehmungsebene interdisziplinär (einbezogen werden semiotische, philosophische, soziologische und sozialpsychologische Ansätze, um nur einige zu nennen) auszuleuchten. Der Ansatz von Schwind baut gewissermaßen eine Brücke zwischen der älteren, im weitesten Sinne des Worts sozialwissenschaftlichen Theoriebildung und der Theatersemiotik, die in den 70er Jahren zunehmend innerhalb der Theaterwissenschaft an Bedeutung gewann.

3.2.2 Theatersemiotik

Die Theatersemiotik setzt etwa Anfang der 70er Jahre ein und bestimmt, wenn auch in abgeschwächter und veränderter Form, bis heute in starkem Maße die theaterwissenschaftliche Forschung in Deutschland, den romanischen Ländern und teilweise in der englischsprachigen Welt. Bei der Semiotik handelt es sich um eine eigenständige Wissenschaft, deren Terminologie und Methodik die Theaterwissenschaft in Anspruch nimmt. Allerdings vollzog sich „der Siegeszug" (Hickethier 1985: 128) der Theatersemiotik in den verschiedenen Ländern unterschiedlich. Nach ersten Ansätzen in der Tschechoslowakei in den 30er Jahren im Rahmen der ‚Prager Schule' begann die Rezeption ihrer Ideen zunächst in Frankreich Ende der 50er Jahre. Eine breite Akzeptanz fand die Semiotik in der deutsch- und englischsprachigen Theaterwissenschaft erst in den 80er Jahren (Quinn 1995).

Definition   Eine Basisdefinition semiotischer Theatertheorie ist nach Erika Fischer-Lichte die Untersuchung des Theaters „als ein System der Bedeutungsproduktion" (1990: 234). Damit ist die Theatersemiotik Teil der allgemeinen Zeichenlehre, wie sie im Lauf dieses Jahrhunderts, ausgehend von Ferdinand de Saussures Theorie der Sprache, entwickelt wurde. Der wichtigste Untersuchungsgegenstand der Semiotik ist die menschliche Sprache, ihre Forschungsperspektiven gestalten sich jedoch äußerst vielfältig. Sie untersucht alle Arten menschlicher (und auch tierhafter) Zeichenverwendung. Diese im Grunde wertindifferente Einstellung erwies sich für die Theatersemiotik als sehr produktiv. Weil die Geisteswissenschaften von der Interpretation „großer Werke" bestimmt werden und die Theaterwissenschaft aufgrund des transitorischen Charakters der Aufführung kaum welche vorzuweisen hat, kann *das Theater selbst* – und nicht seine ästhetischen Monumente – zum privilegierten Gegenstand werden. Bereits in den 60er Jahren bezeichnete Roland Barthes daher das Theater aufgrund seiner komplexen Verwendung verschiedener Zeichensysteme als „semiotisch privilegiertes Objekt" (1969: 102).

Die Semiotik kennt bekanntlich zwei grundlegende Zeichenmodelle: Das aus einem *Signifikanten* und einem *Signifikat* bestehende *dyadische* Modell von Ferdinand de Saussure und das *triadische* Modell von Charles Sanders Peirce. Nach Saussure besteht ein Zeichen aus einem *materiellen* Teil (dem Lautbild eines Worts zum Beispiel: dem Signifikant) und einem *semantischen* Teil (der damit erzeugten Bedeutung, dem Signifikat). Aber auch Saussures Zweiteilung ist implizit triadisch, da sich das damit erzeugte Zeichen auf etwas beziehen muß, den *Referenten*. Peirce teilt das Zeichen in Repräsentamen, Objekt und Interpretant. Das Repräsentamen ist der materielle Zeichenträger, das Objekt ist der Referent des Zeichens, und der Interpretant ist die Beziehung, die zwischen Repräsentamen und Objekt hergestellt wird. Nach Peirce gibt es keine Phänomene, die per se Zeichen sind. Sie werden erst durch den Prozeß der Bedeutungsbeilegung zu Zeichen gemacht. Beide Modelle sind inzwischen so bekannt und so häufig beschrieben worden, daß auf eine ausführliche Explikation hier verzichtet werden kann (⇒ Nöth 1985: 36–38 u. 61–62; Eco 1995).

Zeichenbegriffe

Triadisches Zeichenmodell

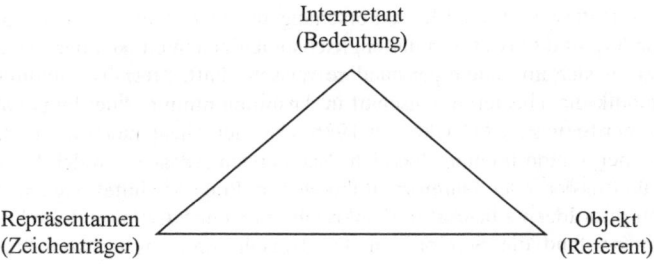

Bislang hat die Theatersemiotik das Modell von Peirce recht zögerlich rezipiert. So konnte Patrice Pavis im Jahre 1996 immer noch feststellen, daß das

Peircesche Modell aufgrund seiner Komplexität auf wenig Akzeptanz in der Theaterwissenschaft gestoßen sei (1996: 165). Trotzdem gibt es eine Reihe von Gründen, die darauf hindeuten, daß sich vor allem dieses Modell besonders gut eignet, den Zugang zu theaterästhetischen Signifikations- und Interpretationsprozessen zu öffnen. Da es eine dynamische und pragmatische Interpretation von Zeichen in den Vordergrund stellt, birgt es das Potential, den sich wandelnden und neu konstituierenden Zeichenprozessen auf Produzenten- wie auf Rezipientenebene gerecht zu werden. Trotz der zögerlichen Akzeptanz des Peirceschen Modells haben sich manche Teile und Begriffe daraus im theatersemiotischen Diskurs durchgesetzt. Es handelt sich in erster Linie um den „Objektbezug" des Zeichens, den Peirce in „Ikon", „Index" und „Symbol" einteilt und als die grundlegende Zeichenkategorie bezeichnet.

- Ikonische Zeichen basieren auf einem Ähnlichkeitsverhältnis. Beispiel: Bild eines Hundes auf einem Schild, das vor einem Hund warnt.
- Indexikalische Zeichen sind solche, die ein räumliches oder zeitliches Verhältnis zwischen Zeichen und Objekt voraussetzen. Beispiel: Fingerzeig.
- Symbolische Zeichen sind solche, deren Bedeutung sich aus kulturell festgelegten und historisch veränderbaren Regeln ergibt. Beispiel: Eine Rose als Zeichen der Liebe.

Im Theater finden sich alle drei Funktionen wieder: *Ikonizität* entspricht, oberflächlich zumindest, dem bekannten Mimesis-Begriff, da sich ikonische Zeichen durch ihr Ähnlichkeitsverhältnis zwischen Zeichen und Objekt auszeichnen. *Indexikalische* Zeichen finden sich vor allem im dramatischen Text (Personalpronomina, Zeit- und Ortsangaben usw.), aber auch in der Proxemik und Gestik der Schauspieler; das Peircesche *Symbol* im Sinne einer rein konventionalisierten, arbiträren Bedeutungszuweisung bezeichnet nicht nur den Zeichencharakter der menschlichen Sprache, sondern auch die Eigenart theatraler Zeichen schlechthin, die unbegrenzt mobil und polyfunktional sind.

Ikonizität   Für das Theater ist von den drei genannten Zeichentypen das Ikon bei weitem der wichtigste. Ikonizität im Theater umfaßt nicht nur die Abbildung von Gegenständen, Räumen, Figuren und Handlungen, was dem herkömmlichen Mimesis-Begriff entspricht, sondern jede im Zuschauer hervorgerufene Idee oder Empfindung. Dazu Peirce: „The only way of directly communicating an idea is by means of an icon" (1931: 2.278). Peirce bezeichnet zum Beispiel eine durch Musik hervorgerufene Empfindung auch als eine ikonische Zeichendynamik. Das Musikbeispiel tangiert auch unmittelbar das Gebiet der Wirkungsästhetik des Theaters und impliziert, daß sich das Wirkungspotential des Theaters immer in Form von ikonischen Zeichen manifestiert.

Theaterzeichen sind im Regelfall „Zeichen von Zeichen" (Fischer-Lichte 1983a: 19). Das heißt, sie verdoppeln Zeichen, die in der Lebenswelt bereits existieren oder als solche erkannt werden. Der Zeichencharakter eines Objektes im theatralen Kontext differiert jedoch zu seiner semiotischen Bestimmung in der Lebenswelt. Die Ausnahme zu dieser Regel bilden die im Theater eher ungewöhnlichen Situationen, in denen ein Gegenstand oder eine Person nicht nachgeahmt, sondern real auf die Bühne gebracht werden, was Keir Elam mit dem Terminus *ikonische Identität* umschrieben hat (1980: 22). Es könnte sich um einen Gegenstand (eine echte Goldmünze, wenn der Text von Gold spricht), um ein Kostüm oder – als extremes Beispiel – einen Schauspieler, wie Julian Beck vom Living Theatre handeln, der behauptet, nur sich selbst zu spielen (Elam 1980: 23).

ikonische Identität

Der Grad der Ikonizität im Theater ist vielfältigen historischen und kulturellen Veränderungen unterworfen, die nicht nur zwischen Ländern und Epochen, sondern auch zwischen Theaterformen in derselben Kultur variieren. Als Beispiel sei hier nur die Frage der ethnischen Besetzung angeführt. Während die Hautfarbe eines Schauspielers im Sprechtheater noch stark durch möglichst große Übereinstimmung zwischen sichtbarer ethnischer Zugehörigkeit und darzustellender Rolle geprägt ist, spielen solche Überlegungen im Musiktheater beispielsweise eine sekundäre Rolle. Eine schwarze Opernsängerin wird nicht aufgrund ihrer physischen Ähnlichkeit mit der Rolle (beispielsweise der Madame Butterfly), sondern nach Kriterien stimmlicher und darstellerischer Performanz beurteilt.

Jedes Zeichen im Theater, egal welcher Art, kann durch ein anderes Zeichen ersetzt werden, beispielsweise Raum durch Sprache, ein Gegenstand durch einen Menschen. Daher spricht man davon, daß sich theatrale Zeichen durch ihre *Mobilität* und *Polyfunktionalität* auszeichnen. Mobilität bedeutet, daß Zeichen auf der Bühne beinahe unbegrenzt die Funktionen anderer Zeichensysteme übernehmen können: „Dekoration durch Worte, Requisiten durch Gesten, Gesten durch Geräusche, Beleuchtung durch Requisiten usw." (Fischer-Lichte 1990: 238). Polyfunktional sind Theaterzeichen insofern, als sie während einer Aufführung verschiedene Dinge repräsentieren können. Ein Tisch kann in demselben Stück ein Tisch, aber auch ein Berg oder ein Tunnel sein. Ein Schauspieler kann mehrere Rollen übernehmen, in einem Monodrama kann ein und derselbe Darsteller alle Rollen spielen, ohne daß das Publikum dadurch in größere Verständnisprobleme gerät. Grundsätzlich kann man sagen, daß eine realistische Theaterästhetik dazu tendiert, die Möglichkeiten der Mobilität und Polyfunktionalität einzuschränken, während nonrealistische Theaterstile (wie beispielsweise die klassischen fernöstlichen Theaterformen) diese bevorzugt einsetzen. Allerdings läßt sich diese Funktionstrennung keineswegs verabsolutieren.

Mobilität und Polyfunktionalität

Tadeusz Kowzan versuchte als erster (1968) eine Systematisierung theatraler Zeichen zu entwickeln. Sein Modell wurde von anderer Seite zwar modifiziert (⇒ Fischer-Lichte 1983a; Elam 1980), nicht aber grundlegend verändert. Folgendes Schema basiert auf Kowzan, enthält aber wiederum geringfügige Modifikationen.

Inventarisierung

Zeichensysteme im Theater nach Kowzan		
	darstellerbezogen	raumbezogen
visuelle	• Mimik • Gestik • Bewegung • Schminke • Frisur • Kostüm	• Requisiten • Bühnenbild • Beleuchtung
akustische	• Sprache • Ton • Musik • Geräusche	• Sprache • Ton • Musik • Geräusche

Während Kowzan beispielsweise raumbezogene Zeichen der Kategorie des Visuellen zuordnet, sind sie hier auch unter akustischen Zeichen erfaßt. Raum im Theater wird gelegentlich rein akustisch durch Beschreibungen oder Geräuschkulisse suggeriert.

Weitere Unterteilungen bzw. Gliederungen der Zeichensysteme sind möglich: beispielsweise nach den Oppositionen *transitorisch* (für die darstellerbezogenen Zeichensysteme) und *lang andauernd* (für die raumbezogenen) (⇒ Fischer-Lichte 1983a: 27).

Terminologie

Ein zentrales Problem der Übertragung der linguistisch definierten Semiotik ist terminologischer Art. Die Analogisierung von Sprache und Theater führt zu einem besonderen Vokabular, das nicht immer zur begrifflichen Klärung hinsichtlich theatraler Prozesse beiträgt. Am deutlichsten wird dies bei der Allgegenwärtigkeit des *Textbegriffs*, der auch auf die Aufführung selbst und nicht nur auf den Theatertext angewandt wird. Problematisch ist unter anderem auch der *Kodebegriff*, denn bei einem theatralen Kode handelt es sich um einen Kommunikationsprozeß, der mehrere Zeichensysteme gleichzeitig benutzt, welche wiederum jeweils ihren eigenen Kode benutzen.

Neben dem Zeichenbegriff selbst ist der Terminus Kode der wohl am häufigsten verwendete Begriff in der Semiotik. Für die Theatersemiotik hat Erika Fischer-Lichte den Kode als das Zeichenrepertoire bzw. -system sowie als die es regulierenden Regeln definiert:

> Wir verstehen unter einem theatralischen Kode die Gesamtheit des Zeichenrepertoires sowie aller syntaktischen, semantischen und pragmatischen Regeln, die bei der Produktion einzelner Werke (Inszenierungen) zur Anwendung kommen und mehreren Werken zugrunde liegen. (1990: 65)

Kode

Strenggenommen steht die Regelhaftigkeit des Kodes im Gegensatz zur Einmaligkeit einer Aufführung. Oder anders ausgedrückt: Das Interessante an einer Aufführung besteht in ihrem Umgang mit den Normen eines theatralen Kodes, sie kann aber nicht selbst die Manifestation des Kodes sein.

Diesem scheinbaren Widerspruch begegnet Fischer-Lichte mit der Einführung des Begriffspaares der *internen* und *externen Umkodierung*. ‚Umkodierung' bedeutet im weitesten Sinne Bedeutungserzeugung. Die „interne Umkodierung" soll als ein Verfahren der Bedeutungserzeugung verstanden werden, das sich aufgrund innertextueller bzw. -szenischer Relationen vollzieht: Das heißt, eine Inszenierung oder ein Theatertext kann ein eigenes Bedeutungssystem selbst erzeugen und text- oder inszenierungsimmanent kohärent machen. Ein Beispiel für interne Umkodierung wäre eine Inszenierung, bei der alle Männer Frauenrollen spielen und alle Schauspielerinnen die männlichen Rollen. Dies wäre eine einmalige, in dieser Inszenierung vorgenommene Strategie der Bedeutungserzeugung, die kein besonderes externes kulturelles Wissen benötigt, um verstanden zu werden.

interne und externe Umkodierung

Die „externe Umkodierung" habe dagegen „ein spezifisches kulturelles Wissen zur Prämisse" (1983c: 102), das auf die Handlung und die Zeichenprozesse bezogen werden müsse, um Bedeutung zu erzeugen. Eine Inszenierung von Shakespeares Richard III., die das Zeichen des Hakenkreuzes im Bühnenbild abbildet, geht davon aus, daß der Theaterzuschauer dieses Zeichen aufgrund seines kulturellen Wissens mit der nationalsozialistischen Ideologie in Verbindung bringen wird. Durch externe Umkodierung wird also das Stück Shakespeares mit einer politischen Ideologie des 20. Jahrhunderts in Zusammenhang gebracht.

Hinter Begriffen wie Kode und Umkodierung verbirgt sich vielleicht die heimliche Utopie der Theatersemiotik (und der Semiotik im allgemeinen), den Schlüssel zu den nie abschließbaren Prozessen der Bedeutungserzeugung zu finden oder zu entwerfen. Da sich dieser Schlüssel (im Gegensatz zu menschlich konstruierten Kodes wie dem Morse-Kode) nie finden läßt, bleibt der Kodebegriff ein notwendiges Postulat, das im Bereich des Theaters hauptsächlich von theoretischer Bedeutung ist.

Der Begriff der *Dominantenbildung* hängt eng mit dem des Kodewandels zusammen. Dieser Begriff entstand bereits innerhalb des russischen Formalismus, um den Prozeß des Stilwandels semiotisch zu beschreiben. Formalistisch gesehen bedeutet Dominantenbildung oder Dominantenverschiebung nichts anderes als der semiotische Mechanismus, bei dem ein Zeichensystem eine regulierende Funktion erhält. Daran anknüpfend präzisierte Roman Jakobson 1935 den Begriff als „diejenige Komponente eines Kunstwerks [...], an der sich alle andern orientieren. Sie regiert, determiniert und transformiert die restlichen Komponenten. Die Dominante garantiert die Integrität der Struktur" (1979: 212). Die Dominante sei nicht nur für ein individuelles Kunstwerk, eine Gattung oder für die Kanonbildung bestimmend, sondern sie beeinflusse auch den Epochenwandel und erlaube dem Wissenschaftler, „die Hierarchie diverser sprachlicher Funktionen innerhalb des Dichtwerks aufzuzeigen" (1979: 215).

Dominantenbildung

Im Zusammenhang mit dem Theater wurde der Begriff bereits von Vertretern der Prager Schule in den 30er Jahren verwendet. Ausgehend von dem Begriff der „Hierarchie" der Elemente im Kunstwerk wandte der Prager Strukturalist und Theaterregisseur Jinrich Honzl in seinem Aufsatz *Hierar-*

chie der Theatermittel (1943) die Idee der Dominantenbildung auf das Problem moderner Inszenierungen griechischer Stücke an. Nach Honzl wies das antike Theater eine völlig andere Akzentuierung der Theatermittel auf als das heutige Theater: „Jede Anpassung der worthaften Äußerung des antiken Spiels an die Schemata und Arten des Dialogs unseres Spiels muß die Ganzheitlichkeit und das Gleichgewicht der alten Werke zerstören" (1975 [1943]: 133). Unter „Theatermittel" versteht Honzl die verschiedenen im Theater operierenden Zeichensysteme Musik, Dialog, Bewegung usw. Eine Dominantenverschiebung bedeutet daher einen grundlegenden Wandel des ihnen zugrundeliegenden Kodes. Fischer-Lichte (1983a: 188f.) verwendet den Begriff der Dominantenverschiebung in der allgemeinen Theatersemiotik und gebraucht ihn darüber hinaus als integralen Bestandteil der Inszenierungsanalyse, da einzelne Inszenierungen ebenfalls dem Prozeß der Dominantenbildung unterliegen.

3.2.3 Poststrukturalismus und Psychoanalyse
Im Zusammenhang mit der breit angelegten Kritik am Strukturalismus entsteht in den 60er und 70er Jahren in Opposition zur allzu rigiden Semiotik der *Poststrukturalismus* (⇒ Frank 1984). Es handelt sich um eine gezwungenermaßen vage Umschreibung für ein Bündel von Denkrichtungen. Diese Entwicklung beginnt in Frankreich, wo der Strukturalismus in seiner linguistischen (Ferdinand de Saussure, A. J. Greimas, Roland Barthes) und ethnologischen Auslegung (Claude Lévi-Strauss) eine herrschende Stellung einnimmt. Etwas vereinfacht ausgedrückt, schließt der Poststrukturalismus *„unmittelbar* an den klassischen Strukturalismus [...] an und bewahrt insofern einen *inneren* Zusammenhang mit ihm" (Frank 1984: 31–32). Der Poststrukturalismus stellt also Problemfelder und Begriffe des Strukturalismus in Frage und bestimmt diese neu. Im Bereich der Theatertheorie sind dies u.a. der Zeichen- und Textbegriff sowie die Inkorporierung der Psychoanalyse von Jacques Lacan.

Erste Impulse zu einer poststrukturalistischen Theatertheorie kamen von zwei führenden französischen Philosophen: Jacques Derrida und Jean-François Lyotard. Mit seiner Kritik am strukturalistischen Zeichenbegriff hat Derrida poststrukturalistisches Denken maßgeblich beeinflußt und die textuelle Methode der Dekonstruktion eingeführt. Mit explizit theatertheoretischen Fragen beschäftigte er sich aber nur peripher. Am wichtigsten sind wohl seine beiden 1968 im Band *Die Schrift und die Differenz* veröffentlichten Aufsätze zu Antonin Artaud. Artauds Forderung nach einem Theater der Grausamkeit versteht Derrida nicht nur als ein Theaterprogramm und einen Angriff gegen das psychologisierende Dramentheater. Vielmehr macht er ein Paradox bei Artaud aus, das er mit dem Begriff der „Geschlossenheit der Repräsentation" umschreibt. Artauds Suche nach einem Theater des unmittelbaren Erlebens bezeichnet Derrida als vergebliche Suche nach einem Theater der „reinen Präsenz", da das Theater per definitionem immer in einem Zustand der Re-Präsentation gefangen sei. Artauds Theater sei streng genommen kein Theater mehr. Diese philosophische Diskussion ist theatertheoretisch insofern interessant, als sie ein grundsätzliches Problem anspricht, das für die Beschäftigung mit paratheatralen Aufführungsformen wie etwa Performance-Kunst von zentraler Bedeutung ist (⇒ Kap. 9.3).

Lyotards theatertheoretische Ideen entzünden sich noch stärker an der wissenschaftlichen Theatersemiotik. Bereits 1973 hatte er die Relevanz des Zeichenmodells zur Analyse von Theateraufführungen in Frage gestellt. Wenn ein Zeichen, nach Peirce, immer die Substitution für etwas Anderes, Abwesendes sei, so beschäftige man sich aus zeichentheoretischer Sicht mit etwas, das nicht vorhanden sei. Anstelle eines Zeichenmodells mit repräsentativen Substitutionen fordert Lyotard eine Fokussierung auf Energieströme und „libidinöse Verschiebungen" (1973: 95–96). Wie so häufig beim Poststrukturalismus vermischen sich in solchen Formulierungen Theorie (als Modellbildung) und Programmatik, so daß unklar bleibt, ob es sich hier um Theater als Untersuchungsgegenstand oder um den Wunsch nach einem derartigen Theater handelt.

Lyotards Interesse an „libidinösen Verschiebungen" signalisiert eine Einbeziehung der Psychoanalyse in die Beschäftigung mit dem Theater. Für den Poststrukturalismus insgesamt spielt die Psychoanalyse in ihrer Weiterentwicklung durch Jacques Lacan eine zentrale Rolle. Lacan verbindet Freudsche Kategorien mit der linguistischen Zeichentheorie Saussures und entwirft ein Modell der menschlichen Psyche, oder genauer, des Unbewußten, das in seiner Struktur der Sprache analog sei. Mehrere Gedanken Lacans sind von der Theatertheorie aufgegriffen worden. Wohl am wichtigsten und am bekanntesten ist Lacans Idee des „dezentrierten Ichs". Das zum Schlagwort verkommene Konzept der „Dezentrierung des Ichs" führt in die komplexe, und bis heute wichtige Diskussion über Fragen der *Subjektivität*, die sowohl die Philosophie als auch die Psychoanalyse beschäftigt. Zu den Hauptaufgaben der philosophischen Dekonstruktion gehört zweifelsohne die Destabilisierung der Idee eines intakten, autonomen Subjekts, die aus der frühaufklärerischen rationalistischen Philosophie herrührt. Aus der Sicht der Psychoanalyse stellt sich die Subjektivitätsfrage etwas komplizierter.

Lacan identifiziert als entscheidende Zäsur in der frühkindlichen Entwicklung den Moment, in dem das Kind sein Spiegelbild erkennt. War das Kind bis dahin ein intaktes Subjekt, das im vorsprachlichen Stadium im Bereiche des *Imaginären* lebt, so fällt die Wahrnehmung des Spiegelbilds mit dem Spracherwerb zusammen. Diese Phase nennt Lacan den Eintritt in die *symbolische Ordnung*. Die symbolische Ordnung meint zum einen die Tatsache, daß Sprache auf Symbolen basiert und zum anderen die Einbindung in die Ordnung bzw. „das Gesetz" des Vaters im Gegensatz zur „imaginären" Ordnung der Mutter. Diese Zweiteilung des Subjekts zwischen den Bereichen des Imaginären (einer Welt der Triebe, unbewußten Wünsche und eher nonverbalen Kommunikation) und des Symbolischen (der Sprache, der Vernunft) sei dadurch potenziert, daß die symbolische Ordnung selbst aufgrund der Deckungsungleichheit von Signifikant und Signifikat gespalten sei. Bei so vielen Spaltungen und Brüchen ist es kein Wunder, daß Lacan den Menschen als durch die Suche nach einer unerreichbaren Einheit oder

Psychoanalyse

Lacan

symbolische Ordnung

Ganzheit bestimmt sieht, aus deren Scheitern (für Lacan ‚Mangel') das Subjekt Begehren produziert. Das Begehren ist zugleich etwas paradox, denn es richtet sich nach einem ‚Anderen', das eigentlich Bestandteil oder Projektion des Ichs ist.

Die poststrukturalistische Theatertheorie hat in Lacans Psychoanalyse einige wichtige Anhaltspunkte entdeckt. Vor allem haben zumeist amerikanische *feministische Theoretikerinnen* in der Theorie des Spiegelstadiums eine Analogie zur theatralen Mimesis-Theorie festgestellt (im Englischen ergibt sich ein Wortspiel, denn Lacans *mirror stage* kann sowohl Entwicklungsstufe als auch Bühne bedeuten.) Die Spiegelmetapher ist mindestens so alt wie Hamlets Rede an die Schauspieler (III.i) und wurde seitdem für Konzepte verwendet, bei denen die Bühne das Selbst und die Welt *widerspiegelt*. Die meisten mimetischen Theorien beschäftigen sich mit der Frage nach dem Verhältnis zwischen Zuschauern und deren „Spiegelbild" auf der Bühne. In diesem Zusammenhang kann Lacans psychoanalytische Theorie eine interessante Erklärung bieten. Danach wären die auf der Bühne konstruierten Subjekte mögliche Identifikations- und Projektionsflächen für das begehrende Ich.

Klare Grenzen zwischen Poststrukturalismus, Psychoanalyse und der aus ihr sich entwickelnden feministischen bzw. Gender-Theorie lassen sich nicht ziehen. Auch dürfen feministische und Gender-Theorie keineswegs synonym verwendet werden, obwohl sich zahlreiche Wechselbeziehungen feststellen lassen, und sich die Gender-Theorie aus dem Feminismus entwickelte. Theorien, die im Umfeld des oft stark subversiven feministischen Theaters und der Performance-Kunst entstanden, haben sich intensiv mit der Dekonstruktion und Umkehrung eines normativen (männlichen) Blicks (Reinelt 1992: 386) beschäftigt. Diese psychoanalytisch beeinflußte Theorie des Blicks wurde zunächst für das Hollywood-Kino formuliert (Mulvey 1975), wird aber inzwischen auch innerhalb der Theaterwissenschaft diskutiert (Diamond 1992, Case 1988 u.a.).

3.2.4 Phänomenologie

Phänomenologische Theatertheorie darf – wie in diesem Buch – streng genommen dem Poststrukturalismus chronologisch nicht nachgeordnet werden, da die dieser Theorie zugrundeliegende, von Edmund Husserl begründete, philosophische Lehre in das 19. Jahrhundert zurückreicht und im Laufe des 20. Jahrhunderts kontinuierlich weiterentwickelt wurde. Gemeinsamkeiten haben phänomenologische und poststrukturalistische Theatertheorien insofern, als sie sich beide von einer rigiden semiotischen Herangehensweise distanzieren. Wie beim Poststrukturalismus rücken bei einer phänomenologischen Betrachtung des Theaters solche Elemente in den Mittelpunkt, die sich einer semiotischen Klassifizierung entziehen. Als philosophische Methode interessiert sich die Phänomenologie für das Wesentliche an Phänomenen und will diese von verschiedenen Seiten und Perspektiven beleuchten, um eine *Wesensschau* zu ermöglichen. Schon dieses Interesse am Wesentlichen setzt sie in diametralen Gegensatz zum kritischen Projekt des Poststrukturalismus, der Essentialismen jeglicher Art dekonstruiert. Phänomenologische Theatertheorie wird normalerweise als Bestandteil der Ästhetik betrachtet bzw. deren Begrifflichkeit auf das Theater angewendet. Zu den einflußreichsten phänomenologischen Untersuchungen in deutscher Sprache gehört die Arbeit des Husserl-Schülers Roman Ingarden, der in einem 1960 veröffentlichten Anhang zu seiner bereits 1931 publizierten Studie *Das literarische Kunstwerk* die Besonderheiten dramatischer Sprache betrachtet. „Sprache im Theaterschauspiel" ist für Ingarden ein „Grenzfall" literarischer Sprache, da im Drama „neben der Sprache, ein anderes Darstellungsmittel vorhanden ist – nämlich die von den Schauspielern und den ‚Dekorationen' gelieferten und konkretisierten visuellen Ansichten, in denen die dargestellten Dinge und Personen zur Erscheinung gebracht werden" (1960: 403). Phänomenologisch ist Ingardens Studie insofern, als sie das literarische Kunstwerk in seiner „Wesenhaftigkeit" und ohne Berücksichtigung historischer, gesellschaftlicher und moralischer Faktoren zu systematisieren versucht.

    Obwohl Ingarden die Komplexität des Theaters anerkennt, bleibt seine Aufmerksamkeit auf die textliche Ebene beschränkt. Der wohl wichtigste Schüler Ingardens im Rahmen der Theaterwissenschaft ist Dietrich Steinbeck, der in seiner *Einleitung in die Theorie und Systematik der Theaterwissenschaft* (1970) quasi eine phänomenologische Gesamtschau im Hinblick auf die fachinterne Begriffsbildung unternimmt. Steinbeck ist sich aber der problematischen Natur eines phänomenologischen Ansatzes bewußt, was sich unter anderem daran ablesen läßt, daß das Wort „Wesen" bei ihm immer in Anführungszeichen erscheint: „Um das Phänomen selbst adäquat in seiner komplexen Gestaltfülle zu erfassen, wäre wohl [...] das phänomenologisch einsichtig zu machende ‚Wesen' von Theater an dessen konkreten Erscheinungsformen zu bestätigen und zu sichern" (1970: 6). Steinbeck versucht, das Theater anhand der „Grundsituation" – der Wahrnehmung eines Schauspielers in einer fiktionalen Rolle durch den Zuschauer – phänomenologisch zu erfassen. Was die Schauspielkunst angeht, so schiebt Steinbeck zwischen den realen Schauspieler und die von ihm gespielte Rolle eine dritte Instanz, die des *Rollenträgers*:

> Der Rollenträger existiert als ein vom Schauspieler gesetztes Gebilde. Er hat in schöpferischen Bewußtseinsakten des Schauspielers, die wir als „Intentionsakte" kennzeichnen wollen, und mittelbar auch in Bewußtseinsakten des Urhebers der literarischen Rolle seinen Ursprung, ferner in Gebilden, die diesen Bewußtseinsakten transzendent, gleichwohl von ihnen seinsabhängig sind. [...] Dieses eigenartige Gebilde, das in dieser Untersuchung der „Rollenträger" heißen soll, behauptet eine dritte Schicht des Theaterkunstwerks, die – vereinfacht formuliert – zwischen der Schicht der realen Personen und Gegenstände und der Schicht ihres vermeinten So-seins lokalisiert werden muß. Somit lassen sich vorab drei Schichten unterscheiden, die das Theaterkunstwerk aufbauen:

a) die Schicht der realen Bedeutung;
b) die Schicht der intendierten Bedeutung;
c) die Schicht der vermeinten Bedeutung. (1970: 91)

Vor allem läßt sich die dritte Bedeutungsschicht, die der *vermeinten* Bedeutung, also die Bedeutung, die der Zuschauer dem Theaterkunstwerk beimißt, auf das Problem der Wahrnehmung im Theater beziehen. In den 80er Jahren setzte man wieder an, das Theater weniger von seiner Gegenständlichkeit als vom Wahrnehmungsvorgang her zu untersuchen.

Im Grunde ist jedes Theoriemodell, das versucht, das Theater auf eine unhintergehbare „Kernsituation" zu reduzieren, phänomenologisch ausgerichtet. Der wohl umfassendste Versuch einer phänomenologischen Theatertheorie stammt von dem amerikanischen Theaterwissenschaftler Bert O. States und trägt den Titel *Great Reckonings in Little Rooms* (1985). Ausgangspunkt für States ist seine Kritik an dem, auf der Mimesisidee basierenden Prinzip der Referentialität in der Kunst. Dieses Prinzip besage, daß Kunst, weil sie Nachahmung sei, immer auf etwas verweisen müsse, das abwesend sei. In diesem Punkt stimmt er mit der bereits erörterten poststrukturalistischen Kritik überein: „Theatre becomes a passageway for a cargo of meanings being carried back to society (after artistic refinement) via the language of signs" (1985: 6). Ausgehend vom französischen Philosophen Maurice Merleau-Ponty konstatiert States, Wahrnehmung – im Theater wie anderswo – lasse sich nicht zergliedern. Da aber die Zergliederung der Signifikationsprozesse der Semiotik inhärent sei, eigne sie sich schlecht zum Erfassen des spektatorischen Erlebnisses.

Zur Illustration seiner phänomenologischen Betrachtungsweise verweist States auf Dinge und Wesen auf der Bühne, die sich nicht unbedingt frei umkodieren, das heißt, zu Theaterzeichen machen lassen. Uhren, Kinder und Tiere sind States zufolge Dinge, die in hohem Maße *en soi* (in Merleau-Pontys Terminologie) aufweisen. Sie sind, was sie sind und weisen daher eine starke Resistenz gegen eine anderweitige Semiotisierung auf. Solche Elemente lassen sich damit nur phänomenologisch und nicht semiotisch erfassen.

Dabei lehnt States die Theatersemiotik jedoch nicht rundum ab. Im Gegenteil: Er postuliert eine Theatertheorie mit einer *binokularen* Perspektive. Sie besteht aus einer semiotischen Perspektive einerseits, die Bedeutungskonstitution im Theater erfassen könne, und einer phänomenologischen andererseits, die dem unmittelbaren Erlebnishaften der Wahrnehmung Rechnung trage.

Wesentliche Tendenzen im experimentellen Theater zielen darauf ab, Dinge auf der Bühne (Menschen und Gegenstände) jenseits einer semiotischen Verweisstruktur „erleben" zu lassen. Beispielsweise suggerieren Robert Wilsons wiederholte Äußerungen gegen „Interpretation" daß er die phänomenologische, also die reine Erlebnis- und Wahrnehmungskomponente im Theater stärken will. Die dadurch einsetzende Intensivierung der Betrachtung entspreche einer phänomenologischen Betrachtungsweise. Sie findet im Theater immer statt, wie States ausführt, spielt jedoch in unserer analytischen Methodologie eine verschwindend geringe Rolle.

3.2.5 Theatralität und Performance-Theorie

Mit den Begriffen Theatralität und Performance wird eine Erweiterung des Theaterbegriffs betrieben. Sie umfassen verschiedene Formen paratheatralen Verhaltens wie Feste, Rituale oder Zeremonien, im Grunde jede Erscheinungsform inszenierter Wirklichkeit. Das Oxymoron „inszenierte Wirklichkeit" ist intendiert, denn zentrale Lebensbereiche wie etwa Politik oder Nachrichten unterliegen heute zunehmend denselben Inszenierungsprozessen wie die Realisierung eines Theaterstücks auf der Bühne. Die zum Erfassen solcher Phänomene nötige Erweiterung des Theaterbegriffs ermöglicht darüber hinaus einerseits eine stärkere Anbindung der Theaterwissenschaft an fächerübergreifende Entwicklungen in den Kulturwissenschaften und andererseits eine Öffnung hin zur Medienwissenschaft.

Theatralität ist ein um die letzte Jahrhundertwende entstandener historischer Terminus, der Theater in Abgrenzung zur Literatur als besondere Kunstform definiert. Theatertheoretiker und -reformer wie Georg Fuchs forderten eine Rückbesinnung auf das Eigene des Theaters. Theater sei weder das literarische Drama noch ein Zusammenwirken aller Künste im Sinne des Gesamtkunstwerks, sondern „eine Kunst für sich" (1905: 40). Ebenfalls um die Jahrhundertwende entstand ein noch weiter gefaßter Theatralitätsbegriff. Der russische Theatertheoretiker Nikolaj Evreinov (1879–1953) postulierte Theater als kulturelles Modell, das in vielen Lebensbereichen zur Wirkung gelangt. Evreinov definiert Theatralität als „vorästhetisches Vermögen des Menschen" (Xander 1994: 113), d.h. eine Art Instinkt, der die eigentliche Triebfeder menschlicher Entwicklung darstelle. Darunter versteht er das Bedürfnis des Menschen, „seine Erfahrungswelt gemäß den (Wunsch-)Bildern seiner Vorstellung wahrzunehmen und die diesen anzupassen" (ibid.). Obwohl Evreinov dieses Lebensmodell dem Theater entnimmt, führt es letzten Endes zu einer Entgrenzung des Begriffs.

Theatralität

In den 90er Jahren hat im deutschsprachigen Raum eine neue Theatralitätsdiskussion eingesetzt, die sowohl historische als auch theoretische Anteile aufweist. Wichtigster Theoretiker auf diesem Gebiet ist der Berliner Theaterwissenschaftler Helmar Schramm. Er begreift Theater als Kulturphänomen, als Kunst- und Denkform. Erst im Zusammenwirken dieser drei Theater-Begriffe ergibt sich das, was Schramm Theatralität nennt. Auf theoretischer Ebene definiert Schramm drei entscheidende Faktoren, die kulturelle Energie auf spezifische Weise bündeln: Aisthesis, Kinesis und Semiosis. Die Beziehung zwischen ihnen wird als „magisches Dreieck" konzeptualisiert: „Bezogen auf Theatralität interessieren diese drei ‚springenden Punkte' in erster Linie als *Wahrnehmungsstil, Bewegungsstil* und *semiotischer Stil*" (1996: 254). Kinesis bedeutet für Schramm nicht nur menschliche Bewegung auf der Bühne, sondern Bewegung schlechthin, auch Bewegung der Beobachterpositionen im heutigen Medienzeitalter:

Aisthesis
Kinesis
Semiosis

> Der enorme Einfluß von Technikentwicklung auf die Ausprägung von Bewegungsstil tritt uns besonders kraß vor Augen, wenn wir an die Vernetzung von Transportwesen, Wahrnehmungs- und Informationstechnologie im 20. Jahrhundert denken. Theatralität wird oft mit dem Hervortreten inszenierter Wirklichkeiten des bewegten Bildes im Rahmen kinematographischer und elektronischer Medien in Verbindung gebracht, und zwar in dem Sinne, daß die Medien als Projektionsflächen qualitativ neuer Inszenierungsweisen sozialer, kultureller, künstlerischer Masken und Rollen verstanden werden.
> (1996: 259)

Die Wechselbeziehung zwischen Wahrnehmung und Bewegung, zwischen Aisthesis und Kinesis, ist nur ein Beispiel dafür, wie sich Theatralität in sich verschiebenden Beziehungen konstituiert. Es geht Schramm darum, gleichsam eine Theorie- und Theater-Utopie zu entwerfen. Auch wenn solche Überlegungen weit über das Kunsttheater hinaus reichen, ja mit ihm nur bedingt zu tun haben, will Schramm Theater im engeren Sinne nicht gänzlich aus den Augen verlieren. Er hat die Hoffnung noch nicht aufgegeben, das Kunsttheater könne seine eigenen medialen Möglichkeiten entfalten:

> Man kann die hier angedeuteten Problemverschiebungen als Frage-Zeichnung lesen, als Skizze eines kulturellen Bühnenraumes, aus dem heraus vielleicht auch eine ganz neue Form von Theaterkunst auf uns zukommen wird, deren Physiognomie wir noch nicht kennen, die aber manchmal bereits in den Masken heutigen Theaters aus Rissen, Brüchen, Durchschüssen aufblitzt. Wir ahnen etwas in jenen Momenten, da radikales Suchen zum Seiltanz wird, in dem sich große Kunst und großes Scheitern eine Schrecksekunde lang die Waage halten. (1996: 264)

Performance-Theorie   Den Ausgangspunkt für die amerikanische *performance theory* bildet Richard Schechners Aufsatz *Approaches to Theory/Criticism*. Mit diesem im Jahre 1966 veröffentlichten programmatischen Essay läutet Schechner eine sozialwissenschaftliche Wende in der amerikanischen Theaterwissenschaft ein. Hier definiert der New Yorker Regisseur und Theaterwissenschaftler zum ersten Mal den Begriff und die Parameter eines Forschungsfeldes, das Theaterwissenschaft mit Kulturanthropologie und Soziologie aufs engste verbindet. Schechner plädiert für eine Inkorporierung beinahe sämtlicher Formen menschlicher Darbietung und deren gemeinsame Strukturen in den Performance-Begriff: „the formal relations between play, games, sports, theatre and ritual" (1966: 34). Daß sich gerade Schechner einer solchen Definition bedient, ist angesichts seiner Skepsis gegenüber der Ästhetik und seiner Bemühungen, die Performance-Theorie eher im Bereich der Sozialwissenschaften zu situieren, kaum verwunderlich. Auch der soziologische Rollenbegriff sowie Techniken aus der Psychologie und Psychotherapie sollten in den neuen interdisziplinären Ansatz einbezogen werden. Diese Akzentverschiebung weg von Theater als Kunst hin zu performativen Phänomenen im allgemeinen führt bei Schechner zu einer Annäherung an die ethnographische Praxis der Feldforschung (⇒ Kap. 10.3).

Obwohl die Schnittstelle zur Ethnographie bei Schechner stark ausgeprägt ist, lassen sich die inzwischen etablierten Forschungsfelder keineswegs auf ethnographische oder interkulturelle Themen beschränken. In seinem Überblick zum Thema Performance identifiziert Marvin Carlson (1996) eine Reihe von Theorieansätzen, die in die *performance theory* Eingang gefunden haben. Es handelt sich um Theorien recht unterschiedlicher Provenienz. Neben den bereits erwähnten ethnologischen Fragestellungen spielen soziologische und linguistische Theorien eine zentrale Rolle. Aus dem Bereich der Soziologie sind vor allem die Schriften von Erving Goffman zu nennen. In seinem wohl bekanntesten Werk – *The Presentation of Self in Everyday Life* (1959) (dt. *Wir alle spielen Theater*) – entwickelt er eine elaborierte Theatermetaphorik, um das Rollenspiel im alltäglichen Leben zu analysieren. Eine Performance definiert Goffmann als „all the activity of an individual which occurs during a period marked by his continuous presence before a particular set of observers and which has some influence on the observers" (1959: 22). Entscheidend bei dieser sehr weitgefaßten Definition, die zwangsläufig jede herkömmliche Theateraufführung und vieles andere mehr einschließt, ist die Unterscheidung zwischen Verhalten im allgemeinen und dem, was Goffman „performance" nennt. Der entscheidende Faktor ist hier die Anwesenheit von Zuschauern bzw. Betrachtern und deren Reaktion auf das, was ihnen bewußt oder unbewußt „vorgespielt" wird.

Goffman

Angesichts einer im vollen Gange befindlichen Theatralitätsdebatte und der Etablierung von *Performance studies* in den USA als eigenständige, von der Theaterwissenschaft unabhängige Fachrichtung besteht heute ‚Gefahr', daß der eigentliche Gegenstand – bisher das Kunsttheater – aus dem Blickfeld verlorengeht. Andererseits gewinnt die Theaterwissenschaft an interdisziplinärer Bedeutung und wird aus ihrer eurozentristischen Perspektive entbunden. Theater wird zum Schlüsselmedium, und das Fach Theaterwissenschaft fungiert als ideale Anbindungsdisziplin für Möglichkeiten interdisziplinärer Forschung.

⇒ Zarrilli 1986; Schechner 1990; Phelan 1993, 1998; Carlson 1996; Huxley/ Witts 1996

4. Analyse

Wenn in theaterwissenschaftlichem Zusammenhang von Analyse die Rede ist, so handelt es sich meistens um die Aufführungs- bzw. Inszenierungsanalyse, also um die Komponente, die in den letzten zwei Jahrzehnten nicht nur zum Kernbereich des Fachs erklärt, sondern dort aufgrund kontinuierlicher Lehr- und Forschungsaktivität tatsächlich verankert wurde. Bei den meisten bisher erarbeiteten Modellen zur Inszenierungsanalyse geht es um das sehr problematische Verhältnis von Text und Inszenierung, eine Verbindung, die sich aus der langen textzentrierten europäischen Theatertradition ergibt. Problematisch ist dieses Verhältnis aus zwei Gründen. Erstens ist die inszenatorische Umsetzung eines dramatischen Textes ein sehr komplexes Produktionsverfahren, bei dem sprachliche Zeichen in viele andere Zeichensysteme übertragen werden, was die Rezeption und die Analyse vor erhebliche Probleme stellt. Zweitens entstehen heute immer mehr Produktionen, die wie beispielsweise Performance-Kunst nicht textzentriert sind und trotzdem zum Gegenstandsbereich der Theaterwissenschaft gehören. Diese zwischen Theater, bildender Kunst und Tanz angesiedelten Bereiche werden hier zunächst ausgeklammert (vgl. aber Kap. 9). Das folgende Kapitel gliedert sich in zwei Teile. Im ersten Teil geht es um die Erarbeitung von Kriterien für eine theaterwissenschaftliche Analyse von Dramen- bzw. Theatertexten. Im zweiten Teil werden die wichtigsten Modelle und Methoden zur Inszenierungsanalyse vorgestellt. In Kapitel 5 sollen diese methodischen Kriterien, soweit dies möglich und sinnvoll ist, auf Musik-, Tanz- und Körpertheater übertragen werden.

Begriff der Analyse

Das Wort Analyse bedeutet eigentlich die Zerlegung eines Untersuchungsgegenstandes in seine Bestandteile. In der Naturwissenschaft, beispielsweise in der Chemie, meint Analyse die Ermittlung der Einzelbestandteile eines Stoffes. Dieser Vorgang kann Endzweck einer Untersuchung sein oder nur die Voraussetzung für weitere experimentelle Schritte. Eine generelle Übertragung des Begriffes auf die Geisteswissenschaften ist einerseits eine relativ neue Entwicklung (Titel wie ‚Einführung in die Dramenanalyse' finden sich in großer Zahl erst ab den 70er Jahren), andererseits gab es bereits im 18. Jahrhundert Versuche, das Verfahren auf ästhetische Phänomene anzuwenden. Von Bedeutung ist in diesem Zusammenhang die Frage, wie die Theaterwissenschaft heute den Begriff versteht und anwendet. Steht er nur als Synonym für die Interpretation als hermeneutischer Prozeß oder wird darunter in der semiotischen Analyse ein primär zerlegender Vorgang – die Identifizierung kohärenter, bedeutungsstiftender Ebenen bzw. Zeichenebenen – verstanden? War in den 70er Jahren letztere Anwendung vorherrschend, so läßt sich heute eher eine Vermischung der Bedeutungen bzw. deren Kombination beobachten.

William Shakespeare: *The Tragedie of HAMLET, Prince of Denmarke* First Folio (1623)	Gerhart Hauptmann: *Vor Sonnenaufgang. Soziales Drama in fünf Akten.* (1889)	Heiner Müller: *Die Hamletmaschine* (1977): Erste Szene.

Actus Primus. Scœna Prima.
 	
Enter Barnado and Francisco two Centinels
   Barnado
Who's there?
Fran. Nay answer me: Stand & vnfold
Your selfe.
Bar. Long liue the King.
Fran. Barnado?
Bar. He.
Fran. You come most carefully upon your houre.
Bar. 'Tis now strook twelue, get thee to bed
Francisco.
Fran. For this releefe much thankes: 'Tis bitter
cold, and I am sicke at heart.
Barn. Haue you had a quiet Guard?
Fran. Not a Mouse stirring.
Barn. Well, goodnight. If you do meet Horatio
and Marcellus, the Riuals of my Watch, bid them
make hast.
   Enter Horatio and Marcellus.
Fran. I think I heare them. Stand: who's there?
	Erster Akt
	
	Das Zimmer ist niedrig; der Fußboden mit guten Teppichen belegt. Moderner Luxus auf bäuerliche Dürftigkeit gepropft. An der Wand hinter dem Eßtisch ein Gemälde, darstellend einen vierspännigen Frachtwagen, von einem Fuhrknecht in blauer Bluse geleitet.
	Miele, eine robuste Bauernmagd mit rotem, etwas stumpfsinnigem Gesicht; sie öffnet die Mitteltür und läßt Alfred Loth eintreten. Loth ist mittelgroß, breitschultrig, untersetzt, in seinen Bewegungen bestimmt, doch ein wenig ungelenk; er hat blondes Haar, blaue Augen und ein dünnes, lichtblondes Schnurrbärtchen, sein ganzes Gesicht ist knochig und hat einen gleichmäßig ernsten Ausdruck. Er ist ordentlich, jedoch nichts weniger als modern gekleidet. Sommerpaletot, Umhängetäschchen, Stock.
	MIELE: Bitte! Ich werde den Herrn Inschinnär glei ruffen. Wollen Sie nich Platz nehmen?!
		1
		FAMILIENALBUM
		Ich war Hamlet. Ich stand an der Küste und redete mit der Brandung BLABLA, im Rücken die Ruinen von Europa. Die Glocken läuteten das Staatsbegräbnis ein. Mörder und Witwe ein Paar, im Stechschritt hinter dem Sarg des Hohen Kadavers die Räte, heulend in schlecht bezahlter Trauer WER IST DIE LEICH IM LEICHENWAGEN / UM WEN HÖRT MAN VIEL SCHREIN UND KLAGEN / DIE LEICH IST EINES GROSSEN / GEBERS VON ALMOSEN das Spalier der Bevölkerung, Werk seiner Staatskunst ER WAR EIN MANN NAHM ALLES NUR VON ALLEN.

4.1 Analyse des Theatertextes

Was zeichnet einen für das Theater geschriebenen Text aus? Gibt es besondere Merkmale wie etwa das Vorhandensein von Dialogen oder von Bühnenanweisungen, die über Bewegungen der Figuren und Einzelheiten des Bühnenbildes Auskunft geben? Die nebenstehenden Auszüge aus den Eröffnungsszenen dreier ‚Theatertexte' geben einen Eindruck von den höchst unterschiedlichen Informationen und Konventionen, die durch die schriftliche Vorlage für eine Theateraufführung kommuniziert werden können. Die Folio-Ausgabe (die erste offizielle, aber nicht mehr zu Shakespeares Lebzeiten gedruckte Version der „Tragedie of Hamlet") kommt mit einem Minimum an Regieanweisungen aus. Angaben stehen lediglich bei Akt- und Szeneneinteilungen sowie bei den Auf- und Abtritten. Unklar ist zunächst, wo und wann das Stück beginnt, und wer die sprechenden Personen sind. Was im elisabethanischen Drama zu wenig ist, gerät im Naturalismus des ausgehenden 19. Jahrhunderts ins andere Extrem. Gerhart Hauptmann liefert für sein „soziales Drama" ausführliche Beschreibungen zum Zimmer des Bauerngutbesitzers Krause bis hin zur Schilderung des Gemäldes an der Wand. Detaillierte Angaben finden sich zu Physiognomie, Kleidung und Bewegungsduktus der ersten auftretenden Person, die ohne Figurenrede bereits in wesentlichen Zügen charakterisiert sind. *Die Hamletmaschine* Heiner Müllers kommt am Anfang ohne Bühnenanweisungen, Figurenbezeichnungen und Personenverzeichnis aus. Übrig bleibt ein Text, der nur aufgrund der Ich-Form – „Ich war Hamlet" – als ‚dramatisch' erkennbar ist. Lassen sich *Hamlet* und *Vor Sonnenaufgang* als Dramen einordnen, so wäre diese Bezeichnung für *Die Hamletmaschine* problematisch.

Auch wenn Studierende in der Regel mit dramatischen Texten konfrontiert werden, soll in den folgenden Bemerkungen zur Textanalyse vorwiegend von „Theatertext" die Rede sein. Diese Bezeichnung hat sich in der theaterwissenschaftlichen Forschung als Alternative zum Begriff „Drama" eingebürgert und bezeichnet jegliche Art von Textvorlage, die auf einer Bühne zur Aufführung gelangt. Die Begriffsverschiebung erwies sich sowohl theoretisch als auch künstlerisch als notwendig, wie die Beispiele zeigen, da sich der Begriff „Drama" nur auf einen historisch und ästhetisch begrenzten, wenn auch quantitativ wie qualitativ besonders bedeutenden Textkorpus beziehen läßt. Zeitgenössische Theaterwissenschaft betrachtet textbasiertes dramatisches Theater nur mehr als eine Option unter anderen, selbst wenn sie im westeuropäischen Theater bis heute die dominante darstellt. Mittlerweile wird diese Möglichkeit durch eine zunehmende Anzahl von Inszenierungen ohne jeden Sprechtext ergänzt. Daher wird eine Erweiterung des Begriffes ‚Theatertext' gefordert, der auch Vorlagen wie eine Opernpartitur, Choreographie, ein Szenarium der Commedia dell'arte oder ein *scoreboard* im Sinne Robert Wilsons als Ausgangspunkte von Inszenierungen umfaßt.

4.1.1 Drama und Theater

Da sich die deutschsprachige Theaterwissenschaft von Anfang an auf die Aufführung und nicht auf den Dramentext als zentralen Untersuchungsgegenstand konzentrierte, legte sie zunächst zum Theatertext wenige eigene Forschungsergebnisse vor. Die besondere theaterwissenschaftliche Perspektive hat schon Max Herrmann in der Einleitung zu den *Forschungen zur deutschen Theatergeschichte* erörtert:

> Das Drama als dichterische Schöpfung geht uns aber in der Theatergeschichte nichts oder nur in soweit etwas an, als der Dramatiker bei der Abfassung seines Werkes auch auf die Verhältnisse der Bühne Rücksicht nimmt, und insofern also das Drama uns einen unbeabsichtigten Abdruck vergangener Theaterverhältnisse liefert; wir betrachten es ferner als Bestandteil des Theaterspielplans und als Gegenstand der Bemühungen nachgeborener Bühnenkünstler, es ihren veränderten Theaterverhältnissen zu eigen zu machen. Das spezifisch Dichterische aber bleibt für uns ganz außer Betracht; das völlig unkünstlerische Theaterstück im engeren Sinne des Wortes ist für unsern Gesichtspunkt unter Umständen wichtiger als das größte dramatische Meisterwerk der Welt. (1914: 4)

Herrmann geht es hier unmißverständlich um eine Abgrenzung gegenüber der Philologie. Diese Abgrenzung läßt sich aber in der Forschungspraxis nicht leicht vollziehen. Das Demarkationsproblem ist auf verschiedene Faktoren zurückzuführen. Erstens steht die Dramenanalyse im theaterwissenschaftlichen Kontext grundsätzlich vor denselben Problemen wie jede Art von Textanalyse. Ihre Möglichkeiten sind potentiell unbegrenzt bzw. durch die Grenzen der gewählten Methodik bestimmt. Zweitens mußte sich die Theaterwissenschaft zunächst mit der literaturwissenschaftlichen Dramenanalyse auseinandersetzen, um sich dann davon zu distanzieren. Drittens haben sich einige in der Literaturwissenschaft entwickelte Methoden als höchst ergiebig für die Theaterwissenschaft erwiesen. Theater- und Literaturwissenschaft treffen sich zwar in der Frage nach dem Verhältnis zwischen dem geschriebenen Text und seiner Realisierung auf der Bühne. Dieses Verhältnis, das in der Literaturwissenschaft als eine unter zahlreichen möglichen Perspektiven erkannt wurde, steht für die Theaterwissenschaft, wie das Herrmann-Zitat deutlich macht, jedoch im Mittelpunkt des Interesses.

Abgrenzung gegenüber der Philologie

Folgende Ansätze in dem von Max Herrmann aufgestellten Katalog erwiesen sich als brauchbar für die Theaterwissenschaft:

- die Betrachtung des Dramas als „Abdruck vergangener Theaterverhältnisse"
- Fragen des Theaterspielplans, d.h. Repertoirekunde
- Umsetzung des Dramentextes auf der Bühne.

Im Hinblick auf die Analyse sind der erste und dritte Punkt besonders hervorzuheben. Die ersten Impulse zur Interpretation von Dramentexten als

76 Teil 1 Grundlagen der Theaterwissenschaft

<small>szenische Dramaturgie</small>

„Abdruck vergangener Theaterverhältnisse" kamen aus der Shakespeare-Forschung. Diese Forschungsrichtung firmiert unter dem Begriff „Szenische Dramaturgie". Der Begriff steht für eine Vielzahl an sprachlichen Elementen im Dramentext, die implizit oder explizit auf Spiel- und Bühnenbedingungen des damaligen Theaters hinweisen. Ein einfaches und bekanntes Beispiel für szenische Dramaturgie ist die Funktion der Wortkulisse in der elisabethanischen Dramaturgie. Es wurde die These aufgestellt, daß die spartanische Bühne der Shakespeare-Zeit, die ohne nennenswerte Dekoration auskam, durch die Figurenrede räumlich und zeitlich strukturiert wurde.

<small>Wortkulisse</small>

Szenische Dramaturgie geht jedoch weit über die Funktion der Wortkulisse hinaus. Wenn wir auf das Beispiel *Hamlet* einen Blick werfen, so entdecken wir zahlreiche Hinweise in der Figurenrede, die wichtige Informationen liefern. Daß die Szene in der dunklen Nacht spielt, ergibt sich aus der ersten Replik zwischen Barnado und Francisco, die einander nicht sehen können. Daß es sich um eine mitternächtliche Wachablösung handelt, wird in den nächsten Dialogen deutlich. Wir erfahren zudem, daß es recht kalt ist, und daß sich Francisco bei der Kälte elendig fühlt. Die Figurenrede reguliert zudem die Dynamik der Ab- und Auftritte. Die Namen der nächsten auftretenden Figuren werden genannt, bevor sie auf die Bühne kommen – „If you do meet Horatio and Marcellus [...] bid them make hast" –, so daß die Bühnenanweisung eigentlich überflüssig ist. Franciscos Reaktion unterstreicht erneut die Dunkelheit auf der Bühne – zur Shakespeare-Zeit wurde am Nachmittag gespielt –, weil die neuen Figuren bereits auf der Bühne stehen und für das Publikum sichtbar sind.

Angesichts der Fülle solcher spielbezogener Hinweise behaupteten Forscher wie der Schweizer Anglist Rudolf Stamm, der in den 50er und 60er Jahren zu den energischen Verfechtern einer theaterbezogenen Dramenforschung gehörte, der Text des Dramas enthalte „die innere Form der Aufführungen" (Stamm 1981 [1955]: 141). Stamm spricht von der „theatralischen Physiognomie" der elisabethanischen Dramatik:

> [Damit] sind alle diejenigen Züge an den Texten gemeint, welche die Verwirklichung auf der Bühne definieren oder implizieren, welche die Vermählung des Hörbaren mit dem Schaubaren, des Wortes mit dem Bild, des Rhythmus mit der Bewegung verlangen, alle, die mit den postulierten Bühnenmitteln zusammenwirken und sie zu einem Leib machen, für die Schöpfung der Dichterphantasie. (1964: 265)

Stamm unterstreicht die Funktion der Theatersprache, die nicht nur dazu dient, eine Handlung in Raum und Zeit zu strukturieren oder Figurenkonstellationen und -konzeptionen zu entwerfen, sondern auch, und sogar in hohem Maße, um Körperlichkeit zu thematisieren und zu regulieren. Stamms Dramenverständnis, das Drama und Aufführung weitgehend gleichsetzt, liegt jedoch ein simplistischer Aufführungsbegriff zugrunde, der von der heutigen Theaterwissenschaft nicht mehr akzeptiert wird. Auch wenn sich das Verhältnis zwischen Text und Aufführung sowohl im Hinblick auf historische Rekonstruktionsversuche als auch im Bezug auf gegenwärtige Inszenierungen komplexer ausnimmt als Stamm zugibt, klingt diese Frage bei ihm zumindest an (vgl. auch Höfele 1976; Pfister 1977).

Von besonderer Bedeutung für das Verhältnis von Drama und Theater ist die Unterscheidung zwischen *Haupt-* und *Nebentext,* die durch den polnischen Philosophen Roman Ingarden eingeführt wurde: „Den Haupttext des Theaterstücks bilden die von den dargestellten Personen ausgesprochenen Worte, den Nebentext dagegen die vom Verfasser gegebenen Informationen für die Spielleitung" (1960: 403). Für Ingarden ist Theatersprache, wie er sie nennt, „ein Grenzfall des literarischen Kunstwerks", deren Besonderheit darin besteht, die Sprache nicht mehr autonom, sondern als ein nur im Hinblick auf ihre Aufführungsbezogenheit verständliches ästhetisches Phänomen zu sehen.

Haupt- und Nebentext

Die von Ingarden eingeführte Begrifflichkeit ist inzwischen aufgrund ihrer Fixierung auf den Dramentext als zu eng kritisiert worden. Die französische Theatersemiotikerin Anne Ubersfeld schlägt als Alternative zum Nebentext den Begriff Didaskalien vor: „Wir erinnern, daß die Didaskalien nicht nur die Bühnenanweisungen im ursprünglichen Sinne beinhalten, sondern auch die Namen der Figuren; also kurzum alles, was im geschriebenen Text steht und nicht unbedingt von den Figuren gesagt werden muß" (1991: 395). Sowohl der Begriff ‚Didaskalien' als auch die Differenzierung zwischen Haupt- und Nebentext finden mittlerweile in der theater- und dramensemiotischen Forschungsliteratur Verwendung.

Didaskalien

Das Verhältnis zwischen Haupt- und Nebentext oder Figurenrede und Didaskalien manifestiert sich in verschiedenen Epochen mit unterschiedlicher Akzentuierung. Verzichten die frühesten veröffentlichten Theatertexte (beispielsweise von Shakespeares Dramen) beinahe vollständig auf Didaskalien, mit Ausnahme der Figurennamen vielleicht, erhält der Nebentext im Laufe der Jahrhunderte immer mehr Bedeutung, bis er um 1900 etwa im naturalistischen Drama dem Haupttext ebenbürtig wird. In solchen Dramen sind präzise Vorgaben zu jedem einzelnen Aspekt des szenischen Geschehens zu finden. Einzelheiten des Bühnenbildes, der Kostüme werden ebenso festgelegt wie die Sprechweise der Figuren.

⇒ Pfister 1977; Holtus 1987; Ubersfeld 1991; Williams 1991; Totzeva 1995

Die bisher behandelten Aspekte bezogen sich auf Texte, die aufgrund bestimmter Merkmale (wie z. B. der Aufteilung in Haupt- und Nebentext) eindeutig als Dramen zu identifizieren waren. Heutzutage sind Identifikationsmerkmale nicht mehr so eindeutig. Um denjenigen Texten gerecht zu werden, die nicht unbedingt den herkömmlichen Stilelementen der Dramenform entsprechen, hat sich der Begriff Theatertext eingebürgert. Ein Theatertext

Theatertext

schließt jede Art von Textmaterial ein, das im Theater zur Aufführung gelangt. Mit dieser Erweiterung des Dramenbegriffs versucht die Theatertheorie jüngeren Entwicklungen in der Theaterpraxis Rechnung zu tragen. Die letzten für die Bühne konzipierten Texte von Samuel Beckett beispielsweise – *Not I* oder *Ohio Impromptu* – können keineswegs als Dramen im herkömmlichen Sinne bezeichnet werden. Texte von Beckett und anderen Autoren des sogenannten Theaters des Absurden wie Eugène Ionesco unterwandern bewußt die fundamentalen formtypischen Gestaltungsmittel des Dramas und seine diversen historisch gewachsenen Ausprägungen.

<small>postdramatische Theatertexte</small>

Obwohl die terminologische Verschiebung vom Drama zum Theatertext in der semiotischen Theorie ihren Ausgang genommen hat, ist sie nicht ausschließlich auf diesen theoretischen Ansatz zurückzuführen. Wie das Beispiel von Samuel Beckett deutlich macht, handelt es sich um eine historische Entwicklung des Schreibens für das Theater. Ein guter Teil der heutigen Theaterautoren (in Deutschland zumindest) ist gar nicht mehr bestrebt, im Rahmen einer festgelegten Dramenform zu arbeiten. Für solche Texte, die weder Figuren noch Handlungen aufweisen, hat Hans-Thies Lehmann den Begriff „postdramatisch" geprägt (1999). Es handelt sich um eine Bezeichnung für die Experimente des postmodernen Theaters, die sich vom Primat des Dramentextes als verbindliches Textsubtrat für die Bühne verabschieden. Dieser ästhetische Prozeß, der im deutschsprachigen Raum mit den späten Theatertexten Heiner Müllers in Verbindung steht, hat für die Analyse solcher Theatertexte ernsthafte Konsequenzen, wie Gerda Poschmann ausführt:

> Tatsächlich stellt sich die seit Mitte der siebziger Jahre wieder vielbeschworene Krise, in der zeitgenössische Dramatik sich zu befinden scheint, heute tatsächlich auf und vor allem als Krise ihrer Wahrnehmung durch Theater, Kritik und weite Teile der Wissenschaft dar, als Krise auch der Dramenanalyse, deren Kriterien von Voraussetzungen ausgehen, welche die Texte bewußt nicht mehr erfüllen: Solange man zeitgenössische Theatertexte mit Instrumenten untersucht, die von Darstellungsästhetik ausgehen (etwa Fragen nach Handlungsstruktur, Figurenkonstellation, Sympathielenkung etc.), ohne zuerst den Anspruch der Texte und das von ihnen implizierte Verständnis theatraler Kommunikation zu hinterfragen, entgeht einem ein gut Teil ihres ästhetisch-innovativen Potentials. (1997: 37)

Als Ausweg aus diesem analytischen Dilemma schlägt Poschmann eine Fokussierung auf die Theatralität der neuen Texte vor. Theatralität wird hier in einer anderen Weise als etwa bei Helmar Schramm (⇒ Kap. 3.2.5) verwendet. Theatralität ist laut Poschmann zunächst als „Bestimmungskriterium für Theater" und somit im weitesten Sinne als Synonym für Theaterbezogenheit zu verstehen (1997: 33). Das analytische Verfahren besteht demnach darin, die Art der von den Texten „implizit entworfenen szenischen Theatralität" (1997: 288) zu bestimmen. In einem zweiten Schritt – und hier handelt es sich um den besonderen Befund von Poschmanns Analyse neuerer deutschsprachiger Theatertexte – sei „das theatralische Potential der Sprache, also ihre spezifische Texttheatralität" (1997: 288) in den Blickpunkt zu rücken. Poschmanns Untersuchung verdeutlicht die historische Bedingtheit der Vorstellung einer theaterbezogenen oder dramaturgischen Analyse. Theatertexte reflektieren fast immer das Theater ihrer Zeit, aber nur wenige problematisieren es. (Es gibt aber in fast jeder Theaterepoche Theatertexte, die explizit das Theater zum Thema machen. Es handelt sich hierbei in der Hauptsache, obwohl nicht ausschließlich, um Metadramen.)

4.1.2 Dramentext und Inszenierung
Wie läßt sich das Verhältnis von Dramentext zur Inszenierung aus dramenästhetischer Sicht bestimmen? Eine Auseinandersetzung mit dieser Frage aus theoretischer, im Gegensatz zur gattungs- oder theatergeschichtlichen Sicht, setzt erst mit der Dramen- und Theatersemiotik Ende der 60er Jahre ein. Aber auch in dieser Fachrichtung besteht keineswegs Einigkeit in der Bestimmung des Verhältnisses. Im folgenden darf nicht vergessen werden, daß diese Funktionsbestimmung auf den Dramentext und seinen Status innerhalb der theaterwissenschaftlichen Diskussion abzielt. Aus der Perspektive der Inszenierungsanalyse stellt sich das Problem anders und wird entsprechend auf andere Art und Weise behandelt.

Die semiotische Dramentheorie geht von dem erst in der Aufführung erreichten Status des Dramas als Werk aus. Manfred Pfister sieht im Verhältnis zwischen Drama und Aufführung die mediale Spezifizität der Dramenform, also spezifische ästhetische Merkmale, durch die sich das Drama von anderen Textgattungen unterscheidet. Er bestimmt das Drama „als plurimediale Darstellungsform", den „dramatische[n] Text als szenisch realisierte[n] Text" (Pfister 1977: 25). Diese Definition läuft auf eine Gleichsetzung von Drama und Aufführung hinaus, die sich auch als *Werkeinheit* bezeichnen läßt. Allerdings differenziert Pfister zwei Textschichten: das literarische Textsubstrat, das hohe Konstanz aufweist, und die Schicht der szenischen Realisation mit verhältnismäßig großer Variabilität.

semiotische Dramentheorie

Eine problematische Konsequenz der Werkeinheit ist die implizite oder explizite Forderung nach *Werktreue*: Die Funktion der Inszenierung besteht darin, getreu die vom Autor im Dramentext niedergelegten aufführungsrelevanten Zeichen auf der Bühne umzusetzen. Um diesen Widerspruch aufzulösen, unternimmt Andreas Höfele eine Umdeutung der Begrifflichkeit: „Statt das Drama als aufgeführten Text zu bestimmen [...] scheint es mir ratsam, das Drama weiterhin als aufzuführenden Text zu betrachten, als ein im Hinblick auf seine Inszenierung konzipiertes literarisches Artefakt" (1991: 11). Obwohl der Unterschied zwischen ‚aufgeführt' und ‚aufzuführend' auf den ersten Blick marginal erscheinen mag, verbirgt sich hinter der Akzentverschiebung im Partizip eine wichtige Differenzierung. In Anlehnung an Keir Elam (1980) stellt Höfele das Verhältnis zwischen Text und Aufführung als Beispiel von *Intertextualität* dar: „Ein im Hinblick auf seine Inszenierung konzipiertes Artefakt" suggeriert, daß der Dramatiker diverse aufführungsbezogene Zeichen und Codes bewußt oder unbewußt in seinen Text

Werktreue

Intertextualität

einbezieht. Der somit hypothetisch zu nennende Aufführungstext schreibt sich in den literarischen Text ein: „a complex of reciprocal constraints constituting a powerful intertextuality," so Keir Elam (1980: 209). Das Verhältnis zwischen Aufführung und Dramentext wäre als ein Netz an reziproken Zwängen zu denken, die eine komplexe Intertextualität konstituieren (⇒ Fischer-Lichte 1985b).

Die Beziehungen zwischen Werk (Drama/Theatertext) und hypothetischer Aufführung lassen sich schematisch darstellen:

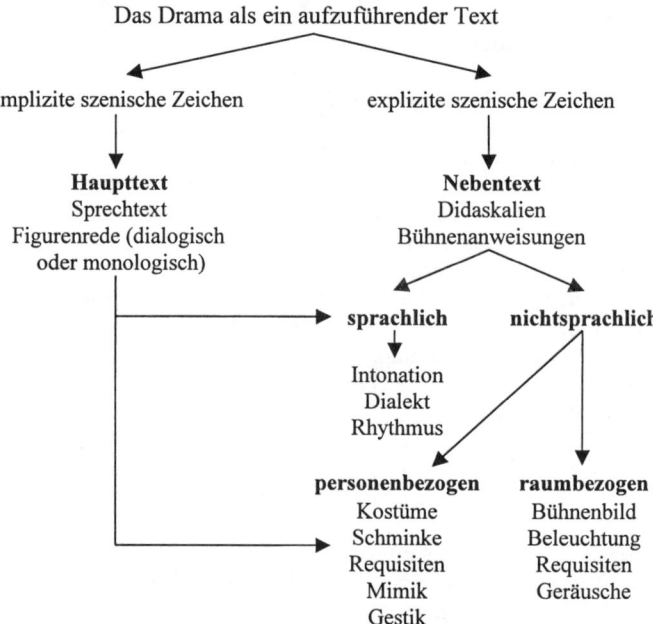

Bei diesem Schema müssen zwei Aspekte berücksichtigt werden: Erstens ist das hier dargestellte Verhältnis zwischen Text und Aufführung keineswegs im Sinne verbindlicher Festlegungen gemeint, sondern bezieht sich lediglich auf Möglichkeiten, die sich historisch belegen lassen. Zweitens ist die Wechselbeziehung zwischen expliziten (Nebentext) und impliziten (Haupttext) szenischen Zeichen ebenfalls in hohem Maße historisch kontingent.

Die Bühnenanweisungen eines Dramas von Gerhart Hauptmann beispielsweise enthalten eine Fülle an Details zum Bühnenbild, zur Ausstattung, Kleidung der Figuren, bis hin zur Individualphysiognomie. Sie überschreiten das für eine Theateraufführung unbedingt notwendige Maß und scheinen vielmehr an die medialen Erfahrungen und Erwartungen eines Romanlesers zu appellieren. Hauptmanns Dramen erschienen auch im Druck, bevor sie aufgeführt wurden. Im Vergleich dazu erklärt ein Drama von Shakespeare alle wesentlichen Elemente des szenischen Ablaufs – Situationserklärung, gestisches und mimisches Spiel, Auf- und Abtritte – aus der Figurenrede heraus.

Welche Implikationen enthalten diese theoretischen Erklärungsversuche für die Arbeit des Theaterwissenschaftlers? Zunächst sind sie terminologischer Art: Definiert man das Verhältnis zwischen Text und Aufführung als eine Form der Intertextualität, so führt diese Voraussetzung unweigerlich zu einer Infragestellung des Dramenbegriffs im herkömmlichen Sinne. Denn schließlich kann jede Art von Text zur Aufführung gelangen.

Eine ideale Textanalyse oder gar ein Analyserezept gibt es nicht. Vielmehr muß erneut differenziert und, wie immer, nach dem erkenntnisleitenden Interesse einer Analyse gefragt werden. Erfolgt die Beschäftigung mit dem Dramen- bzw. Theatertext aus historischer Perspektive, so ist eine Lektüre im Hinblick auf die szenische Dramaturgie hilfreich. In diesem Fall ginge es darum, die Wechselbeziehung zwischen Text und dem Theater der Zeit herauszuarbeiten, um die eingeschriebenen theaterbezogenen Zeichen zu erschließen. Auch bei einem Theatertext, der zu Lebzeiten des Autors nicht aufgeführt wurde, wie etwa Büchners *Woyzeck*, ließe sich der Text zum Theaterkonzept der Zeit in Beziehung setzen. Die französische Theaterwissenschaftlerin Anne Ubersfeld geht so weit zu behaupten, jeder Theatertext, auch einer, der sich programmatisch vom bestehenden Theatersystem distanziert, stehe trotzdem in irgendeiner Weise zu existierenden Theaterkonventionen in einer Beziehung:

> Es ist schwierig, die Entstehung von Theatertexten zu verstehen, wenn man dabei die wichtige Tatsache außer acht läßt, daß der Theatertext ohne eine bereits bestehende Theater-Konvention nicht geschrieben worden wäre; man schreibt nicht für das Theater, ohne etwas über das Theater zu wissen. Man schreibt für, mit oder gegen einen bereits existierenden theatralen Kode. (1991 [1981]: 397)

Der Ansatz einer theaterbezogenen Lektüre gewinnt nur innerhalb einer theaterhistorischen Interpretation oder Analyse seine Legitimation. Nach Hans-Thies Lehmann ist die „theatrale Wirklichkeit" als Untersuchungsgegenstand eigener Art zu betrachten und nicht im Sinne einer normativen Interpretation für die Inszenierungsanalyse einzusetzen:

> Was in dramatischen Texten an intendierter theatraler Wirklichkeit vorliegt, mag ein Untersuchungsgegenstand eigener Art sein, doch das komplexe, diversifizierte und oft genug höchst widersprüchliche Verhältnis zwischen literarischem Text und Theaterrealität läßt sich damit nicht erfassen, schon gar nicht eine implizite, gar normative Kraft beanspruchende Ideal-Inszenierung auf diese Weise konstruieren. (Lehmann 1989: 32)

Obwohl zwischen der implizierten und einer normativen Ideal-Inszenierung unterschieden wird, ist diese Differenzierung in der analytischen Praxis manchmal schwierig aufrechtzuerhalten.

4.2 Inszenierungsanalyse

Wie bereits mehrmals festgestellt wurde, bildet die Inszenierungsanalyse den zentralen Gegenstand der Theaterwissenschaft. Probleme der Inszenierungsanalyse gehören deshalb zu den am meisten diskutierten Forschungsgebieten innerhalb der Theaterwissenschaft der vergangenen zwanzig Jahre. Aufgrund dieser Stellung sollten sich Studierende möglichst früh im Studium mit den Grundbegriffen und Methoden der Inszenierungsanalyse vertraut machen.

4.2.1 Begriffe und Quellen

Zunächst muß zwischen den Begriffen „Inszenierung" und „Aufführung" unterschieden werden, die häufig austauschbar oder gar synonym gebraucht werden. Als Aufführung wird das einmalige Ereignis bezeichnet, das als Untersuchungsgegenstand nicht nur ästhetisch, sondern, da es sich bei jeder Theateraufführung um hoch komplexe Interaktionsmuster handelt, auch soziologisch und eventuell psychologisch zu deuten ist. Die Aufführung entspricht dem seit Lessing immer wieder betonten *Transitorischen* des Theaters. Im Mittelpunkt der Analyse steht deshalb die Interaktion zwischen dem theatralen Ereignis und den anwesenden Zuschauern. Aufgrund der äußerst komplexen kognitiven, emotionalen, zwischenmenschlichen Prozesse, die bei jeder, auch bei der anspruchslosesten Aufführung ablaufen, ist die Analyse einer Aufführung in diesem Sinne eher der empirischen bzw. sozialwissenschaftlichen als der geisteswissenschaftlichen Forschung zuzuordnen.

Der Begriff Inszenierung dagegen bezeichnet das theatrale Kunstwerk, oder semiotisch gesprochen, eine Struktur ästhetisch organisierter Zeichen. Gegenstand der Analyse ist vorrangig das ästhetische Produkt, d.h. eine besondere intentionale Organisation von Zeichen und Zeichensystemen. Dieses Gebilde ist von der Theatersemiotik verschiedentlich benannt worden: als „Text" (Fischer-Lichte 1983c) oder als „System von Entscheidungen" (Pavis 1989).

Die hier vorgenommene terminologische Unterscheidung zwischen Aufführung und Inszenierung ist jedoch keineswegs standardisiert. Die beiden maßgeblichen deutschsprachigen Werke auf diesem Gebiet – Guido Hiß: *Der theatralische Blick* (1993) und Erika Fischer-Lichte: *Die Aufführung als Text* (1983c) – verwenden den Begriff Aufführung im Sinne der Inszenierung, ohne diese Gleichsetzung zu hinterfragen, obwohl sie ihr Analysemodell auf die mehr oder weniger unveränderlichen festen Zeichengebilde beziehen.

Obwohl die hier genannten terminologischen Bezeichnungen unter Theaterwissenschaftlern variieren, besteht inzwischen weitgehend Konsens darüber, daß die drei dargestellten Text-Ebenen zu unterscheiden sind, wie auch immer sie benannt werden.

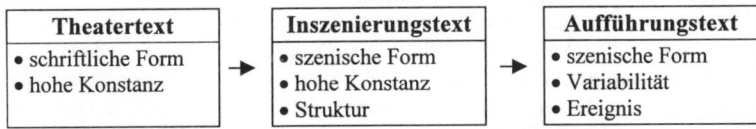

Der Theatertext ist die bereits definierte textliche Vorlage. Er wird durch die Inszenierungsarbeit des künstlerischen Stabes in eine szenische Form gebracht bzw. als szenisches ‚Kunstwerk' entworfen, das man den Inszenierungstext nennen kann. Die allabendliche Realisierung der Inszenierung produziert den Aufführungstext mit seinem Ereignischarakter. Er ist die einzige Textebene, die der Rezipient streng genommen *unmittelbar* wahrnehmen kann. Jede textuelle Ebene schafft spezifische Bedeutungsdimensionen, die im Vollzug der Aufführung schwer zu differenzieren sind. Diese von der Theatersemiotik eingeführte terminologische Unterscheidung führt zu der etwas paradoxen Situation, daß die Inszenierungsanalyse, die sich mit dem Inszenierungstext beschäftigt, nur über den Aufführungstext erfolgen kann, denn nur diese textuelle Ebene wird eigentlich vom Zuschauer wahrgenommen. In der Praxis des Repertoiretheaters ist jedoch der Weg zwischen den beiden Textebenen relativ leicht zu finden. Denn hier wird sehr viel Mühe darauf verwendet, die Bedeutungsstruktur des Inszenierungstexts mit möglichst wenig Variabilität in den Aufführungstext zu übertragen. Eine Überbetonung der Diskrepanz zwischen Aufführungs- und Inszenierungstext hätte die Beschäftigung der Theaterwissenschaft mit dem ästhetischen Gegenstand Inszenierung nur unter dem Vorbehalt der ‚Einmaligkeit' zur Folge. Wir sprechen von und befassen uns jedoch mit Peter Brooks *Sturm*, Peter Steins *Drei Schwestern* und so weiter und setzen voraus, daß zwischen den vielen Aufführungen soviel Konstanz besteht, daß eine intersubjektive Verständigung unter Wissenschaftlern über die Inszenierung möglich ist. Diese intersubjektive Verständigung stellt eine wichtige Voraussetzung für wissenschaftliches Arbeiten dar.

Trotz der hier angestellten systematischen Differenzierungsversuche sollten Inszenierungs- bzw. Aufführungsanalyse nicht grundsätzlich streng getrennt voneinander behandelt werden, denn beide sind Bestandteil einer komplexen Wechselbeziehung.

Verfechter einer Aufführungsanalyse verweisen auf die ‚Einmaligkeit' im Sinne der Nicht-Wiederholbarkeit des Ereignisses. In der Tat gibt es viele Aufführungen, die entweder nur einmalig sind oder eine hohe Variabilität in ihre Aufführungsstruktur einbauen. Für die erste Kategorie sind bestimmte *Performances* zu nennen. Z. B. ließ sich der amerikanische Performance-Künstler Chris Burdon in seiner Arbeit *Shoot* in den Arm schießen. Der Vorgang wurde fotografisch und filmisch festgehalten, aber, verständlicherweise, nicht wiederholt. Für die zweite Kategorie der strukturell inhärenten Variabilität wäre das Improvisationstheater als Beispiel zu nennen.

Variabilität und Konstanz

Bei solchen Aufführungen entstehen Text und szenisches Geschehen aus dem Stegreif, so daß jede Vorstellung einen grundverschiedenen Inhalt hat. Konstant bleibt lediglich der äußere Ablauf der Aufführung. Die meisten Theaterinszenierungen, die im Rahmen des deutschen Repertoiresystems erarbeitet werden, weisen eine relativ hohe Konstanz auf, so daß sie sich als mehr oder weniger unveränderliche Werke analytisch durchaus erfassen lassen.

Notation Lange Zeit galt die Inszenierungsanalyse aufgrund eines unzureichenden Notationsverfahrens als undurchführbar. Um des inzwischen theoretisch etablierten Theaterkunstwerks habhaft zu werden, wurden akribische Notationsverfahren entwickelt, um die hohe Variabilität und die polyphone Zeichenstruktur einer Inszenierung schriftlich zu fixieren. Diesem Fixierungszwang lag eine philologisch orientierte Vorstellung zugrunde, derzufolge der Werkcharakter des Gegenstands in erster Linie durch seine schriftliche Fixierbarkeit demonstriert werden mußte.

Obwohl Notationsverfahren im Bereich der Choreographie und zum Teil in Form von Regiebüchern längst etabliert sind, dienen sie dort einem praktischen Zweck (der Wiederholbarkeit von szenischen Abläufen) und keinem ästhetischen. Die Notationsverfahren im Rahmen der Inszenierungsanalyse sollten dazu dienen, ein multimediales Werk in ein schriftliches Notat zu übertragen. Dieses Problem wurde zunächst ‚gelöst', indem man es mehr oder weniger ignorierte. Abhilfe leisteten schließlich technologische und wissenschaftliche Entwicklungen:

- *technologisch*: Die Videotechnik ermöglicht die Erfassung von Theateraufführungen. Eine Videoaufzeichnung hält fest, wofür der Notierende mehrfache Aufführungsbesuche braucht. Videoaufzeichnungen bergen allerdings Probleme quellenkritischer Art: z.B. räumliche Verzerrung; begrenzte Wahrnehmungsperspektiven aufgrund von Kameraführung und Schnittechnik. Dennoch sind sie unverzichtbar für bestimmte Bereiche wie etwa Bewegungsanalyse ($\Rightarrow$ De Marinis 1985; Hiß 1993).
- *wissenschaftlich*: Der Siegeszug der Semiotik in den 70er Jahren mit ihrem flexiblen Textbegriff und Konzept der Dominantenbildung legte die methodische Grundlage für die Analyse zeitgenössischer Inszenierungen. Die Theatersemiotik verlagerte das analytische Interesse von der Interaktion zwischen Bühne und Zuschauerraum zum Inszenierungstext. Damit wurde das Problem der Notation nicht gelöst, aber erheblich relativiert, zumal unter Zuhilfenahme von Videoaufzeichnungen.

Dennoch bleibt die Notation ein für den Theaterwissenschaftler bei der Inszenierungsanalyse unabdingbares Hilfsmittel: als Gedächtnisstütze oder als Mnemotechnik ist sie eine unverzichtbare Indikation der eigenen Wahrnehmung im Theater. Erfahrungsgemäß ist es äußerst schwierig, beim ersten Besuch gleichzeitig zu schauen und zu notieren. Die ergiebigsten Notate entstehen erst beim zweiten oder dritten Aufführungsbesuch.

Aus den vorhergehenden theoretischen und terminologischen Überlegungen ergibt sich für die praktische analytische Arbeit folgende quellenkundliche Konsequenz. Die Analyse erfolgt: *Quellen*

- auf der Basis von Notaten, die im Verlauf eines oder mehrerer Aufführungsbesuche angefertigt werden. Handelt es sich um ein Theaterstück, für das der Text vorhanden ist, so ist es hilfreich, eine Textfassung nach Vorbild eines Regiebuchs zu erstellen, bei der die gegenüberliegende Seite frei für eigene Beobachtungen bleibt. Hier geht es weniger darum, alle szenischen Abläufe akribisch festzuhalten als vielmehr darum, signifikante Bewegungen, Sprechweisen, Lichtregie, Kostüme usw. zu notieren. Die „Signifikanz" stellt sich aber häufig erst nach wiederholten Besuchen heraus.
- auf der Basis einer Videoaufzeichnung. Für eine Inszenierungsanalyse ist es am günstigsten, wenn eine Videoaufzeichnung mit einem Aufführungsbesuch kombiniert werden kann.

Neben diesen beiden „Hauptquellen" gibt es eine Reihe weiterer Dokumente, auf die zurückgegriffen werden kann. Diese Dokumente lassen sich grundsätzlich in zwei Kategorien einteilen: Produktions- und Rezeptionsquellen:

Quellen zur Inszenierungsanalyse	
Produktionsebene	**Rezeptionsebene**
Videoaufzeichnung	Notate
Regiebuch bzw. Strichfassung	Probenbeobachtungen
Programmhefte	Theaterkritiken
Interviews	Aufführungsfotos
Bühnenbild- und Kostümentwürfe	Fragebogen

Aufgrund der Liste wird deutlich, daß die Vorgehensweise der Inszenierungsanalyse spätestens durch die Auswahl und Auswertung solcher Dokumente in die Nähe theatergeschichtlicher Forschung rückt. Aus wissenschaftstheoretischer Sicht sind die beiden Aktivitäten (Inszenierungsanalyse und inszenierungsorientierte Theatergeschichtsschreibung) in hohem Maße analog, wie Erika Fischer-Lichte argumentiert (1994b). Jede Beschäftigung mit einer Aufführung ist streng genommen eine Auseinandersetzung mit einem vergangenen und daher historischen Gegenstand. In der Praxis werden allerdings die Fragen und Hypothesen, die wir an Inszenierungen aus unserem unmittelbaren Erfahrungsbereich der Gegenwart stellen, andere sein als etwa bei einer Inszenierung von Wsewolod Meyerhold oder Max Reinhardt.

Was nun den Wert der verschiedenen Quellentypen betrifft, so läßt sich keine feste Rangordnung aufstellen. Auch in dieser Frage bestimmt die erkenntnisleitende Problemstellung oder die Arbeitshypothese (vgl. die analytischen Schritte unten) die jeweilige Auswahl der Quellen und Dokumente. *Rangordnung*

Neben der eigenen Beobachtung und den im Zusammenhang damit entstandenen Notaten ist auf der Produktionsebene eine *Videoaufzeichnung* jedoch für die meisten Zwecke die wichtigste Quelle. In gewisser Weise kann eine Videoaufzeichnung auch als Rezeptionsdokument betrachtet werden, zumal wenn es sich um eine Fernsehaufzeichnung handelt, da diese häufig ein hohes Maß an künstlerischer Gestaltung seitens der Fernsehregie aufweist. Für analytische Vorgänge wie Bewegungsanalysen, für Analysen der Proxemik (Verhältnis der Schauspieler/Figuren zueinander und zum Bühnenraum), der Mimik und Gestik ist eine Videoaufzeichnung unerläßlich.

<small>Regiebuch
Strichfassung</small>

Das *Regiebuch* bzw. die *Strichfassung* des gespielten Textes (letztere wird gelegentlich im Programmheft abgedruckt) können je nach Detailtreue für Fragen, die sich mit der Interpretation des Theatertextes befassen, wichtige Auskünfte erteilen. Jede Art von Inszenierung, die ihren Ausgang vom schriftlichen Theatertext nimmt (und das sind immer noch die meisten) stellt durch die Ausarbeitung einer Spielfassung Weichen. Aufgrund der Einrichtung des Theatertextes, normalerweise eine Gemeinschaftsarbeit von Regisseur und Dramaturg, werden Entscheidungen hinsichtlich der Figuren, der Fabel und des Regiekonzepts der Inszenierung sichtbar.

<small>Programmhefte</small>

Der analytische Wert von Programmheften ist umstritten. Die heutigen, zumal im deutschen Theaterbetrieb anzutreffenden, buchähnlichen Publikationen haben einen anderen Quellenwert als einfache Theaterzettel oder Besetzungslisten, aus denen sie sich entwickelt haben. Das Programmheft ist das Sprachrohr des Dramaturgen und enthält häufig eine Vielfalt an Begleitmaterial zur Inszenierung. Dieses Material reicht von programmatischen Äußerungen des Inszenierungsstabes über assoziative Texte oder Bilder (sehr beliebt) bis hin zu wissenschaftlichen Aufsätzen, die fast nur bei Opern- und Ballettinszenierungen zu finden sind. Das Programmheft in dieser Form ist das Ergebnis der Erweiterung der dramaturgischen Tätigkeit hin zur *Produktionsdramaturgie*, bei der Dramaturgen am Inszenierungskonzept entscheidenden Anteil haben können. Für die Inszenierungsanalyse bieten solche Dokumente Einblick in die konzeptionelle Arbeit der Inszenierung.

Interviews mit an der Inszenierung beteiligten Künstlern, Dramaturgen oder Technikern können eine Reihe von intentionalen und produktionsrelevanten Faktoren beleuchten. Sie sind für eine Analyse, die sich mit prozessualen Elementen einer Inszenierung beschäftigt, von zentraler Bedeutung. Von ähnlicher Wichtigkeit sind Bühnenbild- und Kostümentwürfe, die gelegentlich im Programmheft abgedruckt sind, da sie Einblick in die Entstehungsprozesse der Inszenierung gewähren.

<small>Rezeptionsdokumente</small>

Rezeptionsdokumente lassen sich in zwei Kategorien einteilen:

- Aufzeichnungen, vom Theaterwissenschaftler selbst erstellt, entweder in Form von hastigen, während der Aufführung gemachten Notizen oder in Form eines ausgearbeiteten Fragenkatalogs, wie ihn Pavis vorgeschlagen hat (vgl. unten).

- Dokumente, die nicht vom Theaterwissenschaftler selbst stammen, wie z.B. *Theaterkritiken.*

Theaterkritiken haben den Vorteil, daß sie eine Vergleichsmöglichkeit mit der eigenen Wahrnehmung bieten. Was (über)sieht der professionelle Theaterkritiker? Es ist interessant festzustellen, wie und was „Profis" sehen und festhalten und was ihnen entgeht. Theaterkritiken sind aber weniger analytisch-interpretatorisch konzipiert als wertend. Ihnen liegt implizit Stück- und Theaterverständnis des Rezensenten zugrunde, was aber selten deutlich artikuliert wird. Sie sind somit als Quellen in hohem Maße tendenziös und daher mit Vorsicht zu genießen. Trotzdem können sie Ausgangspunkt für die eigene Hypothesenbildung sein, zumal wenn mehrere zur Verfügung stehen, und die dort artikulierten Meinungen und „Lektüren" im Kontrast zur eigenen Wahrnehmung stehen.

Theaterkritiken

Weitere wichtige Rezeptionsquellen sind *Aufführungsfotos.* Aufführungsfotos sind je nach Verwendungszweck sowohl nützlich als auch problematisch. Nützlich sind sie insofern, als sie bestimmte visuelle Elemente einer Inszenierung, wie beispielsweise Kostümzeichen, manche Körperzeichen (Mimik, Gestik, Maske) oder Einzelheiten der Szenographie zugänglich machen. Problematisch sind sie, da sie selbst dem Kunstdiskurs der Theaterfotografie unterliegen ($\Rightarrow$ Balk 1989, Balme 1995b). Obwohl die medienspezifischen ästhetischen Strategien der Fotografien ihren dokumentarisch-analytischen Wert keineswegs automatisch disqualifizieren, darf nicht vergessen werden, daß sie eine Reihe von Funktionen – einschließlich der Werbung – erfüllen ($\Rightarrow$ Kap. 9.2).

Aufführungsfotos

Die hier formulierten Probleme der Auswertung von Aufführungsfotos gelten ebenfalls, wie schon erwähnt, für Video- und Filmquellen. Hier ist zu unterscheiden zwischen den von Künstlern/Theatern aus Arbeits- und Archivgründen selbst gefilmten Dokumenten, dem sogenannten Hausvideo, und den professionellen, meistens für das Fernsehen aufgenommen Aufzeichnungen. Bei letzteren unterscheidet man je nach Grad der „Bearbeitung" folgende Formen:

Video- und Filmquellen

- im Theater live aufgenommen
- im Studio nachgedreht
- eigenständige, häufig vom Regisseur oder Choreographen selbst verantwortete Adaptation für Film oder Fernsehen.

Bei allen drei Kategorien besteht eine jeweils unterschiedlich akzentuierte Distanz zur ursprünglichen Theaterinszenierung, die bei der Analyse Berücksichtigung finden muß. Für die Arbeit mit Videoaufzeichnungen und Aufführungsfotos gilt gleichermaßen, daß man sich bewußt sein muß, nicht nur *Dokumente* der Inszenierungen, sondern eigenständige *Monumente* vor sich zu haben ($\Rightarrow$ De Marinis 1985 zur Unterscheidung von Dokumenten und Monumenten). Deshalb treffen die gewonnenen Analyseergebnisse zunächst nur für die Videoumsetzung zu; ihre Übertragbarkeit auf die zugrundeliegende Bühnenaufführung muß speziell überprüft werden.

CD-ROMS Zu den Möglichkeiten der visuellen Dokumentationen gehören inzwischen auch *CD-ROMS* und sonstige *digitale Speichermedien*. Digital gespeicherte Quellen bieten einerseits vorzügliche Möglichkeiten im Hinblick auf die Bildbearbeitung von Videoaufzeichnungen. Andererseits werfen sie eine Reihe neuer Probleme hinsichtlich ihrer Manipulierbarkeit auf (⇒ Lister 1995; Pavis 1996b: 41–42).

Systematisch durchgeführte *Zuschauerbefragungen* können auch in eine produktorientierte Inszenierungsanalyse integriert werden, vor allem wenn sie im Zusammenhang mit einer hermeneutischen Vorgehensweise eingesetzt werden (⇒ Kap. 6.2).

Fragenkatalog Für die Erfassung von szenischen Vorgängen aufgrund eines Aufführungsbesuchs hat Patrice Pavis einen Fragenkatalog entwickelt, mit dessen Hilfe sich die ersten Beobachtungen zum Untersuchungsgegenstand besser sammeln und koordinieren lassen.

Bei der hier abgedruckten Fassung des Fragenkatalogs handelt es sich um eine leicht gekürzte und vereinfachte Version des Originals, das Pavis bereits in mehreren Sprachen veröffentlicht und mehrfach überarbeitet hat (⇒ Pavis 1988: 100–107 und 1996b: 37–38). Im Vergleich zu vornehmlich soziologisch ausgerichteten Fragebögen, die darauf abzielen, Zuschauer-

Notationshilfe reaktionen zu erfassen, soll dieser in erster Linie als Notationshilfe für Studierende der Theaterwissenschaft dienen, um „die Sinnproduktion durch den Zuschauer aufgrund einer dialektischen Theorie der ästhetischen Produktion und Rezeption" (1988: 101) erfaßbar zu machen. Die Reihenfolge der Fragen entspricht der Dynamik ästhetischer Erfahrung beim Betrachten einer Aufführung, das heißt, dem Oszillieren zwischen globalen Sinndeutungsversuchen (die Frage nach dem „Regiekonzept") und dem Dechiffrieren kleinerer Sinneinheiten (Bedeutung eines Kostüms etwa). Pavis weist ausdrücklich darauf hin, daß die angeführten Parameter als Raster zu benutzen sind, das eine möglichst breit gefächerte Aufmerksamkeit auch auf vielleicht entlegenere Aspekte der Inszenierung ermöglicht. Der Fragebogen ist somit als Instrument und nicht schon selbst als Zweck und Ziel der Analyse zu betrachten.

Ziel der Analyse Was ist das Ziel der Analyse? Zunächst muß der Gegenstand in jedem einzelnen Fall näher präzisiert werden. Grundsätzlich gibt es drei Hauptansätze bzw. Schwerpunkte:

- *Prozeßorientierte* Analysen beschäftigen sich mit den prozessualen Aspekten von Inszenierungen und sind von ihrer methodologischen Ausrichtung und von ihrer Fragestellung her eher sozial- bzw. kulturwissenschaftlich orientiert. Hier steht der Entstehungsprozeß einer Inszenierung im Mittelpunkt. Bei solchen Untersuchungen spielen Probenbeobachtungen, Interviews usw. eine viel wichtigere Rolle als die Dechiffrierung von Zeichen.

FRAGENKATALOG ZUR INSZENIERUNGSANALYSE, nach Pavis 1988

1) Globaler Diskurs der Inszenierung
   a) Läßt sich eine dominante Interpretation des Texts ausmachen?
   b) Gibt es Widersprüche, Übereinstimmungen zwischen Text und Inszenierung?
   c) Können ästhetische Prinzipien festgestellt werden?

2) Bühnenbild
   a) Verhältnis von Zuschauerraum und Spielraum
   b) System der Farben und ihre Konnotationen
   c) Prinzipien der Raumstrukturierung
      i) Verhältnis des Szenischen zum Außerszenischen
      ii) Verhältnis des benutzten Raumes zur Fiktion des inszenierten dramatischen Textes
      iii) Verhältnis von Gezeigtem und Verborgenem

3) System der Beleuchtung

4) Gegenstände: Art, Funktion, Verhältnis zum Raum und Körper

5) Kostüme: ihr System, ihr Verhältnis zum Körper

6) Spielweise
   a) Beziehung zwischen dem einzelnen Schauspieler und den anderen
   b) Verhältnis Text/Körper, Schauspieler/Rolle
   c) Stimme

7) Funktion der Musik, der Geräusche, des Schweigens

8) Rhythmus der Aufführung
   a) einzelne Elemente (Dialog, Gestik, Bewegung)
   b) Gesamtrhythmus der Aufführung (Tempowechsel, regelmäßig oder diskontinuierlich)

9) Auslegung der Fabel durch die Inszenierung
   a) dramaturgische Option(en)
   b) Mehrdeutigkeiten in der Fabel und Verdeutlichungen durch die Inszenierung
   c) Als welche Textgattung präsentiert die Inszenierung den Text?

10) Der Text in der Inszenierung
    a) Besonderheiten in der Übersetzung (ggfs.)
    b) Welche Rolle mißt die Inszenierung dem dramatischen Text bei?

11) Die Zuschauer
    a) Art der Theaterinstitution
    b) Welche Erwartungen hatten Sie von/vor dieser Aufführung?
    c) Wie hat das Publikum reagiert?

12) Wie kann man diese Aufführung notieren (fotografieren, filmen)?
    a) Welche Bilder haben Sie im Gedächtnis behalten?

13) Was ist nicht auf Zeichen reduzierbar? Was hat keine Bedeutung bekommen?

- *Produktorientierte* Untersuchungen gehen in der Regel von ästhetischen Fragestellungen aus und bedienen sich einer semiotischen Terminologie. Deren Ziel ist, wie der Name schon sagt, die Inszenierung als fertiges ästhetisches Produkt.
- *Ereignisorientierte* Analysen legen ihr Hauptaugenmerk auf den Ablauf der Aufführung, die Interaktion zwischen Bühne und Zuschauerraum und interessieren sich insbesondere für die spektatorische Beteiligung an einer Theateraufführung.

Selbstverständlich handelt es sich hierbei keineswegs um sich gegenseitig ausschließende Vorgehensweisen. Untersuchungen können durchaus alle drei Faktoren integrieren, allerdings läßt sich in den meisten Fällen eine deutliche Akzentuierung feststellen. Dies hat vor allem wissenschaftstheoretische Gründe.

Inszenierungstypologien

Begreifen wir die Inszenierung im übertragenen Sinne als „Text", wie die Theatersemiotik es gewöhnlich tut (⇒ 3.2.2), so besteht das Ziel einer werk- oder produktorientierten Analyse darin, bestimmte Diskurse der zu analysierenden Inszenierung(en) zu erfassen. Es geht um die Freilegung des „Metatexts der Inszenierung", um eine Formulierung von Patrice Pavis (1989) zu gebrauchen. Der Metatext ist der in der Inszenierung implizierte Kommentar über den [Theater]text und seine daraus abzuleitende szenische Neufassung oder Umsetzung:

Metatext

> Der Metatext existiert nirgends als fertiger Text; er findet sich verstreut in den hinsichtlich der Darstellung, des Bühnenbildes und des Rhythmus getroffenen Entscheidungen sowie in der Wahl der Beziehungen zwischen den verschiedenen Signifikantensystemen. (Pavis 1989: 21)

Da der Begriff des Metatexts allein nicht sonderlich differenziert ist, hat Pavis eine weitere typologische Unterscheidung zwischen drei Haupttypen von Inszenierung vorgenommen:

autotextuell

- Die *autotextuelle* Inszenierung. Sie zielt darauf ab, die Mechanismen des Dramentextes und den Aufbau der Fabel in ihrer „inneren Logik" zu begreifen, ohne dabei außerhalb des Textes liegende Faktoren in das Inszenierungskonzept einzubeziehen. Zu dieser Kategorie rechnet Pavis Inszenierungen, die versuchen, die historischen Aufführungsbedingungen archäologisch zu rekonstruieren. Das beste oder gar extremste Beispiel für diese Vorgehensweise in der deutschen Theatergeschichte ist das Theater der Meininger (Balme 1988: 59–68). Autotextuell sind aber auch Inszenierungen, „die sich hermetisch auf eine Idee oder These des Regisseurs konzentrieren und sich als völlige Neuschöpfung mit eigenen ästhetischen Prinzipien verstehen." In diese Kategorie fallen die symbolistischen Inszenierungen der Jahrhundertwende, aber auch Konzepte der „Gründer-Regisseure" (wie Craig oder Appia), „die ein kohärentes und in sich geschlossenes Bühnenuniversum ersannen und ihre

ästhetischen Entscheidungen in einem gut lesbaren, kompromißlosen Diskurs der Inszenierung zusammenfaßten" (Pavis 1989: 24).
- Die *ideotextuelle* Inszenierung. Sie markiert einen Gegenentwurf zum autotextuellen Typ. Das ideotextuelle Konzept privilegiert die Inszenierung des politischen, sozialen und vor allem des psychologischen Subtextes. Ideotextuelle Inszenierungen befassen sich in erster Linie mit klassischen Texten und versuchen sich jeweils auf die neue Rezeptionssituation des Publikums einzustellen. Der Dramentext wird durch eine inszenatorische Interpretation überlagert und „verliert dabei seine Textur zugunsten von vorgefertigten, außerhalb seiner selbst liegenden Meinungen und Diskursen". Diese Art der Inszenierung stellt „die Vermittlung zwischen dem sozialen Kontext des seinerzeit produzierten und dem sozialen Kontext des derzeit von einem bestimmten Publikum rezipierten Textes" vollständig in den Vordergrund (1989: 24). Das deutsche Regietheater der 60er und 70er Jahre mit seinem ständigen Bemühen, die „Aktualität der Klassiker" herauszustellen, war durch eine ideotextuelle Inszenierungsweise bestimmt.

   ideotextuell

- Die *intertextuelle* Inszenierung. Sie kann als eine neue Form der Vermittlung zwischen der Autotextualität und der ideologischen Referenz der ideotextuellen Inszenierung betrachtet werden. „Sie relativiert jede Inszenierung als eine Möglichkeit unter mehreren, ordnet sie in die Reihe der Interpretationen ein und tendiert dazu, sich polemisch von anderen Ansätzen abzugrenzen" (1989: 25). Versucht die ideotextuelle Inszenierung eine besondere, zumeist politisch-ideologische Lesart zu privilegieren, so setzt sich die intertextuelle Interpretation mit vergangenen Inszenierungen auseinander. Diese Inbezugsetzung betrifft potentiell alle Bereiche des szenischen Spiels, kann sich aber auch auf außerszenische Elemente beziehen. Wenn zum Beispiel Frank Castorf seine Münchner Tasso-Inszenierung (1991) mit einer Szene beginnen läßt, bei der eine der weiblichen Hauptfiguren mit einem Hammer auf einen Stein schlägt, so ist damit unschwer ein Verweis auf Castorfs Ruf als „Klassikerzertrümmerer" auszumachen. In dieser Inszenierung finden sich zahlreiche Anspielungen auf andere *Tasso*-Inszenierungen wie etwa die von Peter Stein (Bremen 1969) oder von Claus Peymann (Bochum 1980).

   intertextuell

Diese typologische Unterscheidung ist aus mehreren Gründen hilfreich. Zum einen trägt sie einer historischen Entwicklung der Inszenierungen des 20. Jahrhunderts Rechnung. Von werktreuen autotextuellen Inszenierungen über ideotextuelle Formen im Geiste des politischen Theaters bis hin zur zeitgenössischen Inszenierungspraxis, die häufig die Auseinandersetzung mit der Inszenierungstradition eines Werkes mit Hilfe intertextueller Anspielungen in das Inszenierungskonzept integriert. Zum anderen enthält sie den Hinweis, daß diese drei Faktoren in jeder Inszenierung mit unterschiedlicher Akzentuierung wirksam sind.

4.2.2 Methoden und analytische Schritte

Wie geht man methodisch und analytisch an eine Inszenierung heran? Welche Schritte sind zu unternehmen? Im folgenden sollen die zwei im deutschsprachigen Raum bekanntesten Modelle der Inszenierungsanalyse einander gegenübergestellt werden: Guido Hiß, *Der theatralische Blick* (1993) und Erika Fischer-Lichte, *Die Aufführung als Text* (1983c) sowie ihre Anwendung und Explikation dieses Modells in anderen Publikationen (1990; 1993b). Für Hiß führt der Weg zur Inszenierungsanalyse über eine Beschäftigung mit dem Theatertext. Diese Vorgehensweise nennt Hiß Transformationsanalyse: Es geht um die Exegese der interpretatorischen Schritte vom Text zur Inszenierung. Fischer-Lichte beginnt bei ihrer Strukturanalyse mit der Wahl der Segmentierungsebenen: Figur, Handlung, Raum usw.: „Nachdem man die Ebene der Segmentierung gewählt hat, kann man an einem beliebigen Punkt der Aufführung die Analyse beginnen" (Fischer-Lichte 1990: 247). Bei der Strukturanalyse sind zunächst zwei Punkte hervorzuheben. Zum einen bildet der Theatertext nur einen möglichen Ansatzpunkt; er ist keineswegs der verbindliche Einstieg in die Inszenierungsanalyse. Zum anderen stellt sich die Frage, was „beliebig" hier bedeutet. Positiv gewendet, bedeutet dies die Flexibilität, daß die Dominantenbildung der jeweiligen Inszenierung den Anfang vorgibt.

Transformationsanalyse
Strukturanalyse

Anhand einer Gegenüberstellung lassen sich die Unterschiede der beiden Herangehensweisen schematisch darstellen. Das Schema orientiert sich an den von den Verfassern analysierten Inszenierungen. Folgende Punkte sollten dabei beachtet werden: Obwohl die Analysen im selben Jahr erschienen sind, liegen die behandelten Inszenierungen – von Goethes *Torquato Tasso* (Hiß 1993) und Shakespeares *König Lear* (Fischer-Lichte 1993b) – über zwanzig Jahre auseinander. Auch ist die der jeweiligen Inszenierung zugrunde gelegte Ästhetik grundverschieden. Es geht nicht darum, die Inszenierungen zu vergleichen, sondern die analytischen Schritte.

Die von einer vorhergehenden Werkinterpretation ausgehende Transformationsanalyse stößt bei Aufführungen, die von vornherein nicht auf einer Textvorlage basieren, an die Grenze ihrer Anwendungsmöglichkeiten. Dies gilt aber auch für sogenannte Klassikerinszenierungen, die in ihrer Dominantenbildung nicht vom linguistischen Zeichensystem ausgehen. Charakteristisch für diese Richtung sind Arbeiten des Regisseurs Robert Wilson, für den die Textvorlage, auch wenn sie von Shakespeare stammt, selten im Mittelpunkt des Interesses steht. In solchen Fällen ist die von Fischer-Lichte gewählte Strukturanalyse eine sinnvolle Alternative zu einer Vorgehensweise, die nur vom Text ausgehend versucht, Optionen für die Analyse zu entwerfen.

4. Analyse

Modelle der Inszenierungsanalyse (1): Sprechtheater	
Transformationsanalyse	**Strukturanalyse**
Torquato Tasso Schauspiel Bremen 1969 Regie: Peter Stein	*König Lear* Schauspiel Frankfurt 1990 Regie: Robert Wilson
1) Vorbereitende Schritte a) dramaturgische Textanalyse: Bestimmung des Profils der Inszenierung b) Entscheidung für Figurenanalyse als Schwerpunkt	1) Vorbereitende Schritte a) Formulierung einer Fragestellung anhand früherer Wilson-Inszenierungen b) Hinweise auf dramaturgische Bearbeitung c) Entscheidung für Raum und Figuren als Schwerpunkt (Isotopien)
2) Inszenierungsanalyse a) dramaturgische Einrichtung b) Analyse des Vorspiels c) detaillierte Figurenanalyse	2) Inszenierungsanalyse a) Gliederung der Inszenierung: Schilderung des Anfangs, Leitmotivik, etc. b) Raum c) Figuren: Kostüme; Gestik; Sprachregie; Gruppierung
3) Ergebnisse a) Diskussion des historischen und ideologischen Kontextes der Inszenierung	3) Ergebnisse a) Inszenierung als Übergangsritus b) Zeit- und Raumwahrnehmung c) Traditionslinie der Avantgarde d) Insz. variiert das Thema Sterben anstatt sich einer bestimmten Lesart der Tragödie zu verschreiben

Ein anderer Regisseur, dessen Umgang mit Klassikern keine philologische Herangehensweise verrät, ist Achim Freyer. Die von Freyer verwendeten ästhetischen Prinzipien werden vom Theaterkritiker C. Bernd Sucher anläßlich Freyers Inszenierung des Dramas *Woyzeck* von Georg Büchner am Wiener Burgtheater 1989 herausgearbeitet:

Woyzeck-
Achim Freyer

> **Gott ist tot – der Mensch ist frei**
> Achim Freyers grandiose Deutung von Büchners „Woyzeck" am Burgtheater
>
> So hat man Georg Büchners „Woyzeck" – Fragmente (gewiß) noch nie gesehen! Achim Freyer verweigerte den Zuschauern die Kriminalgeschichte und das Sozialdrama; er kompilierte, zusammen mit seinem Dramaturgen Michael Eberth, aus allen Fassungen der vier Entstehungsstufen eine eigene Version, in der viele, in anderen Aufführungen meist vernachlässigte Szenen aufgenommen wurden; er dehnte das Spiel auf knappe drei Stunden – und entdeckte damit für jene Zuschauer, die nicht schon vor oder in der Pause das Burgtheater verließen (in der Zweitaufführung) Welttheater: „Woyzeck" als „Jedermann"-Moralität, in der es aber Gott als Zuflucht, als Hoffnung nicht mehr gibt. [...] Er arbeitet nicht wie Hansgünther Heyme, benutzt die Bühne weder als Plakat noch als Katheder oder Wandzeitung. Sie ist ihm Leinwand. Jeden Pinselstrich, den er setzt, jede Farbe, die er wählt, jedes Zitat, das er benutzt – Bosch und die Romantiker –, wird erst nach langer Überlegung von ihm verwendet. Es ist das Tempo der Aufführung, das wahrscheinlich die meisten verstört. Die Gesten der Schauspieler werden ausgestellt, als lägen sie unter einem Vergrößerungsglas, als würden sie zudem durch eine Zeitlupe verlängert. Selbst der Sprechvorgang wird zerdreht. Aber die Pausen zwischen den Worten, den einzelnen Silben, sie sind keine Löcher. Freyer lädt sie mit Spannung auf. Wir können dem Gesprochenen hinterherhören, Sätze ab-
>
> tasten, Gedanken in Ruhe befragen, interpretieren, annehmen oder verstoßen, verwerten oder verwerfen. [...] Zur Sprache erfindet Freyer Bilder. Wir sehen die Welt. Sie ist keine Kugel. Auf einem viereckigen, asymmetrischen, schwankenden Eiland in nachtschwarzem Dunkel treffen Woyzeck, Andres, Marie, Tambourmajor, Hauptmann und Doktor zusammen und bewegen sich voneinander fort. Auf dieser Insel der Unseligen, die das Schicksal traf zu sein, gibt es jedoch für sie kein Entrinnen, nur ein Aneinandervorbei. Die Welt als Gefängnis.
>
> Der Regisseur malt das Elend in extremer Langsamkeit, choreographiert mit den Schauspielern – Cornelia Kempers (Marie), Elisabeth Orth (Margreth und Doktor) und Heinz Schubert (Hauptmann und Handwerksbursche), die [...] alle Büchners hessischen Ton bewahren – lebende Tableaus. Er verzichtet auf Realismus und Psychologie, zeigt Puppen, Maschinen, Monstren; wirft Darsteller auf die bemalte Holzfläche, die Farben, Linien, Kleckse – und übermalt sie. Er arrangiert Menschengemälde. Aber im Gegensatz zu Robert Wilson, dem in den meisten seiner jüngsten Arbeiten die Bilder, die Bewegungen Selbstzweck wurden, der also nur noch mit Leibern Textfragmente illustrierte, hat Achim Freyer ein gedankliches, konzeptionelles Ziel: „Woyzeck" zu befreien aus der inszenatorischen Enge.
>
> aus: *Süddeutsche Zeitung*, Nr. 95, 24.4.1989, S.10

Der Versuch einer theaterwissenschaftlichen Transformationsanalyse, die vom dramatischen Text und dem dort niedergelegten Bedeutungspotential ausgeht, würde kaum zu interessanten Fragen für die Analyse der Freyerschen *Woyzeck*-Inszenierung führen. Eine Beschäftigung mit der umfangreichen literaturwissenschaftlichen Forschung zum Text würde zwar zahlreiche Informationen ergeben: Man würde Arbeiten finden zu Büchner als sozialkritischem Autor oder zu formalen und inhaltlichen Problemen des Stücks: *Woyzeck* als Beispiel der offenen Form des Dramas etwa, oder als Beispiel für ein protoexpressionistisches Stück. Man würde Untersuchungen heranziehen zu den komplizierten editionskritischen Fragen – zu den verschiedenen Fassungen beispielsweise – und zu ideologischen Problemen (Woyzeck als proletarische Figur). Man würde aufgrund der Recherche sehr viel über das Werk und den Autor erfahren, aber vermutlich wenige Anhaltspunkte, die im Hinblick auf eine Analyse dieser Inszenierung sinnvoll wären.

Abb. 2: *Woyzeck*. Marie mit ihrem Kind. Inszenierung und Bühne: Achim Freyer. Burgtheater 1989. Foto: Monika Rittershaus.

Bei einer solchen Inszenierung erweist sich die strukturale Analyse nach Fischer-Lichte als ergiebiger. Die zitierte Kritik macht deutlich, daß Freyer, ursprünglich Bühnenbildner, das Stück vorwiegend über Farbgebung und Bewegung erschließt. Die Figurenanalyse müßte deshalb primär Aspekte des Kostüms und der Maske diskutieren. Eine Bedeutung läßt sich sinnvoller aus einer internen Umkodierung als aus externen Bezügen zu geschichtlichen oder aktuellen Ideotexten entschlüsseln. Wenn der Deutungsvorgang nach dem Prinzip der externen Umkodierung vorgenommen wird, müßte man sich mit anderen Arbeiten Freyers befassen, z. B. mit seiner Inszenierung von Ovids *Metamorphosen*, die er im Jahr zuvor am Wiener Burgtheater durchführte. Oder man müßte die Bildelemente der Inszenierung in einem kunstgeschichtlichen Zusammenhang untersuchen. In diesem Fall handelt es sich um intertextuelle Aspekte der Inszenierung. Der *Regie-Autor* Freyer überschreibt den *Dramenautor* Büchner mit seinem szenischen Text.

Kohärenz

Die *Woyzeck*-Inszenierung von Freyer wirft jedoch das für die strukturale Analyse grundsätzliche Problem der Kohärenz auf. Da der Ansatz der strukturalen Analyse davon ausgeht, eine semantische Kohärenz der unterschiedlichen Zeichenebenen nachzuweisen und in Interpretationszusammenhänge einzubeziehen, stellt sich die Frage: Wie ist analytisch zu verfahren, wenn die Inszenierung darauf angelegt ist, semantische Kohärenz zu vermeiden bzw. zu durchkreuzen? Oder wenn die ausschließliche Intention des Werkes darin besteht, die vielzitierte ‚Wahrnehmung' seitens des Be-trachters/Zuschauers zu intensivieren? Letzteres gilt insbesondere für Arbeiten aus dem Grenzbereich der Performance-Kunst, obwohl diese Strategie für viele Richtungen der zeitgenössischen Avantgarde gilt. In Freyers Inszenierung ist der Theatertext nur ein Zeichensystem unter vielen, dem keine besondere Privilegierung zugebilligt wird. Solche Fragen werden zunehmend vor allem von denjenigen Theaterwissenschaftlern gestellt, die als Reaktion auf neue Arbeiten aus dem experimentellen Bereich die streng strukturalistische Suche nach semantischer Kohärenz relativieren wollen.

Inzwischen ist die Inszenierungsanalyse ein fester Bestandteil beinahe jedes theaterwissenschaftlichen Studienganges. Die Frage der Methode ist zunächst zweitrangig. Wichtig ist vor allem, daß man sich als Studierender mit Inszenierungen analytisch und interpretatorisch auseinandersetzt; daß man zu beobachten lernt; daß man bestimmte Inszenierungen mehrmals besucht, mitschreibt, und das so gewonnene Material interpretatorisch auswerten kann. Mittlerweile ist die Theaterwissenschaft so weit, die Inszenierungsanalyse nicht mehr als methodologisches Dauerproblem diskutieren zu müssen. Von der Vorstellung, eine irgendwie geartete ‚Gesamtanalyse' erstellen zu müssen, hat sie Abschied genommen. Die bisher entwickelten Ansätze geben sinnvolle Richtlinien, mit denen sich die Bedeutungskonstitution in einer Inszenierung systematisch erfassen und darstellen läßt.

4.3 Musiktheater und Theatertanz
Zum Objektbereich der Theateranalyse gehören auch Musiktheater und Theatertanz. Aus der Sicht des Sprechtheaters befindet man sich auf unbekanntem, wenn nicht gar feindlichem Terrain. Jedoch setzt sich zunehmend die Überzeugung durch, daß Musiktheater und Theatertanz zu einer „integrierten" Theaterwissenschaft gehören, und diese Bereiche Ansatzpunkte

auch für jene Studenten der Theaterwissenschaft anbieten, die nicht über profunde Musikkenntnisse verfügen. Im folgenden werden einige Berührungspunkte skizziert, die sich an den bereits entworfenen Kategorien – Autor, Werk, Theaterbezug, Inszenierung – orientieren. Es handelt sich hier lediglich um Ansatzpunkte für einen analytischen Umgang mit Werken des Musiktheaters und Theatertanzes; historische und theoretische Aspekte müssen aus Platzgründen ausgeklammert werden.

4.3.1 Musiktheater: Werkelemente

Grundsätzlich stellen sich für die historische Analyse der Werke des Musiktheaters ähnliche Probleme und Aufgaben wie beim Theatertext. Nur ist der Gegenstand selber aufgrund der musikalischen Komponente komplexer. Für Musiktheater gilt dieselbe Trennung zwischen schriftlich fixiertem und inszenatorisch umgesetztem Werk, die für das Sprechtheater konstatiert wurde. Auch hier stehen dieselben Fragen im Vordergrund: Über welches Werk sprechen wir? Wie läßt sich das Verhältnis Werk (Partitur/Libretto) und Inszenierung analytisch erfassen? Im folgenden sollen die beiden Werkbegriffe – zum einen die Analyse musiktheatraler Werke im historischen Kontext aufgrund der Partitur und des Librettos, zum anderen die Inszenierungsanalyse – getrennt behandelt werden.

Wie ist der Werkbegriff im Musiktheater zu verstehen? Wie immer im Theater erweist sich das schriftlich fixierte Konstrukt als labil. Der überlieferte Text ist häufig das zufällige Produkt gattungsgeschichtlicher Vorschrift, auktorialer Veränderung, werkästhetischer Normvorstellungen und theaterbezogener Zwänge. Die genannten Faktoren – Gattung, auktoriale Funktion, Musikdramaturgie usw. – stehen miteinander in enger Wechselbeziehung. Für historische Fragestellungen ist es wichtig, deren Zusammenspiel zu berücksichtigen und Veränderungen in diesen Bereichen zu identifizieren. Wie im Sprechtheater soll eine Werkanalyse die Theaterbedingungen der Entstehungszeit eines Werkes beachten. Eine theaterwissenschaftliche Analyse kann theoretisch an jedem einzelnen Aspekt ansetzen, obwohl sich eine deutliche Präferenz für musikdramaturgische oder szenische Fragestellungen konstatieren läßt. Im folgenden sollen einige dieser Aspekte kurz vorgestellt werden.

<small>Werkbegriff</small>

Im Bereich des Musiktheaters erhalten gattungsgeschichtliche und -ästhetische Fragen ein besonderes Gewicht, da die Gattungskonventionen in der Oper bestimmte Bedeutungsebenen determinieren. Im Rahmen der Gattungen wie Opera seria, Opera buffa, Tragédie lyrique, Opéra comique etc. (⇒ S.21) entstanden Konventionen, die die *werkästhetischen* Elemente regelten. Hinzu kommen die eher ‚subalternen' Gattungen wie Operette und Musical, die ebenfalls in den Bereich des Musiktheaters gehören und eigenständige dramaturgische und theaterästhetische Konventionen entwickelt haben.

<small>Theatergattungen</small>

Bei jeder Form der Analyse ist es zunächst notwendig, das zu analysierende Werk zeitlich wie gattungsästhetisch zu kontextualisieren. Die Verflechtung von dramaturgischen Konventionen und theatralen Produktionsbedingungen ist für eine theaterwissenschaftliche Betrachtung der Gattungs-

<small>dramaturgisch-immanente Konventionen</small>

fragen wichtig. Diese Wechselbeziehung läßt sich wohl am deutlichsten am Beispiel der Grand Opéra verdeutlichen. Die Gattungsform Grand Opéra bildete sich in der Mitte des 19. Jahrhunderts in Paris heraus und wurde durch die Theaterpraxis der Zeit bedingt. Die Tanzeinlagen, die spektakulären szenischen Effekte, die Massenszenen, die diesen Opern eigen sind, bestimmten von vornherein die Wahl der Stoffe und ihre Präsentation auf der Bühne (⇒ Döhring und Henze-Döhring 1997).

Autor-Funktion

Im Musiktheater ist aufgrund der Zusammenarbeit von Komponist und Librettist die auktoriale Funktion doppelt belegt. Mit berühmten Ausnahmen, wie Richard Wagner oder Hector Berlioz, waren das historisch gesehen auch fast immer verschiedene Personen. In der Erforschung der auktorialen Intention gelten dieselben methodischen Fragen wie in der Literaturwissenschaft, jedoch ist die Kategorie der Werkintention durch die Aufteilung der Werkherstellung zusätzlich verkompliziert. Soll der Begriff der auktorialen Funktion zur Anwendung kommen, so muß sich der Wissenschaftler ernsthaft mit der doppelten auktorialen Funktion auseinandersetzen und darf nicht einfach die auktoriale Funktion mit dem Komponisten gleichsetzen.

Die Bedeutung der jeweiligen Positionen – Komponist und Librettist – war historisch gesehen variabel. Beispielsweise war die zentrale Figur der Opera seria des 18. Jahrhunderts nicht ein Komponist, sondern der Librettist Pietro Metastasio, dessen Texten die Zeitgenossen einen hohen literarischen Eigenwert zuwiesen. Demgegenüber war im 19. Jahrhundert Francesco Maria Piave kaum mehr als das ausführende Organ von Verdis Intentionen, ohne eigene literarisch-künstlerische Ambitionen. Von besonderem Interesse – und hier geht es um einen Spezialfall des Musiktheaters – ist die Ent-

Komponisten und Librettisten

stehung eines Werks im Zusammenspiel von Komponisten und Librettisten. Verdi und Puccini beispielsweise haben sich äußerst intensiv mit der Gestaltung des Librettos beschäftigt. Dieser Arbeitsprozeß ist häufig im Briefwechsel mit ihren Librettisten dokumentiert. Die Notwendigkeit einer Verständigung zwischen beiden gestalterischen Instanzen führte zu einer expliziten Artikulation von Intentionalität. Solche Briefwechsel oder sonstige Mitteilungen sind wertvolle Quellen. Besonders gut dokumentiert und aufschlußreich ist beispielsweise der Briefwechsel zwischen Richard Strauss und Hugo von Hofmannsthal. Ob diese sprachlichen Äußerungen praktisch umgesetzt wurden, ist eine andere Frage. Sie ist für jede Art von auktorial orientierter Forschung relevant, die quellenkritisch und theoretisch den Wert subjektiver Äußerungen problematisieren muß.

In unserem Jahrhundert läßt sich eine neue Tendenz beobachten, bei der Komponisten ohne Librettisten auskommen. Entweder wird auf einen bestehenden Text zurückgegriffen, wie beispielsweise bei Alban Bergs *Wozzeck*, einer Vertonung von Georg Büchners Drama *Woyzeck*, oder Texte werden aus heterogenen Quellen zusammenmontiert, wie beispielsweise Wolfgang Rihms *Oedipus*, eine Vertonung, die unter anderen auf Texte von Sophokles, Hölderlin und Nietzsche zurückgreift. Aufgrund der weit verbreiteten

Unterschätzung des Stellenwerts des Librettos, ist erst in den letzten Jahren eine eigenständige Librettoforschung initiiert worden (⇒ Gier 1998).

4.3.1.1 Musikdramaturgische Analyse

Eine Beschäftigung mit werkästhetischen Fragen kann zunächst unter denselben Gesichtspunkten erfolgen wie im Sprechtheater. Mit Ausnahme neuerer Tendenzen der Musiktheater-Avantgarde (Mauricio Kagel, Wolfgang Rihm) strukturieren Werke des Musiktheaters Figuren im Kontext einer raumzeitlichen Handlung. Das ist die *dramaturgische* oder diegetische Ebene. Diese dramaturgische Strukturierung erfolgt sprachlich aufgrund des Librettos, musikalisch durch die Partitur. Die musikalische Strukturierung nennt man analog zum Sprechtheater *Musikdramaturgie*. Auch wenn der Begriff der Musikdramaturgie keineswegs klar konturiert ist, wird er häufig verwendet. Im weitesten Sinne bezeichnet er die *bedeutungstragende* Funktion von Musik im Rahmen einer dramatischen Handlung, im Gegensatz zu einem Musikverständnis, das eher die Unsemantisierbarkeit der Musik betont. Erforscht wird dabei die Musik (und nicht nur das Libretto), die zur Figurencharakterisierung, zur Raum- und Zeitgestaltung beiträgt. Begriff

Eine etwas engere Auslegung des Begriffs läuft auf die Bestimmung aller wesentlichen dramaturgischen und in seiner extremsten Ausprägung auch theaterästhetischen Elemente einer Oper oder eines anderen musiktheatralen Werks (Operette, Singspiel, Musical) durch die Musik hinaus. Als Beispiel sei hier Walter Felsenstein zitiert, ehemaliger Direktor der Komischen Oper im (damaligen) Ost-Berlin: „Sobald Sie eine Verdi-Partitur ernst und wörtlich nehmen, wozu leider viele Interpreten nicht bereit sind, ist diese schon ein Regiebuch par excellence. Jede Achtelnote, jeder Tempowechsel, jede dynamische Bezeichnung ist schon eine szenische Anweisung. Jede instrumentale Figur entspricht einer szenischen Aktion oder Reaktion" (Felsenstein/Friedrich/Herz 1970: 221). Was hier aus einer künstlerischen Perspektive konstatiert wird – die Partitur als „Regiebuch" – läßt sich auch als wissenschaftliche Untersuchungsmethode zur Erforschung medialer Gesichtspunkte anwenden. Richard Wagner versuchte beispielsweise in einem bis dahin kaum gekannten Ausmaß, die Modalitäten der Aufführung im Text festzulegen, und zwar sowohl durch genaueste szenische Anweisungen als auch durch intensivierte mimetische Komposition, die das gestische und proxemische Ausdrucksrepertoire der Darsteller in der Partitur gleichsam vorzeichnet. Diese Form musikdramatischer und theaterästhetischer Festlegung bei Wagner erläutert Horst Weber anhand des *Fliegenden Holländers*: Partitur als „Regiebuch"

> Richard Wagner komponierte beim ersten Auftritt des fliegenden Holländers jeden einzelnen Schritt, den „der Schrecken aller Meere" an Land tut, sorgsam in der Partitur aus. Für den Stand der Schauspielkunst, den die Opernsänger seiner Zeit repräsentierten, wird dies die Wirkung des Auftritts unterstützt haben. Heute aber erinnert dieser auskomponierte Bewegungsmodus fatal an die ersten Gehversuche von Frankensteins Ungeheuer. (Weber 1994: 11)

Für die hier angesprochene Parallelisierung von Musik und Bewegung, bei der gestische Zeichen eins zu eins auf der Bühne umgesetzt werden, hat sich heute die Bezeichnung des „Mickey Mousing" eingebürgert. Dieser pejorative Ausdruck deutet darauf hin, daß für die heutige Theaterästhetik eine einfache Verdopplung von musikalischen bzw. sprachlichen Zeichen in Bewegung verpönt ist.

Theaterbezug Aus der Sicht der Musikwissenschaft bedeutet eine musikdramaturgische Herangehensweise die Aufwertung der dramaturgischen und auch theaterästhetischen Komponenten des Musiktheaters. An die Stelle rein musikhistorischer und musikstilistischer Fragen treten nun theaterbezogene Überlegungen. Dadurch wird eine längst überfällige Korrektur vorgenommen. Die Idee einer Musikdramaturgie ist in etwa das Pendant zum Begriff der szenischen Dramaturgie im Sprechtheater und geht partiell auf diese Forschungstradition zurück. Aus der Sicht der Theaterwissenschaft ist der Begriff Musikdramaturgie nur dann problematisch, wenn er im Hinblick auf die Inszenierungsanalyse im normativ-wertenden Sinne als Richtschnur verwendet wird. Als historisches Analyseinstrument ist die Musikdramaturgie jedoch unverzichtbar.

Aufgabenteilung Partitur und Libretto Wie sieht die Aufgabenteilung zwischen Partitur und Libretto aus? In beiden Fällen handelt es sich um Sonderfunktionen: Der Text eines Librettos ist kein Drama und die Musik der Oper keineswegs absolut und autonom, sondern an bestimmte dramaturgische und szenische Funktionen gebunden, die wiederum dem historischen Wandel unterworfen sind. Die Gebundenheit der Opernmusik an außermusikalische Funktionen zeigt sich *Affektdarstellung* am deutlichsten daran, daß sie bis ins 20. Jahrhundert hinein der Affektdarstellung diente. Diese Funktionalisierung entstand mit der barocken Oper, als die Affektenlehre die herrschende ästhetische und anthropologische *Arien* Norm darstellte (⇒ auch Kap. 5.1). Dies gilt vor allem für die Arien, die als durchkomponierte Affekte zu verstehen waren. Im frühen 18. Jahrhundert waren Musik- und Sprechtheater aufgrund der analogen Darstellungsweise verwandte Disziplinen: Ein Monolog im Sprechtheater wurde als eine Abfolge von Affekten mit entsprechender gestischer und mimischer Umsetzung verstanden.

Die Tatsache, daß Affekte sich nur unmittelbar szenisch darstellen lassen, hat für die Gestaltung der Handlung in der Oper sowohl musikdramaturgisch als auch textlich wichtige Konsequenzen. In der Oper steht die Ak*szenische Vergegenwärtigung* zentuierung der szenischen Vergegenwärtigung im Vordergrund; d.h. nur Geschehnisse, die sich unmittelbar szenisch darstellen lassen, dürfen eine wichtige dramaturgische Funktion erhalten. Die Oper schließt daher analytische Dramenhandlungen aus, die ihre Wirkung durch die sprachliche Entschlüsselung eines in der Vergangenheit liegenden Ereignisses entfalten. Bis Ende des 19. Jahrhunderts war es eine etablierte Lehrmeinung, alle dramaturgisch signifikanten Momente einer Opernhandlung müßten sich pantomimisch darstellen lassen. War dies nicht der Fall, so lag nach Meinung der Fachleute eine dramaturgische „Fehlkonstruktion" vor (Dahlhaus nach Wiesmann 1980: 252). Das vermeintliche oder reale pantomimische Spiel wäre dann die szenische Umsetzung der in der Musik komponierten Affekte. Als Beleg für diese Behauptung wird häufig Puccinis *Madama Butterfly* zitiert. Puccini wurde während einer englischsprachigen Aufführung des Melodramas *Madame Butterfly* des amerikanischen Autors David Belasco zur Idee einer musikdramatischen Bearbeitung des Stoffes inspiriert. Da Puccini der englischen Sprache nicht mächtig war, hatte sich die Geschichte dem Komponisten rein aufgrund des szenischen Verlaufs und vor allem der Affektdarstellung vermittelt (⇒ Dahlhaus 1983: 27; Gerhard 1992: 134; Gier 1998: 25).

Eine musikdramaturgische Handlung organisiert Figuren in einem Handlungsverlauf unter Einschluß partiturbezogener Zeichen. Musik und Text gestalten im Normalfall zusammen Figurenkonzeption und -charakterisierung und konstruieren eine Handlung. Über eine besondere Charakterisierungstechnik verfügt die Oper mit ihren vielfältigen Nummerntypen. Neben Arie und Duett gibt es Rezitative, Chor- und Ensemblenummern, um nur die bekanntesten zu nennen. Diese Nummern weisen sowohl textlich als auch musikalisch festgelegte Merkmale auf. Sie können handlungsantreibend oder -retardierend wirken; Rezitative zum Beispiel strukturieren die äußere Handlung, während Arien und Duette für die innere Handlung, die affektive Dramaturgie der Figuren, zuständig sind. Die aus Versatzstücken zusammengesetzte Nummernoper funktionierte nach einem Baukastenprinzip: Auf der einen Seite war sie dadurch flexibel – diese Teile waren austauschbar –, auf der anderen Seite sehr formalisiert. Je nach Gattung war sogar die Zahl der Nummern an bestimmte Figurentypen gebunden. Es gehört zu den wichtigen, von Richard Wagner mit initiierten Veränderungen, daß „es in der durchkomponierten Partitur keine Nummern mehr gibt, von denen man notfalls einzelne weglassen oder ersetzen könnte" (Weber 1994: 7).

Nummerntypen und Musikdrama

Für eine historisch ausgerichtete Analyse ist eine Berücksichtigung der Wechselbeziehung zwischen Elementen einer Figurenkonzeption bzw. -charakterisierung und den stimmlichen Erfordernissen eines bestimmten Rollentyps, d.h. des Verhältnisses von Rollenkonzeption und Stimmfächern, besonders wichtig. Auch hier gibt es eine deutliche Analogie zum Sprechtheater, das bis ins 20. Jahrhundert Rollenfächer kennt. Deren Existenz bestimmte wiederum das Schreiben für das Theater. Im Schauspiel ist im 18. Jahrhundert die Beziehung zwischen Rollenfächern und Figurenkonzeption besonders ausgeprägt. In diesem Jahrhundert – und es gilt im eingeschränkten Maße auch für das 19. Jahrhundert – gab es kaum Stücke, die nicht bestehenden Rollenfachbezeichnungen entsprachen.

Stimmfächer

Das problematische Verhältnis zwischen angeblich unveränderlichem Werkgehalt und historischer Kontingenz ist nirgendwo deutlicher als bei den Rollen, die für Kastraten geschrieben wurden: Viele männliche Titelrollen im 17. und 18. Jahrhundert wurden für die hohe Kastratenstimme komponiert. Obwohl der *Text* dieser Rollen unverändert blieb, weist die musikalische Ausgestaltung eine hohe Variabilität auf. Die Rezeption der Werke Händels macht dieses Problem besonders deutlich. Im 20. Jahrhundert

Kastraten

wurden die für seine Opern komponierten Kastratenrollen der Praxis des 19. Jahrhunderts entsprechend in Baritonstimmen transponiert; heute besetzt man sie mit Countertenören oder mit Frauenstimmen. Und zu Händels Zeiten? Auch der Komponist zögerte nicht, je nachdem welche Sänger oder Sängerinnen zur Verfügung standen, ein und dieselbe Rolle für eine Kastraten- oder eine weibliche Sopranstimme umzuschreiben.

4.3.1.2 Werk und Inszenierung
Faktoren wie Nummerndramaturgie und Stimmfächer spielen auch für inszenierungsanalytische Probleme eine Rolle, da jeder Faktor die Relativierung eines verabsolutierten Werkbegriffs darstellt. Darunter ist die vor allem in Musikkreisen verbreitete Vorstellung eines unveränderbaren – weil durch Geniehand festgelegten – Werkes zu verstehen, dem sich das Theater, d.h. der Regisseur und sein Team, ehrfurchtsvoll anzunähern habe. Als Beispiel für diese Haltung sei aus einem Artikel von Ekkehart Kroher über Händels *Giulio Cesare in Egitto* anläßlich der Neuinszenierung 1994 an der Bayerischen Staatsoper in München zitiert:

> Die Partitur ist stets der Ausgangspunkt und der eigentliche Brennspiegel der Ideen und Visionen, der menschlichen Schicksale und Empfindungen, die auf die Bühne kommen, die uns in ihren Bann schlagen und gleichzeitig unsere Phantasie herausfordern. Ob und wie sie uns freilich herausfordern, das hängt von den Voraussetzungen, vom Dirigenten, von der Regie, von den Sängern ab. Jede Inszenierung, vollends jede Aktualisierung einer Oper muß sich an der Partitur orientieren. Ein Regisseur, der nicht auf die Musik hört, der möglicherweise keine Partitur, nicht einmal einen Klavierauszug lesen kann (was gar nicht so selten sein soll!), kann Händels Absichten und Ästhetik nicht nahekommen und wird zwangsläufig scheitern. (1994: 20)

Aus diesem Seitenhieb gegen das Regietheater geht klar hervor, daß für den „Opernschöpfer" – das Wort Genie oder geniehaft fällt mehrmals im Artikel – alles Wesentliche in der Partitur festgelegt sei. Selbst im Falle einer Bejahung dieser These stellt sich sofort die Frage nach der Version der Partitur. In der Inszenierung von Richard Jones an der Bayerischen Staatsoper beispielsweise wurde die Titelrolle des Giulio Cesare durch eine Frau (Ann Murray) besetzt; in einigen Vorstellungen sang aber auch ein Countertenor die Rolle. Wie bereits dargestellt, ließe sich diese Besetzungspraxis durchaus historisch rechtfertigen, da Händel selbst von der Stimme und nicht vom Geschlecht des Darstellers ausging. Allerdings kann eine Analyse der Inszenierung aus theaterwissenschaftlicher Sicht nicht nur auf die Feststellung von historisch verbürgbaren Möglichkeiten reduziert werden. Während des ersten Aktes dieser Inszenierung dominierte eine überdimensionale Plastik eines Tyrannosaurus Rex die Bühne, was von Händel in der Partitur sicherlich nicht vorgesehen wurde (⇒ Abb. 3).

Kommentatoren wie Kroher erwarten von der Opern-Inszenierung eine Umsetzung von Partitur und Libretto im Sinne einer *Verdopplung*, zumindest akzeptieren sie keinen direkten Widerspruch dazu. Weder die zeitgenössische Theaterkunst noch die theaterwissenschaftliche Theoriebildung gehen von einer solchen Verdopplungsästhetik aus. Vielmehr muß aus inszenierungsanalytischer Perspektive auch für das Musiktheater von einem autonomen Inszenierungstext ausgegangen werden, dessen Verhältnis zum Werk oft schwer ergründbar ist.

Das Zusammenspiel von auktorialer Veränderung und aktueller Theaterpraxis läßt sich anhand von Puccinis *Madama Butterfly* kurz erläutern. *Madama Butterfly* gehört zu den meistgespielten Werken des heutigen Opernrepertoires. Dieses „Meisterwerk" wird in der Pariser Fassung von 1906 (Regie: Albert Carré) gespielt. Die Oper war zuvor in einer anderen Fassung in Italien mehrmals aufgeführt worden. Die Pariser Fassung bildete zugleich die Version, die vom Musikverlag Ricordi verbreitet und in das internationale Repertoire aufgenommen wurde. Die von Puccini vorgenommenen Änderungen betrafen viele Passagen. In der Hauptsache wurden die amerikanischen Figuren positiver dargestellt bzw. deren negative Seiten entschärft. Enthielt die ursprüngliche Fassung eine pointierte Kolonialkritik, so wurde diese für das Pariser Publikum deutlich abgeschwächt. Die Gründe hierfür sind vielfältig und können hier nicht weiter ausgeführt werden. Festzuhalten ist lediglich die Tatsache, daß eine bestimmte Inszenierung für eine bestimmte Stadt die Grundlage für die veröffentlichte Version bildete, die in das internationale Repertoire Eingang fand. Man könnte argumentieren, es handele sich hierbei um die Fassung letzter Hand. Es gibt jedoch Versionen, die noch später entstanden und auf nachträgliche Änderungen von Puccini hinweisen. Bei seiner Inszenierung an der Komischen Oper in Berlin hat Joachim Herz 1978 auf eine frühere und ausführlichere Fassung zurückgegriffen, um auch das kritische Potential des Werkes besser zum Ausdruck bringen zu können (⇒ Smith, in: Wiesmann 1980).

Dieses Beispiel – und es gibt zahlreiche in der Operngeschichte – macht die Problematik des Begriffs vom durchkomponierten Werkganzen, in dem alles festgelegt ist, deutlich. Ironischerweise gehört Puccini zu der vergleichsweise kleinen Gruppe von Komponisten, die ihre Opern „werkhaft" konzipierten. Aus historischer Perspektive handelt es sich eher um eine Ausnahme, wie Jürgen Schläder feststellt:

> Nicht die ingeniöse Vorstellung des Komponisten, sondern die Rahmenbedingungen der Aufführung diktierten die Gestalt des (Bühnen-)Werks. Allenfalls in einzelnen Musikstücken wurde die Oper werkhaft konzipiert, keinesfalls aber als dramatisches Ganzes. Wechselnde Aufführungsbedingungen, vor allem unterschiedliche Sängerbesetzungen, aber auch die technischen Möglichkeiten der Theater und oftmals gar der herrschende Publikumsgeschmack erzwangen bei jeder Wiederaufführung die als üblich und gattungseigentümlich verstandenen Umarbeitungen, Streichungen, Umstellungen, Neutextierungen und Neukompositionen. (1990: 135f.),

⇒ Wiesmann 1980; Dahlhaus 1984; Ely/Jaeger 1984; Schläder 1990, 1992

4.3.1.3 Inszenierungsanalyse

Für die Inszenierungsanalyse eines Werks des Musiktheaters stellen sich ähnliche Probleme wie bei der Analyse von Sprechtheaterinszenierungen. Grundsätzlich lassen sich dieselben analytischen Instanzen unterscheiden:

$$\text{Theatertext} \Rightarrow \text{Inszenierungstext} \Rightarrow \text{Aufführungstext}$$

Der Theatertext besteht aus Partitur und Libretto in der jeweiligen Werkeinrichtung. Das Zeichensystem Musik, das auch im Sprechtheater häufig vorkommt, steht jedoch im Vordergrund. Die Wahl der Fassungen kann den Inszenierungstext beeinflussen. Je nachdem ob ein Regisseur *Madama Butterfly* als Liebesgeschichte im japanischen *Geisha*-Milieu, als anti-amerikanische, anti-kolonialistische Parabel oder gar als Anti-Vietnam-Stück – wie gelegentlich in den 70er Jahren zu sehen – inszenieren will, kann die Wahl der Fassungen bereits einen entscheidenden Einfluß haben.

Inszenierungstext

Die Instanz Inszenierungstext – unser Erkenntnisgegenstand – entspricht der theoretischen Definition im Bereich des Sprechtheaters. Er besteht aus dem System von Entscheidungen des Inszenierungs-Teams – Besetzung, Szenographie, Frisur, Kostüm, Maske, Bewegungsabläufe –, also jenen Elementen der Inszenierung, die mehr oder weniger unverändert bleiben. Hierfür interessiert sich vor allem die theatersemiotische Inszenierungsanalyse. Da Operninszenierungen recht lang im Repertoire bleiben können – zehn Jahre ist an manchen größeren Häusern nicht ungewöhnlich, zwanzig Jahre möglich –, lassen sich die eher unveränderlichen Elemente der Inszenierung wie das Bühnenbild- und Kostümkonzept, aber auch szenische Abläufe genau studieren.

Aufführungstext Performanz

Der Aufführungstext bezieht sich auf das *Ereignis* selbst. Im Falle des Musiktheaters kommt dem Aspekt der Aufführung bzw. der *Performanz*, der darstellerischen bzw. musikalischen Leistung des jeweiligen Abends, besondere Bedeutung zu. Mit semiotischer Methodik läßt sich diese performative Komponente kaum analytisch fassen. Die Theatersemiotik kann zwar die gesangliche oder orchestrale Leistung als Zeichenelement identifizieren, diese jedoch nicht in das System der semantischen Kohärenz einbauen. Die Leistung der Sänger und Musiker als performative Aufführungskomponente ist jedoch ein entscheidendes ästhetisches Kriterium für den Opernbesuch. Die augenfällig hohe Variabilität auf der performativen Ebene zeigt sich in der gängigen Praxis des Sängeraustausches. Vor allem an großen Häusern werden Umbesetzungen mit hochkarätigen Sängern vorgenommen. Bei aller Aufwertung der Opernregie im 20. Jahrhundert ist der Opernbetrieb selbst einem Virtuosentum verpflichtet, das im Sprechtheater in dieser Form Ende des 19. Jahrhunderts ausstarb. Zwar gilt der Aspekt der Performanz genauso für das Sprechtheater – auch hier wird die schauspielerische Leistung bewertet –, aber ihm kommt nicht dieselbe Bedeutung zu. Da Leistungsbeurteilung nur im geringen Maße intersubjektiv überprüfbar ist, läßt sie sich kaum in ein analytisches Instrumentarium einbauen.

Im Musiktheater sind dieselben Vorentscheidungen zu treffen wie im Sprechtheater. Sowohl die Gattung des aufzuführenden Werks als auch der ästhetische Ansatz der Inszenierung stellen Weichen, die die nachfolgenden analytischen Schritte bestimmen. Die Analyse einer Inszenierung von Puccinis *Madama Butterfly*, die einer realistischen Milieuschilderung verpflichtet ist, wird vermutlich anders vorgehen als die Analyse der extrem stilisierten, mit bewußt gesetzten Symbolen arbeitenden Inszenierung einer Barockoper, wie Händels *Giulio Cesare* von Richard Jones beispielsweise. Da die meisten Regisseure die Handlung von Puccinis Oper in die Entstehungszeit – das Japan um 1900 – verlegen, lohnte es sich für die Analyse einer solchen Inszenierung kaum, von Raum und Kostümen auszugehen. Diese szenischen Elemente verdoppeln ohnehin nur die textlichen Zeichen von Partitur und Libretto. In der Fokussierung der Figuren liegt jedoch ein lohnender Ansatz.

analytische Schritte

Abb. 3: Georg Friedrich Händel: *Giulio Cesare in Egitto*. Erster Akt. Inszenierung: Richard Jones. Bühne: Nigel Lowery. Bayerische Staatsoper München. Foto: Wilfried Hösl.

Modelle der Inszenierungsanalyse (2): Musiktheater	
Transformationsanalyse	**Strukturanalyse**
Madama Butterfly von Giacomo Puccini Komische Oper, Berlin 1978 Regie: Joachim Herz Bühne: Reinhart Zimmermann	*Giulio Cesare in Egitto* von G.F. Händel Bayerische Staatsoper, München 1994 Regie: Richard Jones Bühne und Kostüme: Nigel Lowery

1) Vorbereitende Schritte
   a) dramaturgische Textanalyse: Auseinandersetzung mit Interpretationsansätzen und Aufführungsgeschichte
   b) Analyse der dramaturgischen Einrichtung: Fragen der Fassungen; Herz greift auf die ältere und längere Brescia-Fassung zurück
   c) Formulierung zweier Hypothesen:
     • „ein historisches Gleichnis zum großen Thema ‚Frau als Objekt'" (Herz)
     • Inszenierung als intertextuelle Auseinandersetzung mit der Aufführungsgeschichte
	1) Vorbereitende Schritte
	   a) Schilderung des Anfangs oder einer auffälligen / komplexen / unverständlichen Szene
	   b) Formulierung einer Hypothese Eventuell unter Verwendung anderen Materials (z.B. ablehnender Kritiken oder Material im Programmheft)
	     • *Giulio Cesare* als Allegorie der Macht und des Terrors
	     • Psychoanalytische Lesart: Sexualität und Macht

2) Analyse
   a) Entscheidung für Figurenanalyse als analytischen Schwerpunkt
   b) Vergleich textlicher Veränderungen mit Bewegungsregie (Gestik, Proxemik) aufgrund einer Analyse ausgewählter Szenen
   c) Diskussion des historischen und ideologischen Kontextes der Inszenierung unter Einbeziehung aktueller Rezeptionsdokumente (Kritiken usw.)
	2) Analyse
	   a) Wahl der Schwerpunkte (Isotopien):
	   b) Raum und Szenographie
	   c) Figuren
	     • Besetzung (Frau in der Titelrolle)
	     • Kostüme
	     • Gestik
	     • Gruppierungen
	   d) Einbeziehung der Performanz; Reaktion des Publikums (auf die Inszenierung oder musikalische Performanz? Sänger? Orchester?)

3) Ergebnisse Diskussion der Ergebnisse von 2 (b) und (c) im Hinblick auf die beiden Hypothesen	3) Ergebnisse Überprüfung der Hypothesen mit den Ergebnissen der Isotopieanalyse

Abb. 4: *Madama Butterfly*: Komische Oper, Berlin 1978. Regie: Joachim Herz.
Bühne: Reinhart Zimmermann. Foto: Arvid Lagenpusch.

In Analogie zum Schema, das für die Analyse von Sprechtheater entworfen wurde (⇒ S. 93), werden zwei unterschiedliche Vorgehensweisen umrissen. Bei der *Butterfly*-Inszenierung von Joachim Herz bietet sich die Transformationsanalyse an, weil Herz seiner Inszenierung eine intensive dramaturgische Bearbeitung der Partitur zugrunde legte. Diese Vorarbeit führte zu einer Neuintepretation der Figuren. In einem solchen Fall läßt sich die Inszenierung zunächst über dramaturgische Fragen erfassen, die in einem zweiten Schritt die Analyse der szenischen Zeichen vorbereiten. Bei der Händel-Inszenierung von Jones standen weniger dramaturgische als szenische Innovationen im Vordergrund. Die ungewöhnliche Szenographie und die Besetzung der Titelrolle mit einer Frau beispielsweise legen eine Strukturanalyse nahe, da diese zunächst von szenischen Zeichenkomplexen wie Raum oder Kostümen ausgeht. In beiden Fällen werden jedoch Kenntnisse des Librettos und der Musik (zumindest von Tonaufnahmen) vorausgesetzt. Auch die Strukturanalyse muß ihre Ergebnisse zu der Handlung der Oper in Beziehung setzen können.

Unabhängig von der verwendeten Methode kann – wie beim Sprechtheater – die Faustregel gelten, daß prinzipiell jedes Zeichensystem als Einstieg gelten kann. Es gibt keine wissenschaftliche Festlegung, daß eine Werk- der Inszenierungsanalyse vorausgehen muß. Entscheidend ist die Dominantenbildung der Inszenierung und die vorformulierte Arbeitshypothese.

4.3.2 Theatertanz

Die Analyse von Theatertanz, sei es klassisches Ballett oder modernes Bewegungstheater, kann zum Teil mit derselben Methodik arbeiten, wie sie bisher für Sprech- und Musiktheater erörtert wurde. Für die Analyse von Formen des Theatertanzes, die sich entweder praktisch oder programmatisch an dramatische Formen anlehnen, lassen sich analoge Fragen anwenden. Für Tanzformen, in denen der Körper und seine Ausdrucksmöglichkeiten im Mittelpunkt des Interesses stehen, und diese Ausdrucksmittel Form und Inhalt eines Werkes bestimmen – was zunehmend im 20. Jahrhundert gilt –, müssen eigene, tanzspezifische Analysemethoden entwickelt werden. So ist z. B. beim neoklassischen Ballett im Stile George Balanchines eine enge Anlehnung an musikanalytische Verfahrensweisen notwendig.

Für Theatertanz wie für Sprech- und Musiktheater wird bei der Auseinandersetzung mit zeitgenössischen Choreographien Hintergrundwissen über grundsätzliche historische Veränderungen und Entwicklungslinien in den Bereichen Gattungsgeschichte, Autorfunktion und Werkästhetik vorausgesetzt. Weder zur Tanzgeschichte noch zur Tanzästhetik können in diesem Kapitel ausführliche Informationen geliefert werden. Im folgenden werden lediglich einige Ansatz- und vor allem Berührungspunkte mit den anderen Theaterformen skizziert, die bei der Analyse von einzelnen Werken, Entwicklungen oder bei der Beschäftigung mit Choreographen berücksichtigt werden sollten.

4.3.2.1 Werkelemente

auktoriale Funktion

Die Entwicklung des Ausdruckstanzes – auch Freier Tanz genannt – ab dem Beginn des 20. Jahrhunderts führte zu weitreichenden Entwicklungen hinsichtlich der auktorialen Funktion. Bis zum Aufkommen des Ausdruckstanzes bestand häufig eine Aufgabenteilung: Ein Librettist fertigte ein Szenario an, das dann zum Teil in enger Zusammenarbeit mit dem Choreographen entstand. Von Fall zu Fall unterschiedlich wurde das Libretto entweder extra

Choreograph

vertont oder existierende Musik verwendet. Der Choreograph übernahm schließlich eine genuin auktoriale Funktion, indem er den sprachlich-musikalisch gestalteten Handlungsablauf in Körperzeichen übertrug. Dieser Körpertext wird seit Ende des 18. Jahrhunderts schriftlich notiert und dadurch reproduzierbar. Diese Aufteilung der auktorialen Funktion ist für die Analyse insofern von Bedeutung, als der romantische Werkbegriff im Sinne

Ausdruckstanz

eines originären Schöpfers schwer zu identifizieren ist. Der Ausdruckstanz vereinfacht dieses Problem, indem bis auf die musikalische Komposition die auktoriale Funktion in einer Person vereinigt wird. Bei den Vertreterinnen des Freien Tanzes wie Isadora Duncan, Loïe Fuller, Ruth St. Denis u.a.m. handelt es sich um *Tanzautoren*, wie Claudia Jeschke sie nennt (1990: 153) (⇒ Schoenfeldt 1997).

Tanzästhetische Entwicklungen stehen häufig mit anderen künstlerischen Entwicklungen im Zusammenhang. Im 20. Jahrhundert wird der Theatertanz zunehmend zur autonomen und hoch diversifizierten Kunstform. Die Innovationen der bereits genannten Tanzautorinnen einerseits und der mit bildenden Künstlern und Komponisten eng kooperierenden *Ballets russes* andererseits führten zur endgültigen Loslösung des Theatertanzes aus der institutionellen Anbindung an die Oper. Seit 1900 wird der Tanz als zentrale, impulsgebende Kunstform verstanden, die in den Avantgardeströmungen dieses Jahrhunderts eine wesentliche Rolle spielte (⇒ Brandstetter 1995).

Der analytische Zugang zu einem Werk des Theatertanzes hängt wesentlich von der ästhetischen Dominante ab. Elemente wie Handlung und Figur können beispielsweise für eine Analyse wichtig sein, wenn sich eine diegetische Struktur, also eine Handlung in einer wenn auch nur rudimentären Form finden läßt. Sobald Theatertanz primär selbstreferentiell wird, wie etwa im Falle des postmodernen Tanzes, verschwindet weitgehend die Notwendigkeit, diese Elemente zu diskutieren. Das Interesse verlagert sich auf Fragen der Körperstilistik: Wie benutzt der Körper den zur Verfügung stehenden Raum? Wie werden die motorischen Möglichkeiten des Körpers eingesetzt? Fragen der Körperstilistik oder -ästhetik gelten allerdings grundsätzlich für jede Form der Tanzanalyse. {Werkästhetik}

Der Werkbegriff stellt sich bei der Analyse von Theatertanz auf besondere Weise. Geht man im Sprech- und Musiktheater normalerweise von der Inszenierung einer vorher existierenden Textvorlage aus, die selbst einen autonomen Werkstatus besitzt (*Hamlet* als Drama, *Madama Butterfly* als Partitur und Libretto), so ist diese Frage beim Theatertanz komplexer und variationsreicher. Folgende Möglichkeiten sind anzutreffen: {Werkbegriff}

- Partitur, Libretto und Choreographie bilden eine Einheit und sind schriftlich notiert. Dies gilt für die meisten Ballette aus dem klassischen Repertoire, die auch heute weitgehend unverändert zur Aufführung gelangen.
- Nur die Partitur wird als Textvorlage betrachtet. Diese erhält durch eine neue Choreographie den Werkstatus. *Le Sacre du Printemps* von Strawinsky beispielsweise existiert in mehreren bekannten Choreographien (u.a. von Waslaw Nijinski, Léonide Massine, Mary Wigman, Kenneth MacMillan, Maurice Béjart, Pina Bausch), wobei keine davon kanonisiert ist. Solche Werke sind per definitionem intertextuell geprägt, da sie eine Auseinandersetzung mit der Musikvorlage sowie eventuell mit einer frühen Choreographie voraussetzen.
- Die Choreographie als neues Werk steht im Mittelpunkt. Der Choreograph wählt die Musik, die gegebenenfalls nicht einmal spezifisch für tänzerische Umsetzung komponiert wurde, entsprechend der Werkintention aus und kreiert dazu sein Werk. Im heutigen Theatertanz ist dies das am häufigsten anzutreffende Verfahren.

Diese drei Werkdefinitionen von Theatertanz bestimmen ihrerseits die analytische Vorgehensweise. Die Analyse eines klassischen Balletts, das beispielsweise auf eine Originalchoreographie von Marius Petipa zurückgreift, wird sich vorwiegend auf die Leistung der Haupttänzer und des Chors sowie {analytische Vorgehensweise} auf subtile Variationen der bekannten Choreographie konzentrieren. Dem zweiten Typ entspricht in etwa die im Sprech- und Musiktheater bekannte Spannung von Werk und Inszenierung. Selbst wenn auf eine bestehende Vorlage nicht explizit zurückgegriffen wird, kann eine solche als intertextuelles Referenzmoment vorausgesetzt werden. Je nach Dominantenbildung des Werks wird sich die Analyse auf die Beziehungen zwischen Bewegung, Szenographie, Kostüm usw. konzentrieren und deren Spannungsverhältnis herausarbeiten. Im Falle eines neuen Werks muß die Analyse weitgehend werkimmanent vorgehen. Mögliche Ausgangspunkte sind andere Werke derselben Choreographen oder eine Beschäftigung mit dem Stoff, falls es sich um einen tradierten handelt.

4.3.2.2 Methoden der Bewegungsanalyse

Unabhängig vom Werktyp muß eine Analyse der Bewegungsformen in die Interpretation einfließen. Der Theatertanz war schon immer mit Bewegungsanalyse im weitesten Sinne beschäftigt, sofern man die Notation von Bewegungsabläufen als Form der Analyse bezeichnet. Seit dem 15. Jahrhundert sind Notationsverfahren überliefert (⇒ Jeschke 1983), die den Choreographen und Tänzern als Gedächtnisstütze dienten. Erst im 20. Jahrhundert sind Analysemethoden entstanden, die einen wissenschaftlichen Anspruch erheben. Die wichtigsten seien hier kurz vorgestellt. Obwohl es sich um Ansätze handelt, die ausschließlich im Hinblick auf Tanz entwickelt wurden, lassen sie sich ebenfalls mit entsprechender Modifikation auf das Sprechtheater anwenden. Wie häufig konstatiert wird, befindet sich auch das Sprechtheater in einem Wandlungsprozeß, bei dem die sprachliche Komponente zurückgedrängt wird und kinästhetische Elemente an Bedeutung gewinnen. Entsprechend muß auch die Theaterwissenschaft Analysemodelle entwickeln, die dem bewegungsästhetischen Kommunikationsaspekt im Sprechtheater Rechnung tragen.

Labanotation Die von dem deutschen Choreographen und Bewegungs-Forscher Rudolf von Laban (1879–1958) entwickelte ‚Labanotation' geht von Bewegungsabläufen im Raum aus. Als *räumliche* Qualität der Körperzeichen wird dabei die Plazierung und Orientierung im Raum sowie die Nutzung von Bühnenraum und Kinesphäre aufgefaßt. Unter Kinesphäre versteht Laban die Umgebung des Körpers, die man mit den Extremitäten erreichen kann, ohne den Standpunkt zu wechseln. Labanotation trägt mit den vier Effort-Kategorien von Fluß, Raum, Körperschwere und Zeit auch der *dynamischen* Qualität von Körperzeichen Rechnung. Diese Kategorien beschreiben vor allem den Bewegungsantrieb. Mit der Labanotation wird lediglich die Körperbewegung im Raum erfaßt, nicht aber die semantische Dimension der Bewegung.

Movement Evaluation Graphics Eine ähnliche Fokussierung auf die Beschreibung von Bewegung weist das von Cary Rick und Claudia Jeschke entwickelte System *Movement Evaluation Graphics* (MEG) auf. Rick/Jeschke gehen zunächst von einer grundsätzlichen Definition der Bewegung aus: „Bewegung ist ein Prozeß, der die labile Beziehung der Körperschwere zur Erdanziehung ändert und in einem

Ortswechsel des gesamten Körpers oder seiner Teile resultiert" (1989: 27). Das MEG-System zeichnet sich vor allem durch die Bereitstellung eines präzisen Beschreibungsvokabulars zur Erfassung von Bewegung jeglicher Art aus. Hinsichtlich der semantischen Dimension – der Bedeutungserzeugung und Bedeutung von Bewegungen – bleibt MEG abstinent. MEG befaßt sich primär mit dem „Vorgang der Bewegung [...] und nicht deren Motivation" (Rick/Jeschke 1989: 27). Die Autoren gehen von der Annahme aus, daß Bewegung in erster Linie kein bedeutungsgenerierender Prozeß sei. Die Semantik sei eher ein sekundärer Effekt von Bewegung. Allerdings scheint eine Einbeziehung der semantischen Aspekte für die Analyse von Theater dringend notwendig.

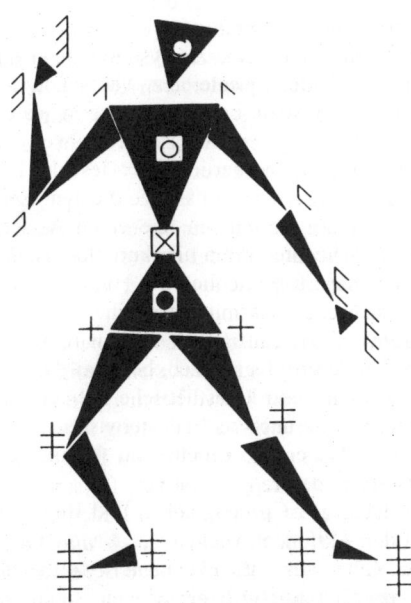

Abb. 5: Rudolf von Laban: Notationsschrift: Aufteilung des Körpers in Zeichen. London: MacDonald & Evans 1969.

Um in Fragen der Stilistik und Bedeutung weiterzukommen, muß die Bewegungsanalyse auf die Semiotik zurückgreifen, da das Vokabular von Laban und Rick/Jeschke sich auf die Beschreibung von Körperbewegungen beschränkt. Wie in jeder Art semiotischer Beschreibung geht es mehr darum zu zeigen, *wie* sich Bedeutung konstituiert als *was* im einzelnen bedeutet wird. In den bisher formulierten semiotischen Ansätzen lassen sich die grundsätzlichen Bereiche Syntax und Semantik unterscheiden. Bei der *Syntax* geht es um die Verknüpfungsprinzipien im Tanz und in jeder Form von Theater mit einer bewegungsästhetischen Dominante. Janet Adshead (1988) beispielsweise unterscheidet zwischen zwei Untersuchungsebenen:

Tanzsemiotik

- bei der *synchronen* Analyse wird ein bestimmter Augenblick der Aufführung gleichsam fotografisch festgehalten, und die an diesem Punkt festzustellenden Relationen der Körperzeichen ausgewertet.
- bei der *diachronen* Untersuchung wird das wiederholte Erscheinen von Körperzeichen oder bestimmten Qualitäten – etwa ein Sprung, eine spezifische Efforteinstellung oder Figuration – vergleichend beobachtet. Somit führt der diachrone Analysezugang vor allem das Variationspotential von Körperzeichen vor Augen.

Darstellungsmodi

Was die *semantische* Dimension angeht, so führt Susan Foster in ihrer Studie *Reading Dancing* (1986) den Begriff des Darstellungsmodus (*mode of representation*) in die Tanzanalyse ein. Foster identifiziert vier fundamentale Darstellungsmodi: imitativ, repräsentativ, metaphorisch und reflexiv. Diese vier Modi verweisen auf die verschiedenen semantischen Ebenen, auf denen Körperzeichen Bedeutung produzieren können. Wie bei den syntaktischen Gestaltungsprinzipien wird sich eine Aufführung nicht auf einen dieser Darstellungsmodi beschränken, wohl aber kann zumeist eines dieser Prinzipien als dominant identifiziert werden.

- Der *imitative* Darstellungsmodus: Er basiert auf einer Übereinstimmung der ausgeführten Bewegung mit der dargestellten Handlung. Die Bewegung ist eine ikonische Repräsentation der von der gespielten bzw. getanzten Figur ausgeführten Aktion.
- Der *repräsentative* Darstellungsmodus: Er hebt bestimmte Merkmale von Körperzeichen hervor. Es handelt sich häufig um die Wiederholung oder um andere Formen der Hervorhebung, die zu einer Fokussierung und damit zur Konstituierung von Bedeutung führt.
- Der *metaphorische* Darstellungsmodus: Im Unterschied zu den indexikalischen Verweisen der repräsentativen Darstellung handelt es sich hier um den Aufbau einer symbolischen Bedeutungsebene. Bestimmte Bewegungen oder Aktionen erhalten durch ihre Loslösung von einer konventionellen Alltagssemantik eine neue Bedeutungsdimension.
- Der *reflexive* Modus schließlich ergibt sich, wenn Bewegungen oder eine Bewegung Referent der ausgeführten Körperaktion sind. In diesem Fall handelt der Tanz meistens von Tanz: der Tanz thematisiert sich selbst wie im *Postmodern Dance*.

Bei der semantischen Analyse muß schließlich festgestellt werden, auf welcher Ebene Körperzeichen realisiert werden. Auf der *Bedeutungsebene* kann in Anlehnung an Manfred Pfisters Dramentheorie zwischen innerem und äußerem Kommunikationssystem unterschieden werden (vgl. Teil II). Körperzeichen wie sprachliche Zeichen im Dramentext können im inneren Kommunikationssystem, d.h. innerhalb der ‚fiktionalen Welt' der Bühne (Spielebene), eine andere Bedeutung haben als in der Kommunikation zwischen Bühne und Zuschauerraum (theatrale Ebene).

Unabhängig von der Analysemethode erschöpft sich die Analyse von Theatertanz keineswegs in der Erfassung und Deutung der Körperzeichen. Neben Bewegung können andere theatrale Zeichen möglicherweise eine zentrale Rolle spielen: Je nach Dominantenbildung der Aufführung können die Musik, aber auch Kostüm und Bühnenbild wichtige bedeutungserzeugende Funktionen übernehmen.

⇒ Foster 1986; Adshead 1988; Rick/Jeschke 1989; Laban 1991; Boenisch 2000; Jeschke 1999

Teil II Theater als Kommunikationssystem

Im zweiten Teil dieser Einführung steht die theaterwissenschaftliche Bestimmung theatraler Kommunikation im Mittelpunkt. Auf den einfachsten Nenner reduziert, besteht diese Kommunikation aus einem sich wechselseitig bedingenden Spiel- und Zuschauvorgang, aus einem Zusammenwirken von Darstellern, Zuschauern und Raum. Alle weiteren Elemente – Bühnenbild, Kostüme, Dramatik, Regie usw. – sind mehr oder weniger wichtige oder unwichtige Zusätze, auf die notfalls verzichtet werden kann, ohne die theatrale Kommunikationssituation grundsätzlich in Frage zu stellen.

Bei der Kommunikation im Drama und Theater lassen sich nach Manfred Pfister (1977) zwei Ebenen unterscheiden:

- das *innere* Kommunikationssystem: die Interaktion bzw. die Kommunikation *fiktionaler* Figuren miteinander innerhalb der Fiktion der dargestellten Welt.
- das *äußere* Kommunikationssystem reguliert den Austausch von Informationen zwischen Bühne und Zuschauerraum.

Theatrales Kommunikationsmodell Bei der Unterscheidung zwischen innerer und externer Kommunikation handelt es sich in erster Linie um ein Kommunikationsmodell für Dramentexte, nicht für Theateraufführungen. Da die Theaterwissenschaft den Dramentext nicht (oder nicht mehr) in den Mittelpunkt ihrer Theoriebildung stellt, müssen die Komponenten der theatralen Kommunikation anders benannt werden. Die Theaterwissenschaft interessiert sich in erster Linie für Fragen, die das äußere Kommunikationssystem betreffen und nur in zweiter Linie für das innere, d.h. für die Kommunikation auf der fiktiven Ebene. Isolieren wir die drei schon genannten Elemente theatraler Kommunikation – Darsteller, Zuschauer und Raum –, so lassen sie sich in einer gleichwertigen „Dreiecks"-Beziehung zueinander graphisch darstellen.

Theatrales Kommunikationsmodell

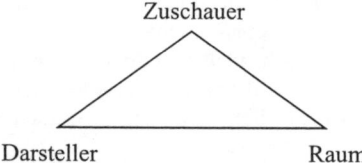

In dem folgenden Überblick werden die drei Grundkomponenten theatraler Kommunikation getrennt behandelt, obwohl sie in der Aufführung eine Einheit bilden. Dies hat vor allem wissenschaftspragmatische und -geschichtliche Gründe. Obwohl die Theaterwissenschaft zwar seit langem anerkennt, daß Theater erst durch das Zusammenwirken dieser Grundkomponenten entsteht, sind diese Elemente selten, wenn überhaupt, in ihrer *wechselseitigen Dynamik* untersucht worden.

5. Schauspieler

Vor einem Jahrzehnt stellte Renate Möhrmann für die Theaterwissenschaft fest: „Schauspieler haben niemals im Blickfeld ihres besonderen Interesses gestanden" (1990: 90). Obwohl dies etwas polemisch formuliert ist, hat sich die Theaterwissenschaft tatsächlich schwergetan, sich systematisch wie historisch mit der Schauspielkunst auseinanderzusetzen. Probleme ergeben sich vor allem aus Gründen der Systematik. Die erste Frage, die sich stellt, ist die der Definition: Läßt sich ein über die enge Definition der Schauspielkunst im Sinne des Sprechtheaters hinausgehender Terminus finden, der den *Tänzer* und *Sänger* genauso wie den Schauspieler einbezieht? Dies ist kaum mehr möglich, denn die heutige europäische Theatertradition definiert sich u.a. dadurch, daß sie im Bereich der darstellenden Künste ein hohes Maß an Ausdifferenzierung hervorgebracht hat. In anderen Theaterkulturen, in denen es nicht einmal verschiedene Wörter für Schauspieler und Tänzer gibt, stellt sich diese Frage anders. Aber auch im europäischen Kontext ist die Unterscheidung nicht immer sinnvoll gewesen: Bei den berufsmäßigen Schauspielern der Commedia dell'arte-Truppen etwa handelte es sich um Darsteller, die gleichermaßen Sprechen, Singen und Tanzen beherrschten.

Die hergebrachte Minimaldefinition – der Schauspieler scheint zu sprechen und zu handeln, nicht als er selbst, sondern in einer Rolle, die er vorgibt zu sein – wird zunehmend problematisch. Unberücksichtigt bleibt bei dieser Definition die Frage nach den Mitteln, mit denen der Schauspieler arbeitet, sowie die Frage, wann sich ein Mensch in einer Schauspiel-Situation befindet. Damit man überhaupt von Schauspielen sprechen kann, bedarf es eines Zuschauers, der den Schauspieler in seiner fiktionalen Situation betrachtet bzw. ihn einer fiktionalen Situation zuordnet. Jedoch ist selbst die Konvention der Fiktionalität keineswegs absolut, sondern kulturspezifisch zu setzen. Manch asiatischer Darsteller beispielsweise singt, tanzt und rezitiert als er selbst und nicht in einer fiktionalen Rolle. Definition

Neben terminologischen Schwierigkeiten resultieren die Probleme für eine systematisch-wissenschaftliche Beschäftigung aus der Tatsache, daß die Schauspielkunst – wir beschränken uns vorerst auf das Sprechtheater in der westlichen Tradition – im menschlichen Körper verankert ist und von ihm ihren Ausgang nimmt. Es handelt sich um die anthropologische Grundbedingung der Schauspielkunst, der jede Theorie Rechnung tragen muß und die der Darstellungskunst ihre Sonderstellung im ästhetischen System verleiht. anthropologische Grundbedingung

Die theaterwissenschaftliche Beschäftigung mit der Schauspielkunst gliedert sich in drei Hauptbereiche:

- Theorie und Analyse
- Geschichte
- Theateranthropologie.

Aus naheliegenden Gründen ergeben sich in den Bereichen Theorie, Analyse und Geschichte Berührungspunkte mit den Ausführungen zur Theatergeschichte, Theatertheorie, Inszenierungs- und Bewegungsanalyse. Aufgrund der zentralen Bedeutung der Schauspielkunst im theatralen Kommunikationssystem haben sich jedoch spezielle Forschungsansätze entwickelt, auf die im folgenden eingegangen wird.

5.1 Theorie und Analyse

Affektenlehre Die Antike kennt keine spezielle Schauspieltheorie. Die wenigen überlieferten Passagen zur Schauspielkunst finden sich beinahe ausschließlich im Zusammenhang mit Rhetorik, der Redekunst. Die wichtigsten Werke der antiken Rhetoriklehre sind die *Rhetorik* des Aristoteles und die *Institutionis Oratoriae* des Quintilian. Die Kunst des Redners wird häufig mit der Kunst des Schauspielers verglichen, denn die Wirkung beider – die Affizierung von Zuschauern und Zuhörern durch den Einsatz von Körper und Stimme – galt als weitgehend analog. Das Moment des Affizierens, der Auslösung von Emotionen bei Schauspieler und Zuschauer, wurde bereits in der Antike als Problem erkannt. Was später zum „Dauerproblem" der Schauspieltheorie wird – die Wechselbeziehung zwischen den zu spielenden und den eigenen Empfindungen – erhält im Zusammenhang mit der Rhetorik eine erste Erörterung. Den Diskussionsrahmen bildet dabei die sogenannte *Affektenlehre*, die Lehre vom Verhältnis zwischen Körper und Seele.

Für Philosophen der Antike sind Rhetorik und Schauspielkunst Aktivitäten ganz besonderer Art. Drei Fähigkeiten oder Potenzen zeichnen den Schauspieler und Redner aus:

- er besitzt die Fähigkeit, seinen eigenen Körper affektiv zu beherrschen,
- er vermag den ihn umgebenden Raum zu definieren,
- er kann die Körper der Zuschauer affizieren, die diesen Raum mit ihm teilen.

Aufgrund dieser dreifachen Verwandlungsfähigkeit wird der Schauspieler – auch moralphilosophisch gesehen – zu einem „Problemfall". Er kann seine Affekte in die Seelen der Zuschauer übermitteln und diese dadurch verändern (Roach 1985: 27–28).

Abb. 6: Der Schrecken   Der Abscheu   Schmerz des Leibs

Eine Kanonisierung der Affektenlehre für das ausgehende 17. und die erste Hälfte des 18. Jahrhunderts liefert das vom französischen Hofmaler Charles Le Brun illustrierte Traktat zu den Affekten, *Méthode pour apprendre à dessiner les passions* (1702) (Abb. 6). Ursprünglich als Hilfe für Maler gedacht, diente Le Bruns Systematisierung auch als Orientierung für Schauspieler. Insgesamt legte der Maler 43 Illustrationen mit Begleitkommentaren vor. Sie bebildern eine Anzahl von Leidenschaften mit Variationen und Mischungen (die sogenannten gemischten Affekte). Zu den Affekten gehörten: Erstaunen, Ekstase, einfache Liebe, Begehren, Hoffnung, Traurigkeit und Niedergeschlagenheit. Dieses System hielt rasch Einzug in die Diskurse über die Schauspielkunst. Erst im 18. Jahrhundert wird die Schauspielkunst als autonomes Phänomen unabhängig von der Rhetorik diskutiert. Allerdings bleibt die Affektenlehre, vor allem die Kategorisierung der einzelnen Emotionen und Affekte, bis ins 19. Jahrhundert spürbar, wenn auch nicht mehr verbindlich. Was sich im 18. Jahrhundert grundlegend veränderte, war die physiologische Erklärung der Schauspielkunst.

Die Schauspieltheorie im 18. Jahrhundert bildet ein zentrales Arbeitsfeld der Theaterwissenschaft. Schauspieltheoretische Schriften, die ab Mitte des 18. Jahrhunderts in großer Zahl erschienen, variieren die zentrale Frage, ob der Schauspieler die zu spielenden Affekte selbst empfinden soll oder nicht. Wichtiger als die verschiedenen Positionen dieser Diskussion sind die dahinter stehenden theoretischen Fragen, die die Debatte motivieren und über rein theaterbezogene Probleme hinausgehen. In Deutschland wurde diese Diskussion vor allem von Lessing initiiert. Sie fiel zusammen mit der Entstehung der Anthropologie, der Wissenschaft vom Menschen. Der Mensch wurde zunehmend als einzigartiges Individuum mit je spezifischen Eigenschaften begriffen. Die Zusammensetzung dieser Eigenschaften, der jeweilige Anteil von Natur und Kultur, ist Gegenstand ausführlicher Diskussionen.

18. Jahrhundert

Anthropologie

Eine Idealvorstellung der Aufklärung war die Übereinstimmung von emotionalem Innenleben und äußerem sozialen Ausdruck. Jede Art von Verstellung wurde pejorativ beurteilt, da sie eher als Eigenschaft des höfischen Lebens galt. Vor diesem Hintergrund ist es verständlich, daß der Schauspieler zu einem interessanten „Fall" wurde. Auf der einen Seite genoß er als Vehikel der dramatischen Dichtung zunehmend gesellschaftliches Ansehen, andererseits stellte seine besondere Kunst das Menschenbild in Frage: Der Schauspieler schien mit einem doppelten Gefühlshaushalt ausgestattet zu sein. Der Schlüsseltext zu diesem Dilemma ist Denis Diderots um 1770 entstandene, aber erst posthum 1830 erschienene Schrift *Das Paradox über den Schauspieler*. Diderot „löst" das Problem, indem er die affektive Ebene des Schauspielers von dessen Kunst trennt. Die Kunstproduktion des Schauspielers sei eine rein ästhetische Angelegenheit, vergleichbar dem Tun des Malers, der, wie Diderot argumentiert, nicht unmittelbar aus dem Leben, sondern aus einer künstlerischen Idealvorstellung schöpfe, die er das *modèle idéal* nennt. Nach Diderot gewinnt die Schauspielkunst ihre

Diderot
Das Paradox über den Schauspieler

Komplexität dadurch, daß beim Schauspieler auf der Bühne vier verschiedene Ebenen gleichzeitig präsent sind:

- Privatperson
- Künstler
- *modèle idéal*
- Bühnenfigur

Aufgrund der verspäteten Veröffentlichung wurde Diderots Schauspieltheorie erst Ende des 19. Jahrhunderts intensiv diskutiert und bildete gewissermaßen eine Brücke zu modernen Theorien.

⇒ Fischer-Lichte 1983b; Barnett 1988; Lazarowicz/Balme 1991; Bender 1992; Košenina 1995; Balme 1996;

20. Jahrhundert Im 20. Jahrhundert gibt es drei wichtige schauspieltheoretische und -stilistische Tendenzen. Sie lassen sich in Verbindung mit ihren Begründern in den folgenden Stichworten fassen, die jeweils die Beziehung zwischen Schauspieler und Rolle bezeichnen:

- Involviertheit (Stanislawski)
- Distanziertheit (Brecht; Meyerhold)
- Selbstausdruck (Grotowski).

Das wohl einflußreichste schauspieltheoretische und -pädagogische Modell unseres Jahrhunderts, Konstantin Stanislawskis *Methode*, kehrt in einer Hinsicht zu frühaufklärerischen Positionen zurück. Eine seiner bekanntesten Forderungen besagt, der Schauspieler solle aus seinem eigenen emotionalen Erlebnisschatz (seinem emotionalen bzw. affektiven Gedächtnis) schöpfen, um seine Rollen zu gestalten. Der Begriff des emotionalen Gedächtnisses stellt eine Identität zwischen eigenem Gefühlsleben und dem der darzustellenden Rolle her, ohne völlig in die einfache Identifikationsidee zurückzufallen. Von ebenso zentraler Bedeutung ist der Begriff der ‚Überaufgabe'. Damit ist das von Schauspieler und Regisseur definierte Ziel des zu spielenden Werks bezeichnet, auf das die „durchgehende Handlung" und alle Rollen des Stücks hinführen. Die Überaufgabe stellt sich meistens erst im Laufe des Probenprozesses deutlich heraus.

Im Laufe mehrerer Jahrzehnte entwickelte Stanislawski sein ‚System' weiter. Obwohl in seinen einzelnen Teilen höchst kompliziert und ausdifferenziert, bestand das System im wesentlichen in der Systematisierung seelisch-psychologischer (innerer) und physisch-körperlicher (äußerer) Bestandteile der Schauspielkunst. Das abgebildete Schema entstammt dem ersten Teil von Stanislawskis Hauptwerk, *Die Arbeit des Schauspielers an sich selbst im schöpferischen Prozeß des Verkörperns*, und stellt einen späteren Erkenntnisstand dar. Ging Stanislawski zunächst vom Primat des inneren Erlebens, des rein psychologischen Anteils an der Schauspielkunst aus, so erhielten die körperlichen Anteile gegen Ende seines Lebens eine größere Bedeutung. Das Schema zeichnet den psychodynamischen Prozeß während der Rollenerarbeitung nach. Er beginnt mit dem Zusammenwirken von Aktivität, „bewußter Psychotechnik" und den in der zu spielenden dramatischen Situation angelegten Emotionen. Diese drei Faktoren fließen in die Rolle ein, die durch die „drei Antriebskräfte des psychischen Lebens" – Verstand, Wille und Gefühl – psychologisch „erlebt" und physisch „verkörpert" wird. Auf diese Weise wird die Rolle der „durchgehenden Handlung" angenähert, die wiederum zur Überaufgabe führt (Stanislawski [5]1988: II, 317–318). Erst auf der Ebene der durchgehenden Handlung und Überaufgabe fließen alle einzelnen „Linien", sprich Rollen und Figuren, zusammen. Was hier schematisch-theoretisch erläutert wird, bewirkte in den Inszenierungen des Moskauer Künstlertheaters, das Stanislawski 1898 mitbegründete und drei Jahrzehnte lang leitete, das viel bewunderte Ensemblespiel der Schauspieler.

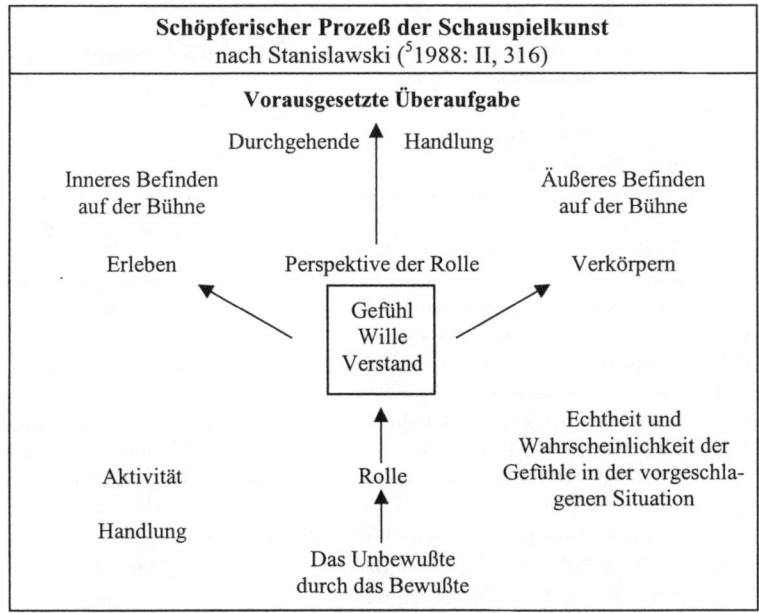

Als Gegenentwurf zu Stanislawski gilt Bertolt Brechts Theorie einer *gestischen* Schauspielkunst. Brecht versucht die Schauspielkunst weniger aus der affektiven, also individualpsychologischen Dimension herzuleiten, als aus einem gesellschaftlichen Verweisungsmoment. Gestus stammt von Geste, Gebärde ab und bezeichnet für Brecht körperliche Ausdrucksbewegungen,

Brecht

die Reden und Sprechen begleiten. Da der Gestus nicht von einem persönlichen Erleben des Schauspielers ausgeht, sondern überindividuelle, soziale Zusammenhänge verdeutlichen soll, ist die Beziehung zwischen Schauspieler und Rolle durch Distanziertheit gekennzeichnet. Das Rollenspiel soll in erster Linie der Technik der Verfremdung dienen, dessen Ziel es sei: „dem Zuschauer eine untersuchende, kritische Haltung gegenüber dem darzustellenden Vorgang zu verleihen" (Brecht 1957: 106).

Die 1940 entstandene Schrift *Neue Technik der Schauspielkunst* enthält eine knappe Systematisierung der Brechtschen Schauspieltheorie. Zum Erzielen des erwünschten V-Effekts schlägt Brecht dem Schauspieler bei der Erarbeitung seiner Rolle mehrere „Hilfsmittel" vor:

1. Die Überführung in die dritte Person
2. Die Überführung in die Vergangenheit
3. Das Mitsprechen von Spielanweisungen und Kommentaren.

Das Setzen der Er-Form und der Vergangenheit ermöglicht dem Schauspieler die richtige distanzierte Haltung. [...] Das Mitsprechen der Spielanweisungen in der dritten Person bewirkt, daß zwei Tonfälle aufeinanderstoßen, wodurch der zweite (also der eigentliche Text) verfremdet wird. (1957: 110)

Grundlage der gestischen Schauspielkunst ist die Idee des Sichtbarmachens im Sinne der traditionellen Rhetorik. Gebärden sind nach außen gebrachte Zeichen innerer Regungen und Affekte. Gestus im Theater – sei es im sprachlichen, musikalischen oder darstellerischen Sinne – müsse auf intersubjektive Beziehungen hinweisen, sie illustrieren oder kommentieren. Der rein individuelle Ausdruck ist nicht im Brechtschen Sinne gestisch. Brechts Theorie des Gestus beschränkt sich jedoch keineswegs auf die Schauspielkunst, sondern umfaßt mehrere Bereiche seiner Theatertheorie.

Generell läßt sich ab Mitte des 20. Jahrhunderts ein zunehmendes Interesse am körperlichen Anteil an der Darstellungskunst feststellen. Damit geht eine Verringerung des Interesses am „Gefühlsproblem" einher. Alle solchen körperbetonten Schauspieltechniken gehören im weitesten Sinne zur Tendenz der Distanziertheit, da sie von „außen nach innen", also vom Körper ausgehen. Zu unterscheiden ist dabei zwischen speziell für Sprechtheater konzipierten Theorien sowie Theorien zur Bewegung und zum Körper, die aus dem Tanz oder der Pantomime stammen, aber weit darüber hinaus rezipiert wurden.

Biomechanik

Von großer Bedeutung für eine körperbasierte Darstellungstechnik ist Wsewolod Meyerholds Theorie der *Biomechanik*, die er ab circa 1918 quasi als Gegenentwurf zu Stanislawski entwickelte. Grundlage der Biomechanik ist die Vorstellung, daß mechanische Bewegungsgesetze, wie sie etwa in der Fließbandproduktion entworfen wurden, auf die Bewegungen des lebendigen Körpers übertragen werden können: „Wir lassen uns nicht vom ‚inneren Erleben' leiten, sondern vom Glauben an die präzise Spieltechnik", so Meyerhold (1979, II: 86). Brecht hat mehrfach auf die Bedeutung von Meyerhold und seiner Schauspieltechnik für die Entwicklung der eigenen Theorien hingewiesen.

5. Schauspieler

Die Schauspieltheorie Jerzy Grotowskis ist weniger eine Theorie im strengen Sinne des Worts als eine Technik und Philosophie der Schauspielkunst. Grotowski knüpft ausdrücklich an Stanislawski an, intensiviert aber die physischen und psychischen Forderungen, die an den Schauspieler gestellt werden. Es war Grotowski, mehr als seine beiden Vorgänger, der die Schauspielkunst über einen Kommunikationsvorgang mit den Zuschauern, und nicht nur als Produktionsproblem des Schauspielers, begriff:

Jerzy Grotowski

> Indem wir schrittweise eliminierten, was sich als überflüssig erwies, fanden wir heraus, daß Theater ohne Schminke, ohne eigenständige Kostüme und Bühnenbild, ohne abgetrennten Aufführungsbereich (Bühne), ohne Beleuchtungs- und Toneffekte usw. existieren kann. Es kann nicht existieren ohne die Schauspieler-Zuschauer-Beziehung: eine perzeptuelle, direkte, „lebendige" Gemeinschaft. (Grotowski 1986: 15)

Der menschliche Darsteller, vor allem die expressiven Mittel seines Körpers und seiner Psyche, die bis zur Selbstaufgabe und -entblößung beansprucht werden sollen, ist der Hauptträger des theatralen Geschehens. Eine eindrucksvolle Demonstration solcher darstellerischen Selbstaufgabe erlebten Zuschauer in der legendären Inszenierung des *Standhaften Prinzen* mit Ryszard Cieslak in der Hauptrolle. Das Foto (Abb.7) stellt den Moment der Translumination, den höchsten Zustand schauspielerischer Entblößung, dar.

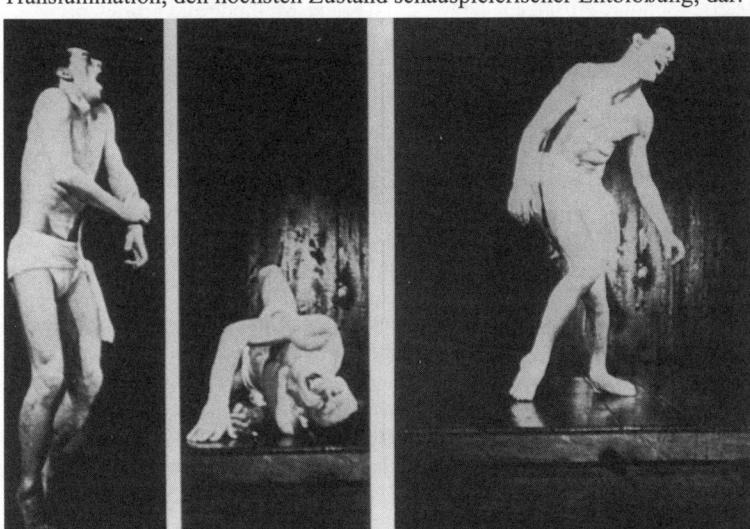

Abb. 7: Ryszard Cieslak in: *Der standhafte Prinz*. (Foto: Teatr Laboratorium) Zürich/Schwäbisch Hall: Orell Füssli 1986.

Zwischen diesen drei Grundtendenzen liegen zahlreiche Zwischenformen und Variationen, vor allem im schauspielpädagogischen Bereich, die aber im wesentlichen Ergänzungen bzw. Revisionen der drei genannten darstel-

Schauspielpädagogik

len. Das Interesse der Theaterwissenschaft an schauspielpädagogischen Konzepten kreuzt sich mit der Schauspieltheorie und der allgemeinen Theaterästhetik, zumal wenn in den eben aufgezählten Fällen die Schauspielpädagogik Bestandteil eines theaterästhetischen Reformprogramms ist. Jeder Versuch, Schauspielkunst zu systematisieren, birgt unwillkürlich einen schauspielpädagogischen Ansatz.

<small>Konzepte und Systeme</small>

Bereits Mitte des 18. Jahrhunderts entstanden Regelwerke, die die Schauspielkunst normativ beschreiben und damit als Lehrbücher gedacht sind. Sie waren aber keineswegs in eine institutionalisierte Schauspielpädagogik eingebunden. Das theaterwissenschaftliche Forschungsinteresse gilt den Ausbildungskonzepten, die die Schauspielkunst am nachhaltigsten beeinflußt haben. Es handelt sich um die „Methode" Stanislawskis und ihre Weiterentwicklung durch Lee Strasberg in den USA unter dem Namen *method acting*. Ebenfalls viel Interesse hat Meyerholds System der Biomechanik gefunden. Erneute Aufmerksamkeit wird in den vergangenen Jahren der Schauspielmethode Michael Cechovs, einem Schüler Stanislawskis, zuteil. Hinzu kommt die Ausbildung besonderer Aspekte der Schauspielkunst, wie die körperbetonte Methode von Jacques Lecoq oder die Pantomime von Étienne Ducroux. Seit den 60er Jahren erfreut sich eine neue Form der Schauspielausbildung besonderer Popularität: der Workshop. Angesiedelt außerhalb der institutionalisierten Schauspielpädagogik dienen Workshops dazu, besondere Ansätze wie etwa die Cechov-Methode zu verbreiten.

<small>Forschungsperspektiven</small>

Aus der Sicht der Theaterwissenschaft bietet Schauspielpädagogik ein ertragreiches Forschungsgebiet. Heutzutage scheint die Schauspielausbildung an den institutionalisierten Schulen keinesfalls einer bestimmten Methode zu unterliegen, sondern sie konstituiert sich aus einer Mischung von Überlieferung und individuellen Neigungen. Untersuchenswert sind nicht nur die der Schauspielausbildung zugrundeliegenden (und häufig unreflektierten) Prämissen und Diskurse auf nationaler, sondern auch auf kulturvergleichender Ebene. Besonderheiten nationaler Theaterkulturen lassen sich an den zwangsläufig objektivierbaren Prinzipien der Schauspielpädagogik untersuchen.

<small>Ende der Rolle</small>

Unser heutiger Begriff von Schauspielkunst in der Theaterwissenschaft orientiert sich im wesentlichen an den hier skizzierten Modellen von Involviertheit, Distanziertheit und Selbstaufgabe. Ungeachtet der unterschiedlichen Theaterauffassungen und körperlichen Mittel, die propagiert werden, halten alle drei am Rollenbegriff fest. Sei es die von Stanislawski vorgenommene Trennung – „Arbeit an sich selbst" und „Arbeit an der Rolle" –, oder Brechts Forderung nach einer Sichtbarmachung von Schauspieler und Rolle, oder die bis zur Selbstaufgabe getriebene Beziehung zwischen Schauspieler und Rolle bei Grotowski, übrig bleibt immer ein Wechselspiel zwischen Rolle und Selbst, zwischen dem Schauspieler und seiner Rolle, zwischen Materialität und Bedeutung. Allen Modellen liegt implizit oder häufiger explizit die Prämisse eines vom Theaterautor festgelegten und vom Schauspieler realisierten Rollenschemas (Figur, Charakter) zugrunde. Angesichts der neueren Entwicklungen im Theater und erst recht im experimentellen Bereich steht der Rollenbegriff, wenn nicht am Ende, so doch in der Krise. Neuere postdramatische Tendenzen – die späten Theatertexte Heiner Müllers, die meisten ‚Stücke' von Elfriede Jelinek oder auch Inszenierungen wie Christoph Marthalers *Stunde Null oder die Kunst des Servierens* – verlangen vom Schauspieler einen neuen Zugang zu seiner Aufgabe. Die Schauspieltheorie braucht neue Parameter, ja auch eine neue Terminologie, um den Entwicklungen in der Theaterpraxis gerecht zu werden.

5.1.1 Methoden der Analyse
Jede Analyse der Schauspielkunst muß zunächst mehrere grundsätzliche Fragen beantworten.
- Sollen historische Dimensionen berücksichtigt werden?
- Handelt es sich um die Charakteristika eines bestimmten Darstellers oder eines bestimmten Darstellungsstils innerhalb einer Inszenierung?
- Stehen eher historische oder aktuell-ästhetische Fragestellungen im Vordergrund?

Historische Fragen sind eigentlich Gegenstand der Theatergeschichtsschreibung und für eine Betrachtung des zeitgenössischen Theaters nur insofern von Bedeutung, als ein bestimmter Schauspielstil im Rahmen einer Inszenierung zitiert werden kann. Wichtiger für einen analytischen Zugang sind strukturelle Beschreibungskriterien. Ein erster Schritt wäre eine Erfassung der Elemente der Schauspielkunst:

- Gestik
- Stimme
- Rhythmus der Diktion
- Bewegungen.

Jedes Element kann für sich bedeutungstragend sein. In der Praxis der Schauspielkunst wie auch der Analyse läßt sich eine Isolierung kaum vornehmen, da die Elemente in einem komplexen Interaktionsverhältnis zueinander stehen.

Auch wenn sich die Interaktionsdynamik noch schwer analytisch erfassen läßt, stehen mehrere Modelle zur Betrachtung des körperlichen Aspekts der Schauspielkunst bereit. Michel Bernard (1986) identifiziert sieben Hauptfaktoren, die unabhängig vom Stil oder der kulturellen Provenienz des Schauspielers zu berücksichtigen wären:

Körperarbeit

1) Körperliche Ikonizität: Bandbreite und Diversifizierung der Möglichkeiten des sichtbaren Körpers, z.B. Nacktheit, Masken, Verzerrung usw.
2) Proxemik: Orientierung des Körpers in Relation zum Bühnenraum und zum Publikum.
3) Körperhaltung und Spiel mit der Schwerkraft des Körpers.
4) Attitüden: Konfiguration der Körpersegmente (Hand, Arm, Fuß, Bein usw.) in Relation zur Umgebung.
5) Bewegungen und Dynamik des Körpers im Bühnenraum.

6) Mimischer und gestischer Ausdruck: sichtbare Expressivität des Körpers.
7) Vokalität: hörbare Expressivität des Körpers: am Körper produzierte Laute, z.B. mit den Fingern, Füßen, Mund usw.

Diesen sieben von Bernard vorgeschlagenen Faktoren fügt Patrice Pavis zwei weitere hinzu:

8) Wirkungen des Körpers: Der Körper des Schauspielers ist nicht nur ein Zeichenproduzent, der im Sinne einer Einbahnstraße unidirektional fungiert. Er löst auch beim Zuschauer körperliche Wirkungen aus, für die es eine Reihe von bisher unklaren Bezeichnungen gibt. Man spricht von Energie, Intensität und Rhythmus, also von Faktoren, die sich nicht als Zeichen definieren lassen.
9) Selbstwahrnehmung des Zuschauers: Die Wahrnehmung des Körpers des/der anderen durch den Zuschauer, der Empfindungen, der Bewegungen, die der Zuschauer äußerlich wahrnimmt und auf sich selbst überträgt (Pavis 1996b: 62–63).

Bei diesen Kategorien handelt es sich um eine primär semiologische Beschreibung (Pavis 1996b: 62). Das Problem besteht Pavis zufolge darin, diese Elemente in ihrer Gesamtheit und Zusammenwirkung zu betrachten. Das heißt auch, daß einzelne Schauspieler in Relation zu anderen Schauspielern und zur gesamten Inszenierung gesehen werden müssen. Es gilt auch, das Verhältnis von Körper und Sprache, von Stimmrhythmus und Gestik, von der Verkörperung der Sprache durch den Schauspieler zu untersuchen.

5.2 Historiographische Ansätze
Die Erforschung geschichtlicher Aspekte der Schauspielkunst gliedert sich in eine Reihe von Teilgebieten, die sich selten klar trennen lassen. Grundsätzlich lassen sich folgende historiographische Arbeitsfelder und Ansätze identifizieren:

- biographische
- stilgeschichtliche (z. B. der Schauspielstil des Weimarer Hoftheaters)
- sozial- und kulturgeschichtliche.

biographische Ansätze

Bereits im 19. Jahrhundert, und damit vor der Etablierung einer institutionalisierten Theaterwissenschaft, gab es ein reges Interesse an der Geschichte der Schauspielkunst. Das wichtigste Dokument im deutschsprachigen Raum ist Eduard Devrients mehrbändige *Geschichte der deutschen Schauspielkunst* (1848–74), die ebenso ehrgeizig wie unsystematisch zahlreiche Dokumente und Informationen zusammentrug. Ausgehend von Devrients Beispiel bestand die erste Forschungsphase der Theaterwissenschaft im 20. Jahrhundert in der Aufarbeitung von biographischem Material zu berühmten Schauspieler-Persönlichkeiten. Seit der Positivismus Ende der 60er Jahre in der deutschsprachigen Theaterwissenschaft zurückgedrängt wurde, kamen biographische Studien in Verruf. Dieser Abstinenz steht beispielsweise die neuere anglo-amerikanische Forschung entgegen, die die Schauspieler-Biographie als wissenschaftlich anspruchsvollen und der Komplexität theatergeschichtlicher Prozesse adäquaten Ansatz wiederentdeckt hat (⇒ Postlewait/McConachie 1989; Woods 1989).

Max Herrmann und seine Schule befaßten sich ab den 10er Jahren sowohl mit biographischen als auch mit stilgeschichtlichen Fragen. Herrmann selbst versuchte auf der Basis einer genauen Lektüre dramatischer Texte Aufschluß über den Schauspielstil einer Epoche (Antike, Mittelalter, Schultheater des 16. Jahrhunderts) zu gewinnen (Corssen 1997: 152f.). Das unbestritten zentrale Gebiet stilistischer Untersuchungen bildet mit seinen fundamentalen Umbrüchen (Barock, Realismus, Klassizismus) und seiner komplexen schauspieltheoretischen Diskursbildung das 18. Jahrhundert. Die wichtigste Figur – gesamteuropäisch gesehen – bildet der englische Schauspieler David Garrick, dessen revolutionäre Schauspielkunst über die englische Bühne hinaus theater- und allgemeinästhetische Neuerungen bewirkte. Garrick löste den statisch-deklamatorischen Schauspielstil des barocken Theaters durch eine körperbetonte und, in den Augen der Zeitgenossen, äußerst ‚natürlich' wirkende Spielweise ab. Neuere Untersuchungen beschäftigen sich mit schauspielstilistischen Veränderungen aus semiotischer (Fischer-Lichte 1983b), anthropologischer (Košenina 1995), ikonographischer (West 1991; Balme 1996) und gendertheoretischer (Wiens 2000) Perspektive.

Schauspielstile

⇒ Fischer-Lichte 1983b; West 1991; Košenina 1995; Balme 1996; Wiens 2000

Der gesellschaftliche Status des Schauspielers und der Schauspielerin ist ein zentrales Thema theatergeschichtlicher Forschung. Das wechselnde Ansehen des Schauspielerstandes, das von Ablehnung und Exkommunikation über Tolerierung bis hin zur ekstatischen Verehrung reichte, bedeutet, daß die Schauspielkunst schon immer ein wichtiger Indikator allgemeiner theaterkultureller Tendenzen war. Sozial- und kulturgeschichtlich relevant sind vor allem diejenigen Epochen, in denen die Schauspieler eine beherrschende Position einnahmen. Hierzu zählen die Wandertruppen der italienischen Commedia dell'arte (1550–1750) und der englischen Komödianten (1590–1618) sowie die Organisation unter der Leitung von Prinzipalen und Prinzipalinnen im 18. Jahrhundert. Das englische Theater im 19. Jahrhundert war weitgehend ein Theater herausragender *actor-managers*, die die Theaterkultur der englischsprachigen Welt einschließlich der USA und der Kolonien bestimmten.

Sozial- und Kulturgeschichte

In jüngster Zeit widmet sich die sozial- und kulturgeschichtlich orientierte Theatergeschichtsschreibung unter dem Einfluß feministischer und gendertheoretischer Ansätze insbesondere den weiblichen Vertreterinnen

feministische und gendertheoretische Ansätze

der Zunft. Schauspielerinnen wurden doppelt diskriminiert. Neben der allgemeinen Ablehnung, die dem Schauspielerstand zuteil wurde, zielten zusätzliche Ressentiments auf sie als Frauen. Vor allem war es die teils reale und teils nur unterstellte Nähe zur Prostitution, die dazu führte, daß sich eine theaterfeindliche Kritik vor allem an Schauspielerinnen entzündete. Im Zeichen der Frauen- und Genderforschung erschienen in den vergangenen Jahren eine Reihe interessanter Studien, die sich u.a. mit dem Aufkommen der ersten Berufsschauspielerinnen in den Commedia dell'arte-Truppen beschäftigen. Bei der Präsenz von Schauspielerinnen in den italienischen Truppen handelt es sich gewissermaßen um die Stunde Null der „weiblichen Bühnenkunst" (Möhrmann 1989) im europäischen Theater. Entsprechend intensiv ist daher die Forschungsaktivität bis hin zu Spekulationen, daß Schauspielerinnen zur Entwicklung der Improvisationskunst maßgeblich beitrugen (Hecker 1989).

<small>boy actors</small>   Ein weiteres, ähnlich intensiv bearbeitetes Forschungsfeld im Zeichen der Gender-Theorie stellen die *boy actors* in der Shakespeare-Zeit dar. Dadurch, daß in England bis 1660 Frauen mit einem Auftrittsverbot belegt waren, übernahmen besonders ausgebildete Jungen die Frauenrollen. Diese hoch entwickelte darstellerische Konvention hat zu regen Spekulationen hinsichtlich der Wahrnehmung von Geschlecht und Schauspielkunst im elisabethanischen Theater Anlaß gegeben. Besonders komplex wird die Wahrnehmungsfrage, wenn die Frauenfiguren wiederum Männer spielen (bei Shakespeare in *Was Ihr wollt* und *Wie es euch gefällt* beispielsweise). In solchen Fällen, so argumentiert die Forschung, entsteht ein äußerst vielfältiges Spektrum an Geschlechter-Spiegelungen, das die Wahrnehmung von Geschlechterdifferenz destabilisiere (Case 1988).

<small>Naturalisierung</small>   Eine in der Forschung sehr intensiv diskutierte Frage ist die Neubestimmung der Schauspielerin im Naturalisierungsdiskurs der Aufklärung (Geitner 1988). Während der Schauspielerstand in der zweiten Hälfte des 18. Jahrhunderts eine sukzessive Aufwertung und Eingliederung in die bürgerliche Gesellschaft erfuhr, unterlagen die Schauspielerinnen einer erneuten Diskriminierung. Ausgehend von der Annahme, die Frau als Wesen stehe der Natur näher als der Mann, wurde die weibliche Darstellungskunst als besonders problematisches Simulationsverhalten beargwöhnt.

<small>empirische Sozialforschung</small>   Zur Sozial- und Kulturgeschichte gehört auch die empirische Sozialforschung. Erst relativ spät vollzog die Theatergeschichtsschreibung die empirische Wende in der allgemeinen Historiographie. Eine grundlegende statistische Erfassung des Schauspielerstandes im 18. und 19. Jahrhundert im deutschsprachigen Raum legte der Erlangener Theaterwissenschaftler Peter Schmitt vor (Schmitt 1990).

⇒ Geitner 1988; Case 1988; Möhrmann 1989; Balk 1995

5.3 Theateranthropologie

Der wohl neueste Ansatz zur Erforschung der Schauspielkunst stammt von dem in Italien geborenen, in Norwegen und Polen ausgebildeten und heute in Dänemark lebenden Regisseur und Theaterforscher Eugenio Barba. Er verbindet theaterpraktische Arbeit (Regie) mit einer wissenschaftlichen Beschäftigung mit dem Theater, speziell mit der Schauspielkunst. Diese Forschung findet im Rahmen der von Barba gegründeten und geleiteten International School of Theatre Anthropology (ISTA) statt, die seit 1980 in verschiedenen Ländern regelmäßig tagt. Festzuhalten ist, daß sich Barba von der akademischen Kulturanthropologie explizit abgrenzt (⇒ Kap.8). Barba definiert sein Forschungsfeld als das Studium des *biologischen und kulturellen* Menschen in einer theatralen Situation. Bei seinen Forschungen geht es um transkulturelle Vergleiche von Darstellungsformen. Unter anderem sucht er nach universellen, der Darstellungskunst aller Kulturen gemeinsamen Merkmalen. Für die interkulturelle Theaterforschung ist die Tatsache wichtig, daß Barba eine gattungsübergreifende Terminologie entwickelt hat. Er interessiert sich für Performance im allgemeinen und schließt damit Tanz, Sprechtheater, Oper sowie prinzipiell alle außereuropäischen Theaterformen ein. In der Praxis zeigt sich allerdings eine deutliche Bevorzugung theatraler ‚Hochkulturen' als Vergleichsmaterial.

Barba beschäftigt sich in erster Linie mit kulturspezifischen Unterschieden in der Kinesik. Damit knüpft er explizit an die berühmte Studie des französischen Ethnologen Marcel Mauss *Les techniques du corps* (1936) an. Die Unterschiede zwischen kulturell determinierten Körpertechniken zeigen sich Barba zufolge nirgendwo deutlicher als in den kulturspezifischen Praktiken der verschiedenen Darstellungstraditionen. Deshalb gilt sein besonderes Interesse dem Körper des Darstellers im transkulturellen Vergleich.

Zur Analyse der recht unterschiedlichen kinästhetischen Prozesse unterscheidet er zwischen *alltäglichen* und *nicht-alltäglichen* Darstellungstechniken.

Körpertechniken

> Diese Unterscheidung erscheint deutlich in allen kodifizierten Formen des Theaters, besonders in denen des Orients. Im abendländischen Theater ist diese Unterscheidung weniger offenkundig, weil hier, wie Brecht versichert, eine Schauspielkunst nicht existiert: es gibt Moden und Konventionen, doch ist jede Willkür unter der Herrschaft der Subjektivität, des Individualismus möglich durch das Fehlen einer technischen Nomenklatur und präziser Beurteilungskriterien. (Barba 1982: 444)

Die Aufgabe des realistischen Theaters westlicher Prägung bestehe darin, alltägliche Körperbewegungen auf der Bühne möglichst präzise nachzuahmen und wiederzugeben. Obwohl sich die alltägliche ‚Technik' im abendländischen Theaterrealismus am deutlichsten manifestiert und vor allem in der Schauspielpädagogik Stanislawskis ihre methodische Perfektionierung findet, verweist Barba auch auf Theaterformen außerhalb des euroamerikanischen Kulturraumes, die ebenfalls eine alltägliche Körpertechnik verwenden.

alltäglich

nicht-alltäglich Im Vergleich zur alltäglichen Technik der abendländischen Tradition sei eine *nicht-alltägliche* Körperästhetik das Ergebnis einer bewußten Formung und Ausbildung der Körpersprache, um diese auf der Bühne von der Körpersprache des Alltags deutlich abzuheben. Zu dieser zweiten Kategorie gehören die meisten Tanzformen, Pantomime, Akrobatik und hochstilisierte Gattungen wie die Commedia dell'arte sowie beinahe alle traditionellen asiatischen Theaterformen.

Prä-Expressivität
szenisches Bios Stehen für die Kulturanthropologie Fragen der kulturellen Spezifizität im Mittelpunkt, mit entsprechender Skepsis gegenüber jeglicher Form transkultureller Verallgemeinerung, so läuft Barbas Theateranthropologie auf eine Suche nach transkulturellen Universalien hinaus. Diese Einstellung zeigt sich in zwei von ihm geprägten Begriffen:

- *Prä-Expressivität:* Unter prä-expressivem performativen Verhalten versteht Barba Körpertechniken, die noch keine kulturelle Semantisierung und damit Spezifizierung erfahren haben. Ihn interessieren physiologische Faktoren wie Gewicht, Balance, Position der Wirbelsäule, die Richtung der Augen usw., die dazu beitragen, prä-expressive „Spannungen" und damit eine andersartige Qualität von Energie zu erzeugen. Diese physiologisch hervorgebrachte Energiebündelung läßt sich auch mit dem in Theaterkreisen gängigen, aber schwer faßbaren Begriff der „Präsenz" umschreiben, mit der die Aufmerksamkeit der Zuschauer auf den Darsteller-Körper gelenkt wird, ohne daß „überhaupt irgendeine Art von Botschaft" übermittelt wird (Barba 1996: 15).
- *szenisches Bios:* Das szenische Bios ist die biologisch-physiologische Ebene der Darstellungskunst, eine Ebene, die Barba zufolge in der abendländischen Schauspieltheorie zugunsten der psychologischen Darstellungs- und Deutungsebene vernachlässigt wird. Das Forschungsinteresse Barbas und seiner ISTA gilt der Aufdeckung der prä-expressiven Prinzipien, die das szenische Bios beherrschen. Nur auf dieser Ebene sind nach Barba eine genuine transkulturelle Verständigung und ein interkultureller Informationsaustausch möglich ($\Rightarrow$ Pfaff 1996).

$\Rightarrow$ Cechov 1990; Huston 1992; Köller 1993; Strasberg 1994; Zarrilli 1995; Jenisch 1996; Ebert und Penka 1998

6. Zuschauer

Heute definiert die Theaterwissenschaft ihren Gegenstand weder ausschließlich räumlich durch die Präsenz eines Spielraums noch ästhetisch über das aufgeführte Werk oder den agierenden Darsteller, sondern in erster Linie durch die Präsenz des Zuschauers. Es ist der Zuschauvorgang, der das Wahrgenommene zum Theater macht. Daß der Zuschauer aus der Sicht der Theatertheorie und der theaterwissenschaftlichen Forschung sozusagen in der ersten Reihe sitzt, gilt aber erst seit den späten 60er Jahren. Arno Paul schrieb 1971: „Immer aber ist es das Publikum, das dem theatralischen Akt erst zum Leben verhilft, das ihn vollendet und das ihm seine zeitliche und überzeitliche Wirkung verleiht" (1981 [1971]: 231). Die zentrale Bedeutung des Zuschauers beim theatralischen Akt, bei der Aufführung also, brachte die Umkehrung der bisherigen Darsteller-Zuschauer-Beziehung mit sich. Ging man bisher davon aus, daß der aktive Darsteller dem weitgehend passiven Zuschauer ein ästhetisches Produkt zur Konsumption anbot, so kehrte der ostdeutsche Regisseur und Brecht-Schüler Manfred Wekwerth diese Gleichung einfach um und erklärte den Zuschauer „zum primären Spieler" bei der Theateraufführung (1974: 101).

Die erforderliche Akzentverschiebung von Produktion zur Rezeption war aber aus der Sicht der Theaterwissenschaft leichter gesagt als getan. Die zentrale Bedeutung des Zuschauers zu konstatieren war eine Sache; diesen Sachverhalt wissenschaftlich zu untersuchen eine ganz andere. Es ist schwierig genug, die komplexen Zeichenprozesse einer Inszenierung zu erfassen. Wie aber soll der Nachvollzug einer Aufführung in den Köpfen der Zuschauer untersucht werden? Die Suche nach Antworten auf diese Frage schlug sich in verschiedenen Ansätzen zur Publikums- und Rezeptionsforschung nieder, die sich in historische, empirisch-soziologische und rezeptionsästhetische Richtungen unterteilen lassen.

Untersuchungen zum Theaterpublikum im kulturhistorischen Sinne gab es im Rahmen der sozialgeschichtlich orientierten Theater- und Literaturforschung schon länger. Als Heinz Kindermann Ende der 50er Jahre eine Hinwendung zur theatergeschichtlichen Publikumsforschung verlangte, lagen für bestimmte Theaterepochen bereits Arbeiten vor (z. B. R. Weils *Das Berliner Theaterpublikum unter A. W. Ifflands Direktion (1796 bis 1814)* 1932; und A. Harbages *Shakespeare's Audience* 1941). Diese damals angedachte Art von Publikumsforschung war entweder historisch oder soziologisch orientiert. Kindermann legte Ende der 70er Jahre historische Untersuchungen zum Theaterpublikum der Antike, des Mittelalters und der Renaissance vor. Rezeptionsforschung interessiert sich dagegen für die ästhetischen und/oder psychologischen Prozesse, die im Zuschauer kollektiv und individuell während einer Theateraufführung ablaufen. Im folgenden werden nur die soziologisch-empirischen und rezeptionsästhetischen Ansätze vorgestellt.

6.1 Soziologische und empirische Ansätze

Der Münchner Theaterwissenschaftler Heribert Schälzky, der sich mit Problemen der empirischen Rezeptionsforschung beschäftigt, formuliert das Forschungsfeld so: „Die Aufführung [...] ist unseres Erachtens nur in den subjektiven Eindrücken, Meinungen, Vorstellungen der Rezipienten und Produzenten zum jeweiligen szenischen Produkt, zu den jeweiligen szenischen Prozessen faßbar" (1980: 9). Die methodologischen Konsequenzen dieser Begriffsbestimmung sind weitreichend, denn die Theaterwissenschaft muß sich die Aufgabe stellen, genau diese Eindrücke und Vorstellungen zu erfassen. Folgende Ansätze, die Rezeption im Theater zu erforschen, sind zu nennen:

- soziologisch: Rahmentheorie
- experimentell: das Messen von Reaktionen, Meinungen, Eindrücken mit Hilfe empirisch-quantitativer Methoden
- hermeneutisch: von Wissenschaftlern geleitete Diskussionen mit Zuschauern: *Theater talk*
- eine semiotisch-theoretische Katalogisierung der rezeptiven Codes im Theater.

Rahmentheorie Es ist naheliegend, daß sich theaterwissenschaftliche Publikumsforschung an die Soziologie und Psychologie wenden mußte, um mit ihrer Hilfe sowohl ihr theoretisches als auch ihr methodologisches Rüstzeug zu entwickeln. Aus dem Bereich der Soziologie haben sich die Arbeiten des Soziologen Erving Goffman als sehr einflußreich erwiesen. Vor allem dessen Untersuchung *Frame Analysis* (1974) (dt. *Rahmenanalyse*) stellt ein Begriffsinstrumentarium zur Verfügung, das sich auf die Theaterrezeption übertragen läßt. Nach Goffman strukturieren Menschen die vielfältigen ihnen begegnenden Situationen und Eindrücke durch eine Strategie, die er Rahmung nennt. Daß wir uns beim Spiel anders verhalten als beim Sektempfang oder im Theater, läßt sich auf eine kognitive und soziokulturell erlernte Fähigkeit zurückführen, mit der wir verschiedene Aktivitäten mit verschiedenen Rahmen definieren. Diese Rahmen enthalten eine Reihe von mehr oder weniger festgelegten und erlernbaren Regeln und Konventionen. Der Theaterrahmen spielt für Goffman eine besondere Rolle, weil er seine Theorie auf anschauliche Weise exemplifiziert. Das Verhalten im Theater zeichnet sich durch eine Reihe von komplexen Verhaltensweisen aus, die sowohl das Verhalten der Zuschauer untereinander als auch im Hinblick auf das Bühnengeschehen regeln. Dieses Verhalten ist in hohem Maße kulturspezifisch, auch innerhalb der euroamerikanischen Theaterkultur, wie jeder Besucher im italienischen Theater bestätigen kann.

Die Rahmentheorie des Soziologen Goffman wurde für die theatrale Rezeptionsforschung durch den holländischen Theaterwissenschaftler Henri Schoenmakers weiterentwickelt. Vier Hypothesen zum Theaterrahmen lassen sich nach Schoenmakers (1990) festhalten:

1. Rahmenkompetenz muß entwickelt werden: Die im Theaterrahmen relevanten Konventionen und Verhaltensweisen sind nicht angeboren, sondern müssen gelernt werden.
2. Rahmen sind kontingent: sie sind geschichtlichen Veränderungen unterworfen. Die Theatergeschichtsforschung interessiert sich für solche Brüche und Veränderungen im Theaterrahmen.
3. Kontingenz bezieht sich auf kulturelle Unterschiede: Die Elemente, Normen und Verhaltensweisen, die den Theaterrahmen konstituieren, sind keineswegs homogen, sondern erscheinen in kulturspezifischen Kombinationen.
4. Der Theaterrahmen bestimmt die kognitiven und emotionalen Reaktionen der Zuschauer. Handlungen auf der Bühne, auch wenn sie identisch mit Handlungen außerhalb des Theaterrahmens sind, werden nach den Gesetzen des Theaterrahmens verarbeitet.

Aufgelistet sind hier allgemeine Kodes und Verhaltensnormen. Nicht explizit berücksichtigt sind individuelle oder aufführungsspezifische Erfahrungen und Eindrücke, die zum Gebiet der empirischen Theaterforschung gehören.

In der empirischen Publikumsforschung lassen sich zwei Richtungen ausmachen:

empirische Ansätze

- soziologische Erhebungen zum Theaterpublikum
- experimentelle Erfassung von Zuschauerreaktionen.

Bei der soziologischen Vorgehensweise werden Zuschauer nach Geschlecht, Alter, Ethnizität usw. für bestimmte Theater, Städte und Regionen untersucht. Diese Art von Zuschauererhebungen spielen im Fernsehen eine ungleich wichtigere Rolle als im Theater (Berger 1977). Obwohl das Theater und sein Publikum den Gegenstand solcher Untersuchungen bildet, bleibt die Methodologie ausschließlich soziologisch-empirisch. Es stellt sich die Frage, ob für solche Untersuchungen eine spezielle theaterwissenschaftliche Zuschauerforschung notwendig sei, oder ob solche Aufgaben nicht vielmehr an die Soziologie delegiert werden könnten.

Erste Versuche zur Erfassung individuell-psychologischer Reaktionen im Theater wurden in den 50er Jahren in den USA mit einer sogenannten *response machine* durchgeführt. Zuschauer konnten während der Vorstellung auf einen Knopf drücken und ihre Bewertungen der Aufführung nach binären Kategorien wie gut/schlecht, lustig/nicht lustig usw. zum Ausdruck bringen. Daten wurden gesammelt und ausgewertet. In den 60er Jahren gab es vereinzelte Versuche, die affektive Dimension des Theaters mit differenzierteren, in der Werbung entwickelten Methoden zu erforschen. Untersucht wurde beispielsweise das Verhältnis zwischen Intentionsbild der Produzenten und Produktbild der Rezipienten. Bei dieser Methode werden Daten nach rein quantitativen Gesichtspunkten gesammelt und ausgewertet.

In den 70er Jahren gewannen empirische Ansätze an Bedeutung. Vor allem in den Niederlanden und in skandinavischen Ländern wurde mit der

Forderung nach Zuschauerforschung ernst gemacht und eine Reihe von experimentell ausgerichteten Methoden entwickelt. Dabei wurde versucht, die quantitativen mit qualitativen Techniken zu verbinden. An der Universität Stockholm beispielsweise wurde eine Methode namens *Theatre Talks* entwickelt. Es handelt sich um Diskussionen zwischen Zuschauern, die verschiedene Vorstellungen derselben Inszenierung besuchten. Subjektive Eindrücke und Urteile werden gesammelt und zu ‚harten' Daten wie Alter, Geschlecht, Bildungsstand usw. in Relation gesetzt.

Theatre Talks

Grundsätzlich muß unterschieden werden zwischen Methoden, die vor, während oder nach der Aufführung eingesetzt werden. *Theatre Talks* zum Beispiel ist eine *post-performance*-Methode wie auch die meisten Aktionen mit Fragebögen, die nach wie vor am weitesten verbreitete Methode. Zu den Methoden, die während der Aufführung eingesetzt werden, gehören neben der bereits genannten *response machine* die Verwendung physiologischer Meßgeräte, die am Körper des Zuschauers angebracht sind. Allerdings gehören letztere keineswegs zum Standardrepertoire theaterwissenschaftlicher Forschungsmethoden. Aus heutiger Sicht stellen solche empirischen Ansätze ein eher etwas merkwürdig anmutendes Kapitel der Wissenschaftsgeschichte dar.

Innovation

Dadurch daß die Reaktionen der Zuschauer zunehmend in das Blickfeld der Forschung rückten, ändern sich die Urteile im Hinblick auf Innovation, Ästhetik usw. Aus der Sicht einer differenzierten Rezeptionsforschung ist keine Aufführung an sich ästhetisch innovativ, sondern nur innovativ in Bezug auf die Rezeptionshaltung der anwesenden Zuschauer. Eine Experimentierbühne und ein Boulevardtheater können im Hinblick auf ihre jeweiligen Zuschauer durchaus analoge Funktionen erfüllen, obwohl ihre Produkte sicherlich nicht vergleichbar sind.

Die Konzentration der Rezeptionsforschung auf das Theaterpublikum, egal wie es definiert und erfaßt wurde, wurde innerhalb der Theaterwissenschaft nicht unwidersprochen akzeptiert. Die Rezeptionsforschung war hauptsächlich mit ihren methodologischen Fragen beschäftigt; die Anzahl der Forscher blieb relativ klein und, mit Ausnahme der Holländer, immer eine Minderheit. Deren Ergebnisse wurden von der *mainstream*-Theaterwissenschaft, den Theaterhistorikern, Aufführungsanalytikern und Theoretikern, kaum zur Kenntnis genommen. Dies scheint sich aufgrund neuerer Entwicklungen langsam zu ändern.

6.2 Rezeptionsästhetik

Ein wichtiger Schritt, die Kluft zwischen den sozialwissenschaflich orientierten Empirikern einerseits und den geistes- bzw. kulturwissenschaftlich ausgerichteten Hermeneutikern andererseits zu überbrücken, manifestierte sich im Versuch der Theatersemiotik, Fragen der Rezeption in ihre Theoriebildung zu integrieren. Es ging weniger um Rezeptionsforschung im empirischen Sinne als um die Adaptation der literaturwissenschaftlichen Rezeptionsästhetik in Anlehnung an die Konstanzer Schule, die mit dem Namen der Literaturwissenschaftler Wolfgang Iser und Hans Robert Jauss in

Verbindung steht. Das bisher interessanteste Theorie-Modell wurde von Patrice Pavis entwickelt (*Semiotik der Theaterrezeption* 1988). Pavis geht es nicht um den empirischen Zuschauer, sondern um den implizierten Zuschauer in Anlehnung an Wolfgang Isers „impliziten Leser". Die Theorie von Pavis basiert auf der Annahme, daß eine Inszenierung wie ein Buch eine eingebaute *Appellstruktur* enthält, die sich rekonstruieren läßt. Die Rezeptionsästhetik im allgemeinen geht von der durch sich verändernde Rezeptionsbedingungen bestimmten Offenheit des Bedeutungsangebots im Kunstwerk aus, das sich erst durch die Verschmelzung mit dem Erwartungs-, Verständnis- und Bildungshorizont des Zuschauers, Lesers oder Betrachters konkretisiert. Daher spricht Pavis von *Konkretisationen* im Prozeß der Theaterrezeption, durch welche die potentiell unbegrenzte Offenheit der Inszenierungen Bedeutungszuweisungen erhält.

Appellstruktur

Pavis wendet sich gegen eine streng informationstheoretisch ausgerichtete Theorie der Rezeption, die den Zuschauer als nur passiven Empfänger einer von der Bühne kodierten und ausgehenden Botschaft betrachtet. Anstelle eines einfachen Sender-Empfänger-Modells postuliert Pavis die Existenz verschiedener rezeptiver Kodes, die meistens gleichzeitig aktiv sind.

rezeptive Kodes

1) Psychologische Kodes bestimmen:
   a) die Wahrnehmung von Raum ($\Rightarrow$ Kap. 7) bzw. beeinflussen die Wechselbeziehung von Raum und Rezeption im Theater. Faktoren wie Blickpunkt und Perspektive im Zuschauerraum haben einen entscheidenden Einfluß auf die rezeptive Haltung;
   b) die Identifikation und das Vergnügen des Zuschauers an Illusion und der Schaffung von Phantasiewelten. Entscheidend ist hier der Anteil des Unbewußten an der Rezeption;
   c) den Erwartungshorizont: d.h. die Strukturierung der Erfahrungen, die der Zuschauer in die Aufführung mitbringt.
2) Ideologische Kodes beeinflussen:
   a) die Kenntnisse der dargestellten Wirklichkeit und die des Publikums;
   b) Mechanismen der ideologischen Konditionierung, vermittelt durch die Medien und durch Bildung;
3) Ästhetisch-ideologische Kodes umfassen:
   a) theaterspezifische Kodes einer Epoche, einer Bühnenform, einer Gattung oder eines Schauspielstils.
   b) Kodes, die die Beziehung zwischen Ästhetik und Ideologie regeln.

Besonders differenziert behandelt Pavis den letzten Aspekt der Kodierung. Zur Beziehung von Ästhetik und Ideologie schlägt er folgenden Fragenkatalog vor:

• Was erwartet der Zuschauer vom Theater?
• Was sucht er im Stück im Hinblick auf seine soziale Wirklichkeit?

- Welche Verbindung existiert zwischen einer Rezeptionsweise und der Struktur des Werkes, beispielsweise einer Brechtschen Technik der distanzierten Nicht-Identifikation?
- Wie läßt sich mit Hilfe der dramaturgischen und inszenatorischen Arbeit ein neuer ideologischer Kode erarbeiten, der einem heutigen Zuschauer Zugang zu einem älteren Werk ermöglicht?
- Warum privilegieren bestimmte Epochen bestimmte Gattungen (die Tragödie, die Komödie oder das Absurde)?
- Lassen sich unterschiedliche Modi theatraler Kommunikation differenzieren?

(Pavis 1996a: 290–292)

In den letzten Jahren hat es vermehrt Versuche gegeben, semiotische Inszenierungsanalyse mit empirischer Rezeptionsforschung zu verbinden. Zunächst werden nach Maßgabe der semiotischen Analyse Zeichenebenen untersucht. Die so erhaltenen Ergebnisse werden dann mit Zuschauerreaktionen verglichen, die normalerweise anhand von Fragebögen oder Diskussionen erfaßt werden. Die beiden Datensätze – die semiotische Analyse und die Zuschauerreaktionen – können dann zueinander in Beziehung gesetzt werden, um zu einer abschließenden Beurteilung der Inszenierung zu gelangen. Mit Hilfe eines solchen methodischen Ansatzes läßt sich die bestehende Dichotomie zwischen Produktions- und Rezeptionsästhetik zumindest partiell überwinden (Martin/Sauter 1995).

⇒ Lazarowicz 1977; Popp 1979; Pavis 1988; Schoenmakers 1986; 1990; Bennett 1990

7. Raum

> Alles geschieht hier [im Proszeniumstheater] in einem Interieur von erschlichener Offenheit, einem Innenraum, der von einem Zuschauer überrascht, belauert und gekostet wird, welcher im Dunkeln sitzt. Dieser Raum ist theologisch, es ist der Raum der Schuld.
>
> Roland Barthes, *Das Reich der Zeichen* (1981: 84)

Roland Barthes' Charakterisierung des abendländischen Theaters, zumindest in seiner dominanten räumlichen Ausprägung, erfaßt stichwortartig mehrere zentrale Begriffe der theaterwissenschaftlichen Raumdiskussion. Vor allem macht Barthes auf die enge Verknüpfung der räumlichen und spektatorischen Bedingungen des Theaters aufmerksam. Was ist aber der Raum des Theaters, welche Aspekte müssen berücksichtigt werden? Heute definiert die theaterwissenschaftliche Forschung das Raumproblem hauptsächlich im Sinne einer interaktiven Beziehung zwischen Zuschauer, Bühne und Zuschauerraum. Allerdings handelt es sich hierbei um eine relativ späte Erkenntnis.

Zunächst wurde die wissenschaftliche Diskussion weitgehend von rein *visuellen* Aspekten – Theaterarchitektur und Bühnenbild – bestimmt. Jedoch setzte sich allmählich die Erkenntnis durch, daß eine Untersuchung der visuellen Gestaltung des Theaters, sei es architektonischer oder szenographischer Ausrichtung, dem Raumproblem des Theaters keineswegs gerecht werden könnte. Bereits Ende der 20er Jahre identifizierte Max Herrmann das „Raumerlebnis" als Kernproblem der Theaterwissenschaft.   Raumerlebnis

> Bühnenkunst ist Raumkunst. Das darf aber nicht so verstanden werden, als ob die Darstellung des Raumes Selbstzweck im Theater sein könnte. [...] In der Theaterkunst handelt es sich nicht um die Darstellung des Raumes, sondern um die Vorführung menschlicher Bewegung im theatralischen Raum. Dieser Raum ist aber niemals oder doch kaum je identisch mit dem realen Raum, der auf der Bühne existiert [...] Der Raum, den das Theater meint, ist vielmehr ein Kunstraum, der erst durch eine mehr oder weniger große innerliche Verwandlung des tatsächlichen Raumes zustandekommt, ist ein Erlebnis, bei dem der Bühnenraum in einen andersgearteten Raum verwandelt wird. (1931: 153)

Dieses „Erlebnis" untersucht Herrmann entlang von vier verschiedenen Raumerfahrungen: der des Dichters, des Schauspielers, des Publikums und des Regisseurs. Herrmanns Betonung des Erlebnisaspekts unterstreicht auch, daß sich das theatrale „Raumproblem" nicht auf eine Beschreibung visueller Elemente reduzieren läßt, sondern als kommunikativer und erlebnisbezogener Vorgang zu begreifen ist.

In der Nachfolge Hermanns hat sich die Theaterwissenschaft daher bemüht, eine „Phänomenologie des Raums" (Flemming 1952) zu entwerfen, die sowohl historischen Erscheinungsformen als auch überzeitlichen Strukturmerkmalen gerecht wird. Inzwischen gilt es als Gemeinplatz der Theaterwissenschaft, daß die räumlichen Verhältnisse maßgeblich zum Scheitern oder Gelingen einer Aufführung beitragen können. Obwohl der Theaterraum in seinen verschiedenen Manifestationen Gegenstand zahlreicher Untersuchungen ist, sind bislang kaum verbindliche Ansätze entwickelt worden, die die Wechselbeziehungen zwischen Raum, Akteur und Zuschauer systematisch beleuchten. Die Begrifflichkeit oszilliert zwischen unterschiedlichen Ansätzen. Weitestgehend Einigkeit herrscht darüber, daß sich vier Raumkategorien unterscheiden lassen:

- theatraler Raum meint gewöhnlich die architektonischen Gegebenheiten des Theaters, das Gebäude, und umfaßt somit Zuschauer- und Spielraum der Akteure;
- szenischer Raum (oder Bühnenraum) bezeichnet das Spielfeld der Akteure einschließlich des Bühnenbilds;
- ortsspezifischer Raum (oder Aufführungsort) umfaßt die Einbettung des Theaterraums in den umgebenden kulturellen Lebensraum der Zuschauer;
- dramatischer Raum schließlich bezieht sich auf die im Theatertext niedergelegte Raumsemantik.

Die Reaktion der Zuschauer auf das theatrale Ereignis wird durch alle vier Faktoren in unterschiedlichem Maße beeinflußt. Im folgenden werden die ersten drei Faktoren näher behandelt. Fragen des dramatischen Raums gehören nicht im engeren Sinne zu den theaterwissenschaftlichen Arbeitsfeldern.

7.1 Theatraler Raum

Bereits beim Begriff des Theaterraums beginnt die terminologische Debatte innerhalb der Theaterwissenschaft. Das Wort „Theater" impliziert eine Orientierung an einem Gebäude oder festen Spielort, was aber bekanntlich für die Konstituierung von Theater keineswegs eine *conditio sine qua non* ist. Daher ist es nach Auffassung des amerikanischen Theaterwissenschaftlers Marvin Carlson sinnvoller, von „Aufführungsraum" (*performance space*) bzw. von „ludischem Raum" (*ludic space*) zu sprechen. Carlson definiert *ludic space* in möglichst weit gefaßten Parametern: „A permanently or temporarily created ludic space, a ground for the encounter of spectator and performer" (1989: 6). Damit werden auch flexiblere, nicht ortsgebundene Theaterformen wie Straßentheater erfaßt. Theater- oder Aufführungsraum wird somit als bedeutungsstiftender Begegnungsort verstanden, der neben der reinen Funktionalität des Gebäudes oder des temporär demarkierten Spielortes über ein ganzes Spektrum an Konnotationsebenen verfügt. Der Raum generiert spezifische soziale und kulturelle Bedeutungen, die wiederum auf das gesamte Theatererlebnis einwirken.

Für die theaterwissenschaftliche Forschung bildet die Kategorie des Theater- und Aufführungsraums das wohl wichtigste Untersuchungsfeld, da es dem interaktiven Moment im räumlichen Erlebnis des Theaters am deutlichsten Rechnung trägt. Das Theater hat grundsätzlich fünf räumliche Interaktionsformen zur Regulierung der Zuschauer-Darsteller-Beziehung hervorgebracht:

getrennt (Kino)   Konfrontation   Vorbühne   Arena   *environmental*
(Guckkastenbühne)

[Proszeniumsbühne]

Theater- und Aufführungsraum (nach Carlson 1987: 67).

Von diesen fünf Formen ist die Form des *environmental theatre* mit seinen unfixierten Räumen die jüngste und zugleich die älteste. Der Begriff stammt von Richard Schechner (1973) und meint ein flexibles Raumverhältnis, bei dem Zuschauer die Bühne(n) umgeben können und umgekehrt. Was Schechner als Reformmodell gegenüber der Proszeniumsbühne konzipiert, beschreibt zugleich jede Form von theatraler Interaktion außerhalb bestehender architektonischer Strukturen. Es gilt für jede Form von jahrmarktähnlichen Aufführungen, bei denen sich die Zuschauer frei bewegen und ihren „Blickpunkt" ohne vorherige Festlegung auswählen können. Innerhalb dieser fließenden räumlichen Grenzen schafft der Schauspieler einen „Spielraum" um sich. Auch wenn er nur wenige Zentimeter von den Zuschauern entfernt ist, bleibt auch dieser Schauspieler ein „Anderer", fremd und störend, denn er bewohnt einen anderen Raum – egal wie nah er dem Zuschauer physisch sein mag. Er demarkiert mit den ihm eigenen Regeln eine Welt, in die der Zuschauer nie eintreten kann.

<small>environmental theatre</small>

Die Geschichte des Theaterraums zeigt jedoch, daß die Flexibilität des *environmental theatre* in sogenannten Hochkulturen zumindest nur selten als Desiderat betrachtet wurde. Vielmehr zeigen sich verschiedene Bestrebungen, Blickperspektive und Zuschauer-Darsteller-Beziehung festzulegen und zu reglementieren. Die zugrundeliegenden Elemente setzen sich aus recht verschiedenen politischen, ästhetischen, religiösen und kulturellen Faktoren zusammen.

Das *Arenatheater* ist nach dem *environmental theatre* die Form, die die größte Integration von Bühnen- und Zuschauerraum bietet, obwohl auch hier eine grundsätzliche Trennung bestehen bleibt. Der Spielraum ist vom Publikum gänzlich umgeben. Da diese „umfassende" Sicht des Publikums nur noch die rudimentärste Form der szenographischen Gestaltung zuläßt, hat sich das Arenatheater in institutionalisierten Theaterformen nie vollständig etabliert. Die Arenaform ist vielmehr charakteristisch für temporäre Aufführungen wie das Straßentheater.

<small>Arenatheater</small>

Historisch weitaus signifikanter als Arena und *environmental theatre* sind Theaterräume, die sich einer *Vorbühne* bedienen. Mit dieser Art „Anbau" verlängert sich der Spielraum in den Zuschauerraum hinein, was zu einer, gegenüber der Proszeniumsbühne, veränderten Zuschauer-Darsteller-

<small>Vorbühne</small>

138 Teil II Theater als Kommunikationssystem

Beziehung führt. Auch wenn ein Bühnenbild präsent ist, nimmt der Zuschauer den Darsteller eher als Teil des Zuschauerraums und weniger als Bestandteil der Dekoration wahr. Da der Darsteller aus visueller Sicht in die fiktionale Welt der Bühne nicht vollständig integriert ist, wurde die Vorbühne im Zuge der Bekämpfung der barocken Illusionsbühne ab 1900 als Alternative propagiert. Ferner galt die Verlängerung der Bühne in den Zuschauerraum hinein – für die Theaterreformbewegung zumindest – als eine architektonische und metaphorische Überwindung der Publikum und Akteure trennenden Rampe.

hanamichi
    Eine besondere Form der Vorbühne stellt das japanische Kabuki-Theater mit seinem ‚Blumenweg' (*hanamichi*) dar. Das *hanamichi* lief durch das ganze Theater und ermöglichte ein Spiel der Darsteller mitten im Zuschauerraum. Diese Verlängerung der Hauptbühne in den Zuschauerraum hinein unterlag seit ihrer Einführung im 18. Jahrhundert einer Reihe architektonischer Veränderungen. Unverändert blieb jedoch das Grundprinzip, das aus europäischer Perspektive eine Überwindung der Rampe bedeutete:

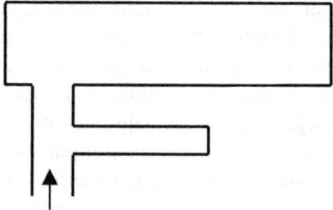

hanamichi des japanischen Kabuki-Theaters

Guckkasten
    Die Guckkasten- bzw. Proszeniumsbühne symbolisiert im Vergleich zu den anderen Formen ein Modell der Trennung zwischen Zuschauer und Darsteller. Was zunächst ein rein räumliches Faktum war und ist, wurde zunehmend ideologisiert und als Konfrontation im Sinne einer feindlichen Gegenüberstellung empfunden. Bei der Guckkastenbühne ist die Integration der Darsteller in die mimetisch-fiktionale Welt des Bühnengeschehens am deutlichsten ausgeprägt. Impliziert ist eine entsprechende Forderung an das Publikum, sich ebenfalls in diese Welt zu versetzen. Die Infragestellung der Proszeniumsbühne vollzieht sich um 1900 parallel zur Problematisierung des mimetisch-fiktionalen Modells in allen Kunstformen.

    Bei den erläuterten Modellen handelt es sich um eine strukturelle Sicht. Eine historische Perspektive auf den Theaterraum zeigt, daß sich diese Modelle keinesfalls gegenseitig ausschließen. Vielmehr läßt sich häufig ein Nebeneinander der verschiedenen Formen konstatieren. Im folgenden werden einige Stationen in der Entwicklung des Theaterraums skizziert.

Mittelalter
    Die räumliche Konfrontation von Akteuren und Zuschauern, die dem antiken Theater zugrundelag, wich im Mittelalter verschiedenen Raumkonzepten. Das in Kirchen und Kathedralen aufgeführte liturgische Drama integrierte die räumlichen und plastisch-ästhetischen Kodes des sakralen Raums.

Die komplexe Semiotik der Kirche, die den Kapellen, Altären, Krypten und Taufbecken einschließlich der Gesamtanlage des Baus festgelegte Bedeutungen zuweist – die östliche Achse weist nach Jerusalem und Eden, die westliche Achse verweist auf Tod und Auferstehung – fand in den dort sich ereignenden Aufführungen ihren Niederschlag. Das im Spätmittelalter sich entwickelnde Prozessions- und Passionstheater integrierte die Stadt selbst in seine räumliche Struktur. Gebäude und Straßen wurden zu Stationen des Kreuzes, der Marktplatz samt angrenzender Häuser, Treppen usw. wurde in Jerusalem verwandelt (Sarlós 1989).

Die Entwicklung neuer Theaterräume in der italienischen Renaissance vollzog sich im Zeichen einer intensiven Lektüre antiker Schriften, allen voran der *Zehn Bücher über die Architektur* des römischen Baumeisters Vitruv (84–33 v.u.Z.). Das wichtigste Ergebnis dieses Rezeptionsprozesses war die Wiederherstellung der Trennung von Bühnen- und Zuschauerraum. Letzterer wurde zunächst in Form eines halben Amphitheaters mit mehr oder weniger demokratischer Sitzordnung konzipiert, die dann zunehmend einer genau festgelegten gesellschaftlichen Rangordnung wich. Im 16. Jahrhundert perfektioniert sich das Trennungsmodell. Der Bühnenraum wird durch verschiedene Mittel vom Publikum entfernt. In dieser Zeit entstehen die *Rampe* und das *Proszenium*, die zusammen eine visuelle Barriere zwischen Bühnen- und Zuschauerraum etablieren. Beide Begriffe erhalten im ausgehenden 19. und beginnenden 20. Jahrhundert symbolische Bedeutungen als architektonische Zeichen für die imaginierte „vierte Wand".

Rampe
Proszenium

Während der Renaissance wurde ein weiteres Trennungselement, der *Theatervorhang*, eingeführt. Neben seinen theaterpraktischen und -ästhetischen Funktionen (Vorbereitung von Szenenwechsel und Herstellung von Theatereffekten) fungiert er als Metapher für das Theater schlechthin. Im Kontext der sich verändernden Konfigurationen des Theaterraumes markiert die Wiedereinführung des Vorhangs, den das römische Theater bereits kannte, einen grundlegenden räumlich bedingten Funktionswandel. In dem Moment, in dem der Bühnenraum dem Blick des Publikums zunächst vorenthalten wird, kündigt sich ein wahrnehmungsästhetischer Paradigmenwechsel an. Zuschauer- und Bühnenraum stehen bis ins 18. Jahrhundert hinein in einem Konkurrenzverhältnis. Im Hoftheater spielte sich das eigentliche Schauspiel im Zuschauerraum ab. Die Zuschauer beobachteten die anderen Zuschauer, deren Verhalten, Roben und Reaktionen. Dieses Konkurrenzverhältnis zeigt sich wohl am deutlichsten darin, daß der Zuschauerraum bis ins 18. Jahrhundert hinein heller beleuchtet war als der Bühnenraum. Die Aufführung mußte gleichsam um Aufmerksamkeit kämpfen. Ein wirksames Mittel war die visuelle Gliederung des Bühnengeschehens mittels effektvoller und durch Öffnen des Vorhangs unterstrichener *tableaux*.

Theatervorhang

In der Renaissance wurden auch die Weichen für die künftige Entwicklung in Europa gestellt. Das demokratische mittelalterliche Theater ohne schichtspezifische Zuschaueraufteilungen und z.T. ohne feste Zuschauerplazierung wurde aufgelöst und ersetzt durch eine streng reglementierte Sitzordnung sowie durch ein neues Verhältnis von Bühne und Zuschauer-

Fürstensitz

raum. Diese Aristokratisierung des Theaterraums in Europa zeigt sich nirgendwo deutlicher als im Konzept des *Fürstensitzes*. Die optimale perspektivische Wirkung hat man nur von einem Punkt aus: Die ganze Bühne und Ausstattung wurde um diesen Punkt, den Fürstensitz, herum ausgemessen und konstruiert. Somit war der schönste visuelle Kunstgenuß der herrschenden Klasse vorbehalten; andere Zuschauer bekamen nur eine verzerrte Sicht der „Bühnenwelt". Im ungünstigsten Fall waren die Zuschauer gezwungen, sich die Theatereffekte vorzustellen bzw. sich in den Blickpunkt des Fürsten zu versetzen (Carlson 1987: 70). Gewissermaßen erhält der Fürstensitz, egal ob es sich um die im Mittelpunkt des Zuschauerraums befindliche erhöhte Dias oder die Fürstenloge des Barocktheaters handelt, als Fokalpunkt des Zuschauerblicks potentiell eine größere Bedeutung als das Bühnengeschehen selbst, das ohnehin nicht immer einsehbar war.

Bei Formen des Theaterraums, die Zuschauer und Darsteller gegenüberstellen (Guckkasten- und Vorbühne), läßt sich ein weiteres räumliches Strukturierungsmerkmal feststellen. Solche Theaterräume weisen sowohl für die Zuschauer als auch für die Darsteller einen zwischen Außen- und Spielwelt angesiedelten Zwischenraum auf. Dieser für beide Seiten notwendige Übergang dient der physischen und mentalen Vorbereitung auf die Aufführung. Dort schminken sich die Schauspieler und vertiefen sich in ihre Rollen; die Zuschauer legen ihre Garderobe ab, lesen vielleicht das Programmheft oder, im Falle einer Opernaufführung, gewahren die gerade vorgenommenen Umbesetzungen der Sänger. Die Entwicklung solcher Räume hat sich als ästhetisch und kulturell notwendig erwiesen, einerseits um den Übergang von der Lebenswelt in die zunehmend komplexer werdenden und große mentale Konzentration erfordernden fiktionalen Welten des Bühnengeschehens zu erfassen, andererseits um der gesellschaftlichen Funktion des Theaters Rechnung zu tragen.

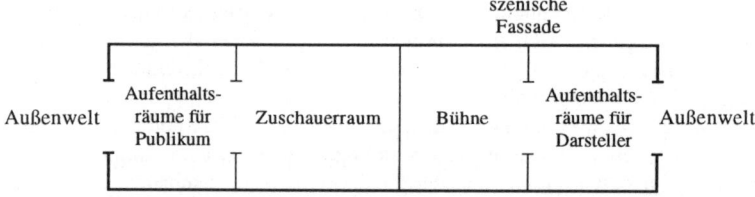

Struktur des Theaterraums (nach Carlson 1987: 68)

szenische
Fassade

Ein weiteres Strukturmerkmal der meisten Theaterräume ist die im Diagramm verzeichnete „szenische Fassade". Diese bezieht sich auf die normalerweise dekorierte Fläche, die hinter den Darstellern angebracht ist und den Bühnenraum vom Aufenthaltsraum trennt. Manchmal war und ist die szenische Fassade nur ein Vorhang (Sanskrit-Theater, Commedia dell'arte, Straßentheater). Im römischen und Renaissance-Theater war es ein fest installiertes Architekturelement mit Türen oder Torbogen (z.B. die *scenae frons* im römischen Theater oder die sieben Türen des Teatro Olimpico in Vincenza).

Der Theaterraum wird heute als eine flexible Größe betrachtet. Neue Theaterbauten tragen häufig der Multifunktionalität der Zuschauer-Darsteller-Beziehung Rechnung, indem sie von vornherein mehrere Theaterräume konzipieren. Das im Jahre 1973 eröffnete englische Nationaltheater verfügt beispielsweise über drei Theaterräume, die jeweils verschiedene Funktionen erfüllen. Vergleichbare Flexibilität weist der 1981 eröffnete Mendelssohn-Bau der Berliner Schaubühne auf. Dasselbe trifft leider für die meisten Stadt- und Staatstheater im deutschsprachigen Raum mit ihren barocken Logen und Guckkastenbühnen nicht zu. Diese Theaterräume spiegeln wohl am deutlichsten die museale Funktion des Theaters als Konservierungsstätte eines schichtenspezifischen Bildungsguts wider. Trotz mehrfachen Wiederaufbaus handelt es sich beinahe ausnahmslos um Theaterräume des 18. oder 19. Jahrhunderts. Den im 20. Jahrhundert ununterbrochen geäußerten Forderungen nach einer Raumbühne konnte selten entsprochen werden.

Theaterraum heute

7.2 Bühnenraum

Der Bühnenraum gliedert sich aus theaterwissenschaftlicher Sicht in zwei grundlegende Untersuchungsfelder: In den *Bewegungsraum* der Darsteller und in den *Schauraum* für die Zuschauer. Während der Schauraum (der für den Zuschauer sichtbare Raum) den Bewegungsraum (der von den Darstellern physisch genutzte Raum) meistens umfaßt, gilt dies nicht umgekehrt. Was aus wahrnehmungsästhetischer und -psychologischer Perspektive eine Einheit zu bilden scheint, erweist sich bei näherem Hinsehen, zumal aus Sicht der historischen Entwicklung des Bühnenraums, als eine aufeinander bezogene Wechselbeziehung, die keinesfalls als ein einheitlicher Raum betrachtet wurde. Im extremsten Fall, wie beispielsweise beim szenographischen Theater des G. N. Servandoni (1695–1766), der auf Darsteller gänzlich verzichtete, kann der Bühnenraum ausschließlich Schauraum sein.

Die Theaterwissenschaft beschäftigt sich in erster Linie mit dem Bereich des Schauraums, vor allem dem Bühnenbild. In Kooperation mit der Kunstwissenschaft liegen zahlreiche Untersuchungen zum Bühnenbild vor, die je nach Ansatz häufig kunstgeschichtliche Fragen akzentuieren. Besonders die ältere Bezeichnung für Bühnenbild – *Dekoration* bzw. Dekor – deutet darauf hin, daß ihm nur dekorativ-ornamentale Funktionen zugemessen wurden. Der Begriff Bühnenbild wird zunehmend durch die Bezeichnung *Szenographie* abgelöst, die das Zusammenwirken von Bild, Licht und Raum einschließlich technischer Fragen umfaßt und der heutigen Inszenierungspraxis gerecht wird (⇒ Kap. 9.1).

Bühnenbild

Szenographie

142 Teil II Theater als Kommunikationssystem

Das europäische Theater kennt grundsätzlich zwei Bühnenräume:

- die *Sukzessionsbühne* bezeichnet eine Bühnenform, bei der alle Schauplätze nacheinander auf derselben Bühne abfolgen und Ortswechsel durch Auf- und Abtritte der Schauspieler bzw. durch Dekorationswechsel angedeutet werden.
- die *Simultanbühne* bezeichnet ein räumliches Nebeneinander der Schauplätze, die jeweils einen konkreten Ort darstellen. Die Bühnenhandlung selbst muß sich nicht unbedingt zeitgleich vollziehen, obwohl dies auch möglich ist. Diese Bühnenform steht aus historischer Perspektive vor allem mit dem mittelalterlichen Theater in Zusammenhang.

Das Theater der italienischen Renaissance führte die Sukzessionsbühne wieder ein. In dem Streben nach einer szenischen Vereinheitlichung des Orts ist der Einfluß der antiken Theatertheorie unübersehbar. Die Wiederentdeckung des Sukzessionsprinzips und Ablösung der Simultandarstellung der geistlichen Spiele sind paradigmatisch für den Wandel vom mittelalterlichen Weltbild zu dem der Renaissance. Anstatt eines bunten Durcheinanders von Zuschauern und Spielern, in dem sich die Grenzen zwischen Zuschauerwelt und Spielwelt, Zuschauerraum und Spielraum häufig verwischten, führt die akademisch-höfische Renaissance-Bühne eine klare Demarkierung der beiden Bereiche wieder ein. Das mitgehende, miterlebende mittelalterliche Publikum wird ersetzt durch einen distanziert betrachtenden Theaterzuschauer, vor dem die Dramenhandlung an einem Ort vor einer Bühnendekoration abrollt. Die Hinwendung zum Sukzessionsprinzip geht mit einem neuerwachenden Geschichts- und Wissenschaftsbewußtsein einher, das auf ein Interesse am kausalen Denken zurückzuführen ist. Die Sukzessionsbühne der Renaissance entspricht zunehmend dem Wunsch nach nachvollziehbaren Abbildern der historischen oder zeitgenössischen Wirklichkeit.

Bühnenformen

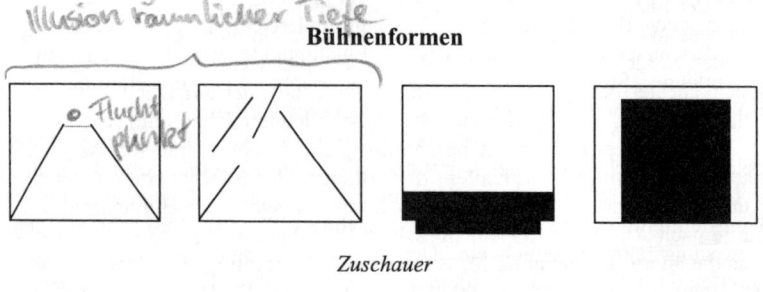

Zentralperspektive Winkelperspektive Reliefbühne Raumbühne

Perspektivdekoration

Die zweite Innovation der italienischen Renaissance hinsichtlich des Bühnenraums war die Einführung der Perspektivdekoration. Dabei handelt es sich um eine grundlegende Veränderung hinsichtlich des Schauraums, die aber gleichzeitig den Bereich des Bewegungsraums entscheidend beeinflußte. In der Theorie wie der Praxis der Perspektive vereinen sich einige der wichtigsten Grundzüge der Renaissance. Begriffe wie Harmonie, Proportion und die Vermeidung aller Verzerrung fanden darin ihren Ausdruck genauso wie die Einbeziehung wissenschaftlich-mathematischer Prinzipien in künstlerische Überlegungen. Die Einführung der Perspektivbühne bewirkte einen grundlegenden Anschauungswandel beim Künstler und Kunstbetrachter. Dabei läßt sich ein Prozeß der Verengung der Optik beobachten. Die Optik der Bühnenwelt gleicht nun zunehmend der Optik eines Gemäldes: Das Proszenium übernimmt dabei die Rolle des Bilderrahmens.

Bei der Entwicklung der Perspektivbühne als Schauraum, also ab ca. 1508, befaßten sich Architekten mit dem Problem, die perspektivische Wirkung des statischen Bildes mit der Präsenz lebender Darsteller in Einklang zu bringen. Die Perspektive wurde durch Schauspieler, die im hinteren Teil der Bühne agierten und dort die dargestellten Gebäude überragten, verzerrt. Dem eigentlichen Bewegungsraum waren enge Grenzen gesetzt, was dazu führte, daß das Spiel vor und nicht neben den Kulissen stattfand. Bis Ende des 19. Jahrhunderts gab es immer wieder Versuche, dieses Problem dahingehend zu lösen, daß man als Erwachsene verkleidete Kinder im hinteren Teil der Bühne agieren ließ.

Die Perspektivbühne weist zwei grundsätzliche Formen auf: die *Zentral-* und die *Winkelperspektive*. Beiden Formen gemeinsam ist das Bestreben, bildliche Gegenstände (Häuser, Räume, Landschaften) auf einer zweidimensionalen Fläche so darzustellen, daß die Illusion räumlicher Tiefe entsteht. Die Zentralperspektive, die im 16. Jahrhundert entwickelt wurde, bündelt den Blick auf einen hinter dem Prospekt gelegenen *Fluchtpunkt*. Alle Sichtlinien laufen auf diesen einen Punkt zu. Der Nachteil der Zentralperspektive liegt darin, daß sie eigentlich nur von einem Punkt im Zuschauerraum aus, normalerweise dem Fürstensitz, seine vollkommene Wirkung entfaltet. Auch bleibt die visuelle Wirkung recht statisch. Die Winkelperspektive dagegen, auch als *scena per angolo* bekannt, ist eine von italienischen Bühnenbildnern im 17. Jahrhundert entwickelte Technik, die den Zuschauerblick auf verschiedene Fluchtpunkte aufteilt. Nach hinten verlaufende Straßen und Räume suggerieren eine Erweiterung des Bühnengeschehens über den tatsächlich einsehbaren Raum hinaus.

Die Perspektivbühne wurde nach 1900 durch zwei Lösungsmodelle abgelöst: die flache mit einer Vorbühne arbeitende Reliefbühne und die auf Perspektivmalerei verzichtende Raumbühne. Die um 1900 von Jugendstil-Künstlern entwickelte Reliefbühne (⇒ Balme 1988: 207–208) schränkt den Bewegungsraum erheblich ein. Der Schauspieler agiert auf einem engen Streifen der Haupt- und vor allem auf einer Vorbühne. Die anvisierte ästhetische Wirkung ist die eines antiken Reliefs, bei dem die plastischen Figuren hervorstehen. Die Verflachung des Bewegungsraums sollte die Schauspieler den Zuschauern näher bringen und dadurch die „Einheit" von beiden begünstigen. Die Reliefbühne und die mit ihr verwandten Formen blieben ohne nachhaltigen Einfluß. Heute sind sie vorwiegend in Theatergattungen wie

Marginalien: Verzerrung; Zentralperspektive; Fluchtpunkt; Winkelperspektive; Reliefbühne

Kabarett und Vaudeville anzutreffen, wo einzelne Darsteller vor einem Vorhang agieren.

Raumbühne Die Raumbühne in ihrer potentiell unbegrenzten Konkretheit oder Abstraktheit hat mehr als alle anderen Bühnenformen das Theater im 20. Jahrhundert geprägt. Mit der Abschaffung der perspektivischen Wirkung löst die Raumbühne die Trennung von Schau- und Bewegungsraum auf und läßt zu, daß der Bühnenraum unbegrenzt bespielbar wird. Wichtigster Theoretiker der Raumbühne ist Adolphe Appia mit seiner Forderung nach einer dreidimensionalen „praktikablen" Bühne, bei der bewegliche Elemente wie Treppen, Podien usw. eingesetzt werden können. Sie sind Spiel- und Beleuchtungsfläche zugleich.

In den 60er und 70er Jahren ließ sich eine Tendenz beobachten, auch die Begrenzungen der Raumbühne zu überschreiten. Inszenierungen, die auf jegliche Dekoration oder ästhetische Gestaltung verzichteten, die die nackte Wand freilegten und gar die Türen zur Außenwelt eröffneten, versuchten durch Erweiterung über die Beschränkung des Theatergebäudes hinaus den alten Gegensatz Kunst versus Leben als ein vornehmlich räumliches Problem zu entlarven.

Dieser Prozeß räumlicher Erweiterung scheint sich im Zeitalter des multimedialen Theaters noch zu verschärfen. Aufgrund der Möglichkeiten, Rundfunk- oder Fernsehsendungen ins Bühnengeschehen live einspeisen zu können, die heute durch Internet ergänzt werden können, wird die Raumfrage erneut zum zentralen ästhetischen Experimentierfeld. Durch die Möglichkeiten der Vernetzung kann der Bühnenraum – theoretisch zumindest – in die Welt des Internets integriert werden. In dem Moment, wo der Bühnenraum mit anderen Medien in Realzeit verknüpft wird, ist er nicht nur symbolischer und praktischer Ort, sondern auch ein thematischer. Angesichts solcher Experimente und Möglichkeiten plädiert Petra Maria Meyer dafür, auch von einer „metatheoretischen Funktion" des Bühnenraumes zu sprechen:

> Wenn weder von Bühnenbildern noch von Dekoration zu sprechen ist, der Raum nicht mehr Schauplatz einer Geschichte und nicht nur Aktionsraum für den agierenden Schauspieler ist, wird die Art und Weise, wie hier Raum hergestellt wurde und ob die Beschaffenheit und Gemachtheit des Raumes sich selbst thematisiert, signifikant. (1997b: 122–23)

7.3 Der Ort des Theaters

Die Bedeutungsdimensionen des Theaters hängen nicht nur von den im Innenraum sich konstituierenden Faktoren ab. Von ebenso großer Bedeutung ist die Positionierung des Theaterraums in der kulturellen, zumeist städtischen Umgebung. Theater ist Bestandteil der „kognitiven Kartographie" einer Stadt. Das heißt, ein Aufführungsort wird durch seine Integration in das Bezugssystem der urbanen oder ländlichen Umgebung definiert. Diese Position im zumeist städtischen System beeinflußt entscheidend die Herausbildung rezeptiver Kodes, also die Erwartungshaltung der Zuschauer, denn sie trägt maßgeblich dazu bei, welche Zuschauer ein Theater überhaupt besuchen. Die Geschichte der räumlich-kulturell strukturierten Interaktion zwischen Zuschauern und Darstellern wäre eine Geschichte darüber, wie sich in verschiedenen Kulturen zu verschiedenen Zeiten bestimmte Faktoren wie Lokalisierung des Theaters oder Größe und Form des Theaterraums verändern.

Eine Beschäftigung mit dem Aufführungsort im hier geschilderten Sinne gehört zu den jüngsten Entwicklungen in der Theaterwissenschaft. Fischer-Lichte (1983a) beispielsweise untersucht Raum als bedeutungserzeugendes System in einem semiotischen Dreischritt: Topologie, Geometrie und Morphologie des Raums. Nach dieser Aufteilung entspräche ihre Kategorie der Topologie dem Begriff des Aufführungsorts. Die bisher ausführlichste Studie zum Aufführungsort legt Marvin Carlson in seinem Buch *Places of Performance* (1989) vor, in dem er der Leitfrage nachgeht: „How do theatres mean?" Carlson untersucht eine Reihe bedeutender Theatergebäude von der Renaissance bis heute im Hinblick auf ihre Einbettung in das semiotische System der städtischen Umgebung.

Semiotik

Die wohl wichtigste Grundbedingung der Möglichkeit einer räumlich konditionierten Bedeutungszuweisung ist die Existenz kulturbedingter Raumordnungen. Raum ist, um mit Ernst Cassirer zu sprechen, eine der grundlegenden „symbolischen Formen". Wie bei allen Symbolen ist auch Raum in hohem Maße kulturabhängig: Jede Kultur hat ihre eigene Art und Weise, Raum zu organisieren und semantisch zu belegen. Verschiedene Theatertheoretiker griffen auf Cassirers Begriff des mythischen Raums zurück, um die Abgegrenztheit von theatralem Raum gegenüber der Alltagskultur zu beschreiben. Entwicklungsgeschichtlich gesehen wandelte sich der Aufführungsort vom sakralen zum ästhetischen Raum. Der sakrale Raum definierte sich nach Cassirer durch seine Abgrenzung von der Alltagswelt mittels eines Aktes der Grenzsetzung, die der Heiligung vorausgehe:

Raum als symbolische Form

> Die Heiligung beginnt damit, daß aus dem Ganzen des Raumes ein bestimmtes Gebiet herausgelöst, von den anderen Gebieten unterschieden und gewissermaßen religiös umfriedet und umhegt wird. Dieser Begriff der religiösen Heiligung, die sich zugleich als räumliche Abgrenzung darstellt, hat seinen sprachlichen Niederschlag im Ausdruck des *templum* erhalten. Denn templum (griech. τεμενος) geht auf die Wurzel τεμ ‚schneiden' zurück. (⁴1964: 123)

Die Nähe des Theaters zum *templum* ist vor allem im antiken Griechenland deutlich. Auch war in den mittelalterlich-liturgischen Dramen, die im Kirchenraum aufgeführt wurden, das Theater vom *templum* räumlich nicht zu trennen.

Die Beispiele des antiken und des liturgischen Theaters illustrieren zwei weitere grundlegende Unterscheidungen hinsichtlich der Analyse des Aufführungsorts als Bedeutungssystem.

Teil II Theater als Kommunikationssystem

Funktion

Es gibt Theater, die 1) ausdrücklich als Theaterbau errichtet und 2) diejenigen Räume, „die zur Realisierung einer anderen praktischen Funktion geschaffen wurden, aber vorübergehend oder dauernd als Theater Verwendung finden" (Fischer-Lichte 1983a: 137). Die Frage der Funktion führt entweder „nach innen", zu weiteren Fragen des Theaterraums oder „nach außen" zu Überlegungen hinsichtlich der Einbettung des Gebäudes in den kulturellen Ort. Zum Beispiel hing die Form der Shakespeare-Bühne weniger mit den Erfordernissen der Dramatik zusammen als mit der Notwendigkeit, das Gebäude notfalls in eine Tierhatzarena verwandeln zu können, wenn sich die Theateraufführungen finanziell nicht mehr rentierten (Buck 1990: 191). Diese Tatsache verweist auf den Funktionszusammenhang des elisabethanischen Theaters, das sich in einem kulturellen System behaupten mußte, indem das Theater nicht nur als hohe Kunst, sondern als eine Möglichkeit der Volksbelustigung betrachtet wurde. Die Existenz oder die Absenz spezieller Theatergebäude in einer Gesellschaft oder Kultur gibt vor allem Auskunft über den Stellenwert des Theaters.

Im Vergleich zum elisabethanischen Theater waren die Theaterbauten der italienischen Renaissance temporäre Konstruktionen, die innerhalb fürstlicher Residenzen errichtet wurden. Daher waren sie dem „Normalbürger" ohne Einladung nicht einmal sichtbar, geschweige denn zugänglich. Erhaltene Beispiele sind das Fürstentheater in Sabbionetta oder das Teatro Olimpico in Vincenza. Als Bestandteil der dortigen Akademie war letzteres ebenfalls „verborgen". Die Stadt München verfügt heute noch über solche versteckte Theaterbauten. Man braucht nur das im Herzen der Münchener Residenz gelegene Cuvilliés-Theater dem nur wenige Meter entfernten aber unübersehbaren Nationaltheater gegenüberzustellen, um den Funktionswandel des höfischen Theaters hinsichtlich seiner städtebaulichen Einordnung zwischen dem 18. und 19. Jahrhundert zu studieren. Insgesamt steht die Frage der theatralen Kartographie und der kulturellen ‚Geometrie' der Großstädte zunehmend im Blickpunkt theaterwissenschaftlicher Forschung (Van den Berg 1991).
Heute hat sich nicht nur aus der Sicht der Theaterwissenschaft die Erfahrung durchgesetzt, daß sich Theater grundsätzlich überall ereignen kann. Die Wahl des Aufführungsorts kann sogar das Theatererlebnis entscheidend negativ oder positiv beeinflußen. Diese Einsicht ist das Ergebnis einer historischen Entwicklung, die Ende des 19. Jahrhunderts einsetzte, als Festspiele an kulturell und politisch bedeutsamen Orten aufgeführt wurden, und die bis heute anhält. Aufgabe der Theaterwissenschaft ist es, diesen vielfältigen durch die Interaktion von Raum und Publikum erzeugten Bedeutungsebenen nachzugehen.

Teil III Theaterwissenschaft als interdisziplinäre Wissenschaft

8. Theater- und Medienwissenschaft

Als eines der ältesten Medien hat das Theater mehrere Medienwechsel, verschiedene Technologieveränderungen und zahlreiche Innovationsschübe überstanden: Sei es die Einführung des Buchdrucks oder die Herausforderung durch Film, Radio oder Fernsehen. Dabei waren diese Veränderungen und Austauschprozesse keineswegs immer durch Ablehnung und Abgrenzung gekennzeichnet. Häufig orientierte sich das jeweils neue Medium in der Darstellung seiner Unterhaltungsfunktion zunächst am bestehenden Leitmedium Theater und speziell seiner sprachlich-literarischen Dimension, bevor es seine eigenen Formen entfaltete. Das Theater wiederum reagierte immer damit, bestimmte Elemente des neuen Mediums in seine ästhetischen und organisatorischen Dimensionen zu integrieren.

Obwohl sich das Theater seit Anfang des Jahrhunderts im ständigen Austausch und verschärften Konkurrenzverhältnis mit anderen Medien befindet, hat sich die theaterwissenschaftliche Forschung bis vor kurzem schwergetan, diese Wechselbeziehungen zu einem Forschungsgegenstand zu erklären. Diese zögerliche Haltung läßt sich fachgeschichtlich und fachpolitisch verstehen. Wie bereits mehrfach deutlich wurde, gab es seitens des Fachs intensive Bemühungen, das Wesen des Theaters auf die Minimalformel von Eric Bentley – A spielt B, während C dabei zuschaut – zu reduzieren. Bei diesen Bemühungen bestand ein handfestes Interesse seitens der Theaterwissenschaft, alle anderen Formen medialer Verwandtschaftsbeziehungen fernzuhalten. Diese wissenschaftstheoretische Gegenstandsbestimmung traf sich Ende der 60er Jahre mit theaterästhetischen Entwicklungen. In der Theaterpraxis ging es in jener Zeit darum, ein Theater zu schaffen, das auf seine „wesentlichen" Elemente rekurrierte: Peter Brooks Ästhetik des Theaters als leerer Raum oder Jerzy Grotowskis Experimente mit einem ‚armen' Theater sind die beiden prominentesten Beispiele dafür.

Institutionell gesehen, gab es zwei Reaktionen auf die Herausforderungen durch die neuen, technischen Medien. Entweder schotteten sich die theaterwissenschaftlichen Institute ab und besannen sich auf den medienspezifischen Auftrag, oder man bezog die neuen Medien ein, allerdings nicht im integrativen Sinne, sondern schlicht im Additionsverfahren. Das Institut für Theaterwissenschaft in Köln beispielsweise wurde umbenannt in das Institut für Theater-, Film- und Fernsehwissenschaft. Anstatt das Verhältnis des Theaters zu den anderen Medien oder umgekehrt der anderen Medien zum Theater zu bestimmen, wurde jedes Medium für sich erforscht. Die Gründe für diese Tendenzen in Forschung und Lehre lassen sich fach- und ästhetikgeschichtlich erklären. Die Explikation dieser Faktoren bildet die Grundlage dieses Kapitels. Grundsätzlich kann festgestellt werden, daß der Dialog zwischen der Theater- und der Medienwissenschaft bzw. die Be-

Umbenennung von Instituten

gründung der Theaterwissenschaft als Medienwissenschaft gerade erst begonnen hat. Nach den heftigen Debatten der späten 60er und frühen 70er Jahre, die, wie bereits gesagt, an den meisten Instituten zu einer Berücksichtigung der anderen Medien im Lehrangebot führten, wurde es still um die Frage der Beziehung zwischen dem Theater und den anderen Medien. Ungefähr seit Mitte der 80er Jahre gewinnt diese Frage jedoch wieder an Bedeutung. Das Interesse der Theaterwissenschaft wurde besonders von multi- bzw. intermedialen Experimenten in der Theater- und Medienkunst wieder geweckt. Am Ende des Jahrhunderts stehen das Theater und seine Wissenschaft vor einem Paradigmenwandel von medialer Spezifität zum Modell der Intermedialität. Theater steht nun schärfer als je zuvor im Medienvergleich (⇒ Büscher 1994).

8.1. Zum Medienbegriff
Ein grundsätzliches Problem, das die Definition der Theater- als Medienwissenschaft erschwert, ist die Klärung und Präzisierung des Begriffs Medium. Je nach Verwendung und Fragestellung können höchst unterschiedliche Medienbegriffe zugrundegelegt werden. Dies ist allerdings kein spezifisches Problem der Theaterwissenschaft, sondern es gilt, wie in einer Einführung zur Medientheorie konstatiert wurde, für die Medientheorie und –wissenschaft generell: „Selbst der Begriff ‚Medium' wird nicht einheitlich verwendet, die verschiedenen Definitionen stellen entweder die *Technik* oder die *Funktion* oder auch die *Inhalte* in den Vordergrund. Folglich kann von ‚der Medientheorie' nicht die Rede sein" (Kloock/Spahr 1997) (Hervorhbg. C. B.).

Angesichts der Vielzahl der im Umlauf befindlichen medientheoretischen und -wissenschaftlichen Ansätze lassen sich zunächst nur einige grundsätzliche Unterscheidungen bzw. Tendenzen feststellen. Das Problem des Mediums bzw. der Medialität wird in der Theaterwissenschaft begriffen als:

- Speicherung, Übertragung und Rezeption von Informationen
- die Beziehung zwischen Technologie und menschlichem Körper bzw. menschlichem Wahrnehmungsvermögen.

Kommunikationsmodell

Die Frage der Speicherung, Übertragung und Rezeption von Information ist nach wie vor das dominante Arbeitsfeld innerhalb der Medienwissenschaft. Im deutschsprachigen Raum befaßt sie sich vor allem mit den Massenmedien, ist daher informationstheoretisch bzw. kommunikationssoziologisch orientiert und geht zunächst davon aus, daß ein Medium in erster Linie das Gelingen von kommunikativen Akten ermöglicht. Obwohl vielfach modifiziert, kann das folgende Modell noch eine gewisse Gültigkeit beanspruchen.

$$Q \Rightarrow S \Rightarrow K \Rightarrow E \Rightarrow R$$
$$\text{Kode}$$

a) Informationsquelle (Q)
b) Sendegerät (S)
c) Kanal (K)
d) Empfangsgerät (E)
e) Empfänger (R)
f) Kode = Vereinbarung über die zu benutzenden Zeichen

Das Interesse der Medienwissenschaft richtet sich auf die Verknüpfung der Kommunikationsvorgänge zwischen a) und e) unter Verwendung eines Kodes f), wobei ein eindeutiger Schwerpunkt auf e), der Aufnahme von Nachrichten beim Empfänger im Sinne der Meinungsbildung liegt. Obwohl dieser informations- bzw. kommunikationstheoretische Medienbegriff von der Dramen- und Theatersemiotik vielfach verwendet wurde ($\Rightarrow$ Kap. 6), ist er inzwischen heftig kritisiert worden und damit in Verruf gekommen. Die Kritik richtet sich vor allem gegen die Vorstellung von theatraler Kommunikation als einfachem Prozeß der Informationsübertragung.

Trotz der offensichtlichen Unzulänglichkeiten eines informationstheoretischen Medienbegriffs berühren sich verschiedene Arbeitsfelder der Theaterwissenschaft implizit, wenn nicht explizit, mit medienwissenschaftlichen Fragestellungen. Die Frage der Beziehung zwischen Technik und dem menschlichen Körper bietet für die Theaterwissenschaft den zur Zeit wichtigsten Anknüpfungspunkt an die Medientheorie. Dabei wird der menschliche Darsteller als ‚Medium' definiert und dessen Kommunikation bzw. Interaktion mit einem Theaterpublikum an einem bestimmten Ort als eine Frage der Medialität bezeichnet ($\Rightarrow$ Kap. 6).

Technik und Körper

Der Medienwissenschaftler Knut Hickethier konstatiert, für die literatur- und kunstwissenschaftliche Verwendung des Begriffs ‚Medien', worunter auch die Theaterwissenschaft zu subsumieren wäre, spiele der technische Aspekt bislang eine untergeordnete bzw. gar keine Rolle:

> Vielmehr schließt der Begriff auch die Gestaltung von Stoffen und Inhalten sowie die Ästhetik im weitesten Sinne mit ein. Das literatur- und theaterwissenschaftliche Interesse am Medium Fernsehen ist zunächst in den Produkten, in den hier vorzufindenden Erzähl- und Darstellungsweisen, in der Verwendung von Kamera und Montage als die Erzählung und Darstellung gestaltende und strukturierende Mittel begründet und darin, wie durch die besondere Form der Übermittlung die ästhetische Wahrnehmung des Werks in ganz neuer Weise geprägt wird. (1988: 60)

Ästhetik

Wenn der Medienbegriff, wie Hickethier zu Recht konstatiert, beinahe synonym für ästhetische Gestaltungs- und Wahrnehmungsweisen verwendet wird, dann stellt sich die Frage, worin eigentlich der Gewinn des medienbezogenen Ansatzes liegt, wenn nicht in der Präzisierung der „besonderen Form der Übermittlung", die durch technische Faktoren beeinflußt ist. Auf das Theater übertragen, hieße es wohl, dieser durch technisch-apparative Faktoren beeinflußten Form der Übermittlung eine größere Aufmerksamkeit als bisher zu schenken.

8.2 Theater im Medienvergleich

Die folgende Übersicht zeigt einige für das Theater konstituitive mediale Elemente und deren Adaptation durch die neuen Medien des 20. Jahrhunderts. Bei den hier genannten Kategorien – fiktionaler Status, Dramaturgie, mediale Spezifizität sowie Status des Darstellers – handelt es sich um theaterrelevante Faktoren. Selbstverständlich haben die einzelnen Medien zahlreiche andere Fragen und Schwerpunkte entwickelt, die für das Theater wiederum von geringer Bedeutung sind (vgl. Pavis 1987).

	fiktionaler Status der Produkte	mediale Spezifizität	Darsteller: Körper und Stimme
Theater	ausschließlich fiktional	Erst im 20. Jh. bewußte Suche nach einer spezifischen ‚Theatersprache'.	Produktion und Wahrnehmung unmittelbar
Radio	Koexistenz von ‚reiner' Information und ‚reiner' Fiktion mit zahlreichen Kontaminationen	technologische, aber keine thematische oder pragmatische Spezifizität	Körper auf Stimme und Ohr reduziert
Kino	Unterscheidung zwischen Dokumentar- und Spielfilm	Suche nach einer Filmsprache, die ausschließlich auf dem Bild basiert	photographierter Körper: Effekt des Realen
Fernsehen	vgl. Radio	anfängliche Suche nach einer televisuellen Ästhetik	wie Kino
Video	Koexistenz von Information und Fiktion (video-clips; Einlagen in Theaterstücken)	Suche nach Spezifizität z.B. Experimente mit Montage, elektronischer Bildverarbeitung	häufig Verzerrung bzw. künstlerische Verarbeitung von Körper und Stimme

Fiktionaler Status Das Theater bzw. die dort aufgeführten Inhalte definieren sich beinahe ausschließlich fiktional. Daher unterscheidet man zwischen Kommunikations- und Kunstmedien, wobei das Theater heute eindeutig als Kunstmedium zu bezeichnen ist. Ein wichtiger Aspekt des fiktionalen Status des Theaters betrifft seine Nähe zum Realen im Vergleich zu den technischen Medien. Die Gleichzeitigkeit von realen Zuschauern und Darstellern, ihre physische Ko-Präsenz, wird als zentrales, medienspezifisches Merkmal des Theaters ins

Feld geführt. Der Live-Aspekt konterkariert in gewisser Weise die ausschließliche Fixierung auf die Präsentation fiktionaler Inhalte. Aus medientheoretischer Sicht besteht ein produktives Spannungsverhältnis zwischen medialer Form und historisch gewachsenen inhaltlichen Konventionen.

In den Medien Radio und Fernsehen, die vorwiegend Kommunikationsmedien sind, gibt es eine programmimmanente Trennung mit Markierungsstrategien, um die Bereiche Information und Fiktion klar voneinander zu unterscheiden. Diese Trennung ist nicht wesensimmanent, sondern ergibt sich pragmatisch aus der Doppelverwendung der Medien. Diese gab es früher auch im Kino, als ein Kinoprogramm aus sieben oder auch mehr verschiedenen Programmtypen bestand, und informationelle und fiktionale Inhalte relativ wahllos vermischt wurden. Dieses ‚bunte' Programm reduzierte sich später auf Wochenschau und Spielfilmkomponenten, letztere bestehend aus einem seriellen Kurzfilm und einem Hauptfilm, heute nur noch aus Werbung und Spielfilm.

<small>Information und Fiktion</small>

Da der Rundfunk dieses Mischverhältnis noch beibehält, sind die Markierungsmomente zwischen Information und Fiktion von großer Bedeutung. Es gibt nicht nur Ankündigungen durch die Sprecher, die nonfiktionalen Programmtypen sind vor allem ständig darauf bedacht, diesen Status des ‚Realen' aufrechtzuerhalten. Dies führt dazu, daß sich Zuschauer sehr selten täuschen, wenn sie mitten in eine Sendung ‚hineinzappen'. Verwirrung tritt kaum auf, da zahlreiche ästhetische Signale eine korrekte Orientierung gewährleisten. Sendungen, die diesen Code bewußt destabilisieren, haben Skandalcharakter, wie beispielsweise die legendäre von Orson Welles produzierte Hörspielfassung von *War of the Worlds* nach dem Roman von H. G. Wells, die von den Rundfunkhörern als authentischer Bericht aufgenommen wurde.

Für die Theaterwissenschaft ist die Frage des fiktionalen Status' des Mediums Theater immer noch wichtig, obwohl es hier keine Verwirrung zu geben scheint. Es handelt sich um ein historisch bedeutendes Thema. Häufig wird vergessen, daß die Unterscheidung zwischen Realität und Fiktion im Theater jahrhundertelang ein Dauerproblem war, und deren Markierung bzw. Verwischung eine mediale Strategie beinhaltete, die die Fragilität des Theaterrahmens immer wieder exponierte. Die Markierung zeigt sich noch sehr deutlich in den Prologen zu Theaterstücken. Hier werden Fiktionalisierungsstrategien und die Erläuterung von Theaterkonventionen direkt thematisiert, wobei die Sprecher der Prologe nicht der fiktionalen Handlungsebene zugerechnet wurden. Vergleichbar den Sprechern im Rundfunk befanden sie sich auf einer Ebene des Dazwischen, zwischen Figuren und Publikum. Im englischen Theater des 17. und 18. Jahrhunderts waren es häufig Sprecherinnen (wie heute im Fernsehen), und an ihnen entzündete sich die Kritik der puritanischen Theaterfeinde. In den Debatten wird über das Theater als Medium gesprochen, und nicht nur über die in ihm vermittelten fiktionalen Inhalte (⇒ Collier in: Lazarowicz/Balme 1991: 539–40).

Teil III Theaterwissenschaft als interdisziplinäre Wissenschaft

mediale Spezifizität

Die Frage nach medialer Spezifizität gehört zu den wichtigsten und zugleich schwierigsten Fragen bei der Diskussion um das Verhältnis von Theater zu den anderen Medien. Der Begriff der medialen Spezifizität besagt, daß jedes Medium über eigene Gesetze verfüge, die – und das ist der entscheidende Punkt – die ästhetische Gestaltung im jeweiligen Medium prägen sollte. Die ästhetisch wertvollsten Filme sind demnach diejenigen, die die Besonderheiten des Mediums Kino durch Kamera, Montage usw. ausnutzen. Die Frage der medialen Spezifizität hat in unserem Jahrhundert ästhetische Diskurse in jeder Kunstform geprägt. Im Zuge der Moderne, in der Repräsentierbarkeit und mimetische Nachahmung als verbindliche ästhetische Normen zunehmend irrelevant erschienen, verlagerte sich die Diskussion von Repräsentation und Geschmack auf Probleme der medialen Spezifizität. Obwohl diese Frage im 20. Jahrhundert eine besondere Prägnanz erhält, ist sie somit keineswegs ein Produkt technologischer Innovationen.

ästhetische Funktion

Die Idee, daß bestimmte Medien spezifische ästhetische Funktionen erfüllen, wird z.B. bereits von Lessing in seiner Schrift *Laokoon* (1766) formuliert. Lessing ist bemüht, Dichtung und bildende Kunst fein säuberlich voneinander zu trennen, nicht nur phänomenologisch, sondern auch im Hinblick auf ihre ästhetischen Ausdrucksmöglichkeiten, die er anhand ihrer Medialität festmacht. Obwohl Lessing die Möglichkeit der Vermischung der Ausdrucksmittel konstatiert – Malerei könne Handlungen, die Poesie Körper darstellen –, will er den *eigentlichen Gegenstand* der jeweiligen Medien festlegen. Demnach soll die Dichtung ihre wahre Erfüllung in der Darstellung von Handlungen, also von Ereignissen in der Zeit finden, während die bildende Kunst die Darstellung von Körpern, also räumlichen Dingen, bevorzugt. Lessing reagiert auf die bis dahin herrschende *ut pictura poesis*-Formel, die die Malerei eng an die Normdiktate der klassizistischen Dichtungspoetik bindet.

Übertragen auf die ästhetischen Diskussionen im 20. Jahrhundert bedeutet diese Vorstellung, das Verhältnis von Ästhetik und Medium bestehe vor allem im Bestreben nach medialer Reinheit, in der Suche nach Essenzen. Sowohl das Theater als auch der Film waren in diesen Prozeß der Selbstdefinition im Zeichen medialer Spezifizität eingebunden. Die Schriften zur Inszenierung von Adolphe Appia und Edward Gordon Craig bedienen sich mit etwas unterschiedlicher Akzentuierung des Gestus' der medialen Reinheit: „Die Kunst der Inszenierung ist die Kunst in den Raum zu projizieren, was der Dramatiker nur in die Zeit projizieren konnte," schreibt Adolphe Appia mit unüberhörbaren Anklängen an Lessings grundsätzliche Unterscheidung (Appia in Lazarowicz/Balme 1991: 438). Zeitgleich proklamiert Max Herrmann Anfang der 20er Jahre aus der Sicht der Theaterwissenschaft, Theaterkunst sei Raumkunst ($\Rightarrow$ Kap. 7), obwohl die damals herrschende Meinung besagte, Theaterkunst sei Wortkunst.

Die technischen Medien befanden sich in einem vergleichbaren Begründungszwang, insofern sie sich als Kunstformen legitimieren wollten. Rudolf Arnheims klassischer filmtheoretischer Text – *Film als Kunst* (1932) – beispielsweise redet der Verabsolutierung der visuellen Gestaltungsmöglichkeiten des Mediums Film das Wort. Arnheim betont vor allem die Kamera-Einstellungen und die Montage als Beweis für mediale Spezifizität und damit für den *Kunststatus* des Films. Diese Legitimationsstrategien wiederholen sich mit dem Aufkommen jedes neuen Mediums. Im Bereich des Hörfunks ergaben sich aus der Notwendigkeit der Beschränkung auf das akustische Zeichensystem zunächst Live-Übertragungen von Theateraufführungen, und erst später wurden dramaturgische Formen wie etwa das Hörspiel entwickelt, die der medialen Spezifizität Rechnung trugen.

Körper und Stimme gelten im Theater als unhinterfragbare Zeichen für die Unmittelbarkeit des Mediums, während in den audiovisuellen Medien, zumal den digitalen, Manipulationen beider Ausdrucksmittel bis zur völligen Auflösung und Neukonstituierung (*morphing*) möglich sind. Obwohl die Stimme des Bühnendarstellers seit der Einführung des Mikrophons technisch stark verändert werden kann, wird diese Form der Mediatisierung im Medienvergleich kaum berücksichtigt. Allerdings besteht die künftige und noch nicht absehbare Entwicklung in der Wechselbeziehung zwischen der digitalen Technik und dem theatralen Darsteller. In dem Maße, wie die Digitalisierung mit ihren potentiell unbeschränkten Darstellungs- und Veränderungsmöglichkeiten die audio-visuellen Medien beherrscht, ist es unwahrscheinlich, daß das Theater davon unberührt bleibt. Allerdings gibt es Stimmen, die wie z. B. der Berner Theaterwissenschaftler Andreas Kotte im Theater eine letzte Insel authentischer Kommunikation sehen. Die digitale Revolution läßt die alte Konkurrenz zwischen Theater und den audio-visuellen Medien im wahrsten Sinne des Wortes ‚alt' aussehen:

Körper und Stimme

Digitalisierung

> Die Revolution, die das Zeitalter der Konkurrenz zwischen Theater und Fernsehen beendet, geschieht gegenwärtig. Sie ist vor allem an das Objekt gebunden, das 3-D-Scanner genannt wird. Bei Computer-Bildfolgen behauptet niemand mehr, dass es sich um eine Interaktion mit anderen Menschen wie im Theater handele, interagiert wird mit Geräten. Was mit Zeichentrickfilmen begann, über die Kombinationen von Trickfiguren und Schauspielern in Spielfilmen und einzelne schauspielerähnliche, aber synthetisch erzeugte Figuren fortgeführt wurde, mündet in die Filmherstellung mit dem Drehort Computer. [...] *Die Selbstfindung des Mediums [Computer] besteht im zunehmenden Verzicht auf die Schauspielerin und den Schauspieler.* Sie ist erreicht, wenn sich auf Leinwänden und Bildschirmen wirkliche Personen (z.B. Schauspieler) mit synthetischen Figuren tummeln und wir als Zuschauer beide Gruppen nicht mehr zu unterscheiden vermögen. Damit endet die Konkurrenz zwischen Theater und Medien. Sie haben sich dann in Reinheit und Schärfe voneinander getrennt. (Kotte 1995: 13)

Nach dieser Lesart bleibt der Darsteller des Theaters in seiner Ko-Präsenz mit den Zuschauern der Garant für die Integrität des Mediums. Der Bühnendarsteller lasse sich nicht digitalisieren. Ob das so kommen wird, bleibt abzusehen. Was jenseits aller Zweifel steht, ist die Tatsache, daß das heutige Theater mehr denn je die Grenzen ohne diesen anscheinend kleinsten gemeinsamen Nenner testet. Im Zeichen zunehmender intermedialer Experimente – man denke an die Ko-Präsenz von Marionetten und Schauspielern oder die Vermischung von Live- und Video- bzw. Filmsequenzen auf der Bühne – zeigt, daß die Reduzierung des Theaters auf den ‚lebendigen' Darsteller den Möglichkeiten des Mediums zum *intermedialen* Austausch keinesfalls gerecht wird.

8.3 Intermedialität

Intermedialität ist ein Thema, das seit dem letzten Jahrzehnt im geistes- und medienwissenschaftlichen Diskurs eine große Konjunktur erlebt. Der neue Forschungsansatz geht von der Annahme aus, mediale Spezifizität im oben genannten Sinne sei ein wissenschaftliches Konstrukt und habe mit den eigentlichen ästhetischen Mechanismen wenig zu tun. Die Diskussion setzte in den 80er Jahren ein und bezog sich zunächst auf die Wechselbeziehung von Text und Bild und später auf die Beziehungen von Literatur und Film. In jüngster Zeit knüpfen einige Ansätze seitens der Theaterwissenschaft an diese Diskussion an. Über den Begriff der Intermedialität findet ein erneuter Versuch statt, die Theaterwissenschaft als Teil einer hermeneutisch orientierten Medienwissenschaft zu definieren.

Ein grundsätzliches Problem stellt nach wie vor die begriffliche Klärung dar. Folgende Positionen lassen sich feststellen:

- Intermedialität bezieht sich auf jede Transposition eines Stoffes oder eines Textsegments aus einem Medium in ein anderes.
- Intermedialität ist eine besondere Form der Intertextualität.
- Intermedialität ist gegeben, wenn versucht wird, in einem Medium die ästhetischen Konventionen und/oder Seh- und Hörgewohnheiten eines anderen Mediums zu realisieren.

Medienwechsel Beim erstgenannten Intermedialitätsbegriff – der Transposition von Inhalten zwischen Medien – handelt es sich im strengen Sinne um *Medienwechsel* und nicht um Intermedialität. Beispiele hierfür wären Literaturverfilmungen oder die Verfilmungen bzw. die Aufzeichnung von Theaterstücken. Seit Ende der 60er Jahre besteht eine intensive Forschungsaktivität zu der Behandlung literarischer Stoffe in verschiedenen Medien.

Die Bezeichnung von Intermedialität als eine Form der *Intertextualität* ist u.a. auf den Medienwissenschaftler Karl Prümm zurückzuführen. In seinem Aufsatz „Intermedialität und Multimedialität" (1988) definiert Prümm Intermedialität als Transposition eines (oder mehrerer) Zeichensysteme in ein anderes. Bei der Frage nach intermedialen Transformationen geht es ferner um das Problem, „wie die immer beschleunigteren Transpositionen in immer vielfältigere mediale Verzweigungen die Bedeutungskonstitution entscheidend verändern" (1988: 96). Allerdings sind die Begriffe „Transposition" und „mediale Verzweigungen" zu allgemein formuliert, so daß das Spezifische an intermedialen Prozessen nicht zu präzisieren ist. Da inzwischen die Literaturtheorie Intertextualität als „Normalfall" literarischer Textproduktion und -rezeption auffaßt, stellt sich die immer noch unbeantwortete Frage, wie sich der Begriff auf das Verhältnis zwischen Medien profitabel anwenden läßt.

Intermedialität bezeichnet im engeren Sinne die Umsetzung medialer Konventionen eines oder mehrerer Medien in ein anderes. Das Phänomen der Intermedialität in dieser Lesart hat Bertolt Brecht bereits 1931 in seiner Schrift *Über den Dreigroschenprozeß* auf die einfache Formel gebracht: „Der Filmsehende liest Erzählungen anderes. Aber auch der Erzählungen schreibt, ist seinerseits ein Filmsehender. Die Technifizierung der literarischen Produktion ist nicht mehr rückgängig zu machen" (1967, 18: 156). Ersetzt man das Wort „Erzählungen" mit Theatertexten, „der Filmsehende" mit anderen Medien im allgemeinen, dann ist auch das Konzept der Intermedialität erfaßt. Was Brecht als „filmisches Schreiben" bezeichnet, wäre dann als Simulation filmischer Konventionen in einem nicht-filmischen Medium zu definieren, als Kollision dieser subjektiven Kinoästhetik mit den strukturellen Voraussetzungen des Dramas und den medialen Gegebenheiten des Theaters.

Brecht

Daß eine Debatte über Intermedialität ausgerechnet während der 20er und 30er Jahre entstand, resultiert aus dem zwangsläufigen Reflex auf die technischen Neuerungen, die die ästhetische Wahrnehmung grundlegend veränderten: Walter Benjamins einflußreicher Aufsatz *Das Kunstwerk im Zeitalter seiner technischen Reproduzierbarkeit* (1936) ist die wohl wichtigste medienästhetische Äußerung zu diesem Komplex.

Walter Benjamin

Zur besseren Erklärung intermedialer Verflechtungen muß zunächst zwischen technologischen und ästhetischen Einflüssen unterschieden werden:

Technologischer Einfluß: Hier geht es um die Frage, wie ein älteres Medium auf ein neues reagiert. Neue Medien, die durch technologische Innovationen entstehen, schaffen neue Möglichkeiten, auf die ältere Medien entweder ablehnend oder annehmend reagieren. Das zuvor dominante Medium – am Anfang unseres Jahrhunderts war das sicherlich das Theater – ist gezwungen, sich neu zu orientieren, da die neuen Medien ihre Wirkungskraft unter anderem aus der Möglichkeit beziehen, größere Zuschauermassen erreichen zu können.

Ästhetischer Einfluß: Der technologische Fortschritt hat zweifelsohne ästhetische Konsequenzen, die unterschiedlich ausfallen. Es gibt verschiedene Möglichkeiten der ästhetischen Reaktion:

- direkte Konfrontation oder Assimilation: Man filmt Theater ab.
- indirekte Modifikation: Bestimmte Kodes des älteren werden in das neue Medium übernommen. Die ersten Filmdrehbücher hießen bezeichnenderweise ‚Kinodramen'.

- Rückwirkung auf das alte Medium: Schreiben für das Theater ändert sich beispielsweise unter dem Einfluß des Films.
- Ablehnung: Sowohl die alten als auch die neuen Medien schotten sich zunehmend ab und besinnen sich auf die eigene mediale Spezifizität.

Hörspiel Die Möglichkeiten intermedialer Beziehungen können anhand der Geschichte des Hörspiels kurz erläutert werden. Das Theater findet in einem ersten Schritt über Live-Übertragungen bestehender Theaterinszenierungen Eingang in den Hörfunk. Im zweiten Schritt macht sich der Einfluß des Dramas auf die Hörspieldramaturgie bemerkbar. Es handelt sich um zunächst geringfügige und dann immer signifikantere Modifikationen dramaturgischer Konventionen. In den Anfängen des Hörspiels gab es eine kuriose Engführung von Wahrscheinlichkeitspostulaten und Dramaturgie mit dem Ergebnis, daß die frühen Hörspiele fast ausnahmslos in Bergwerken, Tunneln oder in sonstigen Situationen spielten, bei denen der Gesichtssinn außer Kraft gesetzt wurde. Die Geschichte des Hörspiels verläuft also über die Emanzipation von der Theaterdramaturgie hin zur Entwicklung einer „akustischen Kunst" ($\Rightarrow$ Meyer 1997a).

Was die Rückwirkungen auf das Theater betrifft, so ist der Einfluß des Radios auf das Theater vor allem im Bereich der Tongestaltung zu suchen. Das Mischen von komplexen Tonspuren auf Tonbändern wurde hauptsächlich in den Hörfunkstudios entwickelt, fand aber sehr schnell Eingang in die Inszenierungspraxis des Theaters und des Films. Auch die Theaterdramaturgie blieb von den technischen und ästhetischen Entwicklungen im Hörfunk nicht unbeeinflußt, was jedoch bisher nur unzureichend erforscht worden ist. Es besteht kein Zweifel, daß moderne Dramaturgie eine Tendenz zum episodenhaften, zur Montage, zu schnellen Szenenwechseln usw. aufweist. Was oft als filmischer Einfluß bezeichnet wird, könnte ebensogut der Hörspieldramaturgie entstammen, bedenkt man, daß in vielen Ländern Dramatiker ihren Lebensunterhalt immer noch mit dem Schreiben für den Hörfunk finanzieren. Intermediale Wechselbeziehungen dieser Art ließen sich für alle Medien durchspielen und fast endlos variieren, was allerdings nicht mehr zum Bereich der Theaterwissenschaft gehören würde.

$\Rightarrow$ Albersmeier 1992; Eicher/Bleckmann 1994; Müller 1995; Helbig 1998; Vardac 1987; Brandstetter et al. 1998; Brewster/Jacobs 1998;

9. Theater- und Kunstwissenschaft

Theater- und Kunstwissenschaft treffen sich auf denjenigen Gebieten, die im weitesten Sinne mit der visuellen Komponente des Theaters zu tun haben. Grundsätzlich können die klassischen Arbeitsfelder der Kunstwissenschaft – Malerei, Graphik, Plastik, Architektur – von theaterwissenschaftlichem Interesse sein. Dabei läßt sich eine Grobeinteilung zwischen *theaterwissenschaftlicher Bildforschung* einerseits und *Theaterarchitektur* andererseits vornehmen. Theaterwissenschaftliche Bildforschung umfaßt sowohl die Erforschung von Bildern als einem besonderen zu erschließenden Quellentypus als auch die Interpretation der Bilder. Theatergeschichtliche Bildquellen gliedern sich zunächst in zwei Hauptkategorien: diejenigen, die im Hinblick auf eine Theateraufführung entstanden sind, wie beispielsweise Bühnenbild- und Kostümentwürfe und Bilder, die versuchen, Theater darzustellen. Da die beiden Kategorien einen recht unterschiedlichen quellenkritischen Status haben – bei der ersten handelt es sich um Dokumente des theatralen Entstehungsprozesses, bei der zweiten um künstlerische Repräsentation – gliedert sich die Bildforschung wiederum in zwei Unterdisziplinen: Szenographie und Theaterikonographie. Szenographie befaßt sich im wesentlichen mit Bilddokumenten und -material, das während der Vorbereitungsphase einer Theateraufführung erarbeitet wird. Theaterikonographie beschäftigt sich im weitesten Sinne mit Bildern, die das Theater und sein Umfeld abbilden. Dazu gehören auch Bilder wie Schauspielerporträts, die nicht unbedingt einer konkreten Aufführung zugeschrieben werden können.

Das Forschungsgebiet der Theaterarchitektur umfaßt sowohl bestehende Theatergebäude als auch die Untersuchung alter Theaterbauten wie der antiken Theater, bei denen sich die Kooperation mit der Archäologie anbietet. Die Erforschung älterer bestchender Theater berührt sich auch mit denkmalpflegerischen Aufgaben und Interessen. Theaterarchitektur als Untersuchungsgegenstand umfaßt ästhetische Fragen einerseits und bautechnische Überlegungen andererseits.

9.1 Szenographie und Theaterarchitektur
Der Begriff Szenographie meint sämtliche bildliche und plastische Elemente, die im Theater den Schauplatz der Handlung in realistischer, symbolischer oder abstrakter Weise darstellen. Sie umfaßt Bühnenbild, Licht- und Kostümgestaltung. Auch wenn diese Elemente in der Praxis heute von verschiedenen Künstlern ausgeführt werden und zu jedem Bereich eine eigenständige Forschungstradition vorliegt, tragen sie zusammen zum visuellen Gesamteindruck einer Theateraufführung bei. Weil die Gestaltung solcher Aufgaben historisch gesehen oft in den Händen namhafter bildender Künstler lag, gehört die Erforschung dieser Aspekte des Theaters in den Kompetenzbereich sowohl der Theater- als auch der Kunstwissenschaft. Eine genaue Aufgabenteilung zwischen den Disziplinen läßt sich daher nicht definieren. Allerdings gehörten Fragen des Bühnenbildes und des Theaterkostüms sicherlich nicht zu den bevorzugten Forschungsfeldern der Kunst-

wissenschaft. Der Arbeit der Szenographie haftete aus der Sicht der älteren Kunstwissenschaft der ‚Makel' der angewandten Kunst an. Die wesentlichen Forschungsergebnisse zur Szenographie sind (mit einigen nennenswerten Ausnahmen) von der Theaterwissenschaft erbracht worden. Dennoch spielen kunstwissenschaftliche Kenntnisse in diesen Forschungen eine wichtige Rolle.

<small>Wechselbeziehung von bildender Kunst und Theater</small>

Bereits die erste Generation von Theaterwissenschaftlern in Deutschland und anderswo widmete sich szenographischen Aspekten des Theaters. In Deutschland ist auf Joseph Gregor, Paul Zucker, Carl Niessen und Hans Heinrich Borcherdt hinzuweisen, die sich mit der Wechselbeziehung von bildender Kunst und Theater befaßten. Von dieser Gruppe ist vor allem Borcherdt hervorzuheben, der in seinen historischen Studien *Der Renaissancestil des Theaters* (1926), *Theater und bildende Kunst im Wandel der Zeiten* (1931), *Das europäische Theater im Mittelalter und in der Renaissance* (1935), Theatergeschichte auf der Grundlage von Bildquellen betrieb. Die Theatergeschichtsschreibung zu markanten Epochen wie der Renaissance oder dem Barock zeichnete sich in der ersten Phase durch eine verständliche Konzentration auf szenographische Aspekte aus. Günter Schönes Untersuchung zur Perspektivbühne (*Die Entwicklung der Perspektivbühne von Serlio bis Galli-Bibbiena*) aus dem Jahr 1933 basierte auf den von den Künstlern selbst verfaßten Handbüchern zur Perspektivdekoration. Mit seiner großangelegten Studie zur barocken Theaterkunst (*Barocktheater und barocke Kunst: Die Entwicklung der Fest- und Theaterdekoration in ihrem Verhältnis zur barocken Kunst*, 1939) zeigte der Kunsthistoriker Hans Tintelnot, daß das Theater für die Kunstgeschichte ein wichtiger Untersuchungsgegenstand sein konnte. Der Amerikaner George Kernodle demonstrierte in seiner Untersuchung zur Wechselbeziehung von Kunst und Theater im Übergang von Spätmittelalter zur Frührenaissance (*From Art to Theatre: Form and Convention in the Renaissance*, 1944), wie Konventionen und Arbeitspraktiken der bildenden Kunst die Herausbildung frühneuzeitlicher Theaterformen beeinflußten.

Die Beispiele machen deutlich, daß sich die bisherige historische Forschung zur Szenographie weitgehend an kunsthistorischen Epochengrenzen orientiert. Dort, wo sich eine enge Zusammenarbeit zwischen namhaften Künstlern und dem Theater feststellen läßt, liegen Forschungen aus beiden Fächern vor. Neben den bereits genannten Epochen Renaissance und Barock weisen die Theaterreformbestrebungen des Neoklassizismus um 1800, die antirealistischen Ansätze der Theatermoderne (Adolphe Appia, Edward Gordon Craig) sowie die szenographischen Arbeiten von Künstlern aus den verschiedenen Strömungen der bildenden Kunst der ersten Hälfte des 20. Jahrhunderts – Expressionismus, Futurismus, Kubismus, Surrealismus – künstlerische Zeugnisse von besonderer Bedeutung für Theater- und Kunstwissenschaft auf. Die „Wiederentdeckung des Theaters" durch führende Künstler der Moderne – von Munch, Kandinsky, Picasso, Dali bis hin zu Hockney – garantierte, daß die Kunstwissenschaft an der Theatergeschichte dieses Jahrhunderts bedeutenden Anteil haben mußte.

<small>Theatermoderne</small>

> ⇒ Rischbieter 1968; Pochat 1990; Simhandl 1993; VomBruch 1996

Theaterarchitektur (auch Theaterbau genannt) gehört neben der Szenographie zu den ureigensten theatergeschichtlichen Arbeitsgebieten. Der Theaterbau reguliert auf entscheidende Weise die Kommunikation zwischen Darsteller und Zuschauer (⇒ Kap. 7.1), ist aber auch ein Ort ästhetischer Gestaltung und daher für die Kunstwissenschaft von Interesse, insofern sich in der Theaterarchitektur alle wesentlichen kunsthistorischen Epochen widerspiegeln. Berücksichtigt die Theaterwissenschaft grundsätzlich jede theaterbauliche Erscheinungsform, so hat sich die Kunstwissenschaft auf bestimmte noch stehende Bauten spezialisiert. Dazu gehören die intakten Gebäude aus der Renaissance (das von Palladio entworfene Teatro Olimpico in Vicenza oder das Fürstentheater in Sabbioneta) sowie eine größere Zahl an aus dem 17. und 18. Jahrhundert stammenden Theatern. Von Palladio über Schinkel bis hin zu Semper und Litttmann gehörte der Theaterbau zu den prestigeträchtigsten Aufträgen für Architekten. Theaterarchitektur und Theaterreform sind häufig auf das engste miteinander verknüpft und stellen für den Kunst- und Theaterhistoriker einen besonders fruchtbaren Untersuchungsgegenstand dar.

Theaterarchitektur

> ⇒ Leacroft 1985; Albrecht et al. 1991; Matthes 1995

9.2 Theaterikonographie

Theaterikonographie ist eine Unterdisziplin theatergeschichtlicher Bildforschung. Sie befaßt sich mit Bildquellen (im Gegensatz zu schriftlichen oder mündlichen Quellen), die über die Theaterkultur einer Epoche Aufschluß geben. Ihr Untersuchungsgegenstand ist das Theater als Thema der bildenden Kunst. Das von der Theaterikonographie untersuchte Bildmaterial ist vielfältig und deckt sich potentiell mit den Interessen des Kunsthistorikers. In der Praxis hat sich das Interesse der Theaterhistoriker jedoch auf bestimmte gegenständliche Bildquellen konzentriert, wie beispielsweise Vasenmalerei (Antike), illustrierte Manuskripte (Mittelalter), Skizzen, Holzschnitte, Stiche, Malerei, Lithographie, Karikatur und Fotografie.

Das Forschungsgebiet der Theaterikonographie geht zurück auf die erste Generation von Theaterhistorikern, die sich mit der Wechselbeziehung von Kunst und Theater beschäftigten. Kunsthistoriker wie Oskar Fischel und Theaterhistoriker wie Werner Kelch (*Theater im Spiegel der bildenden Kunst,* 1938) entdeckten das Theater als Thema der bildenden Kunst und gingen mit ihren Überlegungen über rein quellenkundliche Probleme hinaus.

Theaterikonographische Forschung gliedert sich in folgende Phasen:

1. Entdeckung und Identifizierung von Bildquellen zur Rekonstruktion der ‚Wirklichkeit' der Theatergeschichte. Diese Quellen bebildern in rein illustrativer Weise Theatergeschichtsbücher und wurden nur selten quellenkritisch überprüft.
2. Propagierung von Theaterikonographie als selbständige Sammlungs- und Archivierungstätigkeit. Die Notwendigkeit umfangreicher und wissenschaftlich abgesicherter Bildsammlungen wurde bereits Ende der 50er Jahre von Heinz Kindermann betont (1957). Erst in jüngster Zeit wird diese Forderung mit Hilfe der Computer-Technologie in die Tat umgesetzt. So entsteht zur Zeit an der Universität Florenz ein groß angelegtes Bildarchiv zur europäischen Theatergeschichte, das bereits auf CD-ROM erhältlich ist und über Internet zugänglich sein wird.
3. Problematisierung von Bildquellen hinsichtlich ihrer referentiellen Aussagekraft. Zur Bestimmung des dokumentarischen Wertes von Quellen gehören theoretische und methodologische Überlegungen, die Fragen grundsätzlicher Natur aufwerfen. Sie betreffen vor allem die Bedeutung künstlerischer Konventionen bei der Auswertung von Bildquellen für die historische Forschung.

Erst in den 80er Jahren bildet sich eine eigene Unterdisziplin unter dem Namen Theaterikonographie heraus. Dieser neue Schwerpunkt theaterhistoriographischer Forschung verbindet die Ansätze der zweiten und dritten Phase. Einerseits finden sich in dieser Disziplin Forscher, deren Forschungsgebiete – beispielsweise Commedia dell'arte oder Schauspielkunst im 18. Jahrhundert – von der Identifizierung und Auswertung von Bildquellen maßgeblich abhängen. Parallel dazu gibt es Forscher, die sich mit theoretischen und methodologischen Problemen der theatergeschichtlichen Bildforschung beschäftigen. Das neue Arbeitsgebiet ergibt sich aus der Kombination und wechselseitigen Befruchtung dieser beiden Tendenzen.

Vasenmalerei Theaterikonographische Forschung hat sich zunächst auf denjenigen Gebieten entfaltet, in denen entweder die Quellenlage besonders günstig ist, oder die schriftlichen Quellen so rar sind, daß eine Beschäftigung mit Bildquellen unumgänglich ist. Letzteres gilt für die Vasenmalerei der Antike. Tausende, meistens mit bildlichen Darstellungen verzierte Tonvasen, die in Griechenland und in den Gebieten der griechischen Kolonien (besonders wichtig ist die Gegend um Tarent in Süditalien) gefunden wurden, geben vielfältigen Aufschluß über griechische Alltagskultur einschließlich des Theaters. Mit der Sammlung und Auswertung der Abbildungen beschäftigt sich seit jeher die klassische Philologie; in jüngerer Zeit sind auch spezielle Forschungen (Neiiendam 1992; Taplin 1993) hinzugekommen. Obwohl diese Forschungen als theaterikonographisch zu bezeichnen sind, sind sie nicht im Selbstverständnis dieser Unterdisziplin entstanden, sondern als Beiträge zur klassischen Philologie oder zur Theatergeschichte der Antike. Dasselbe gilt für theaterikonographische Forschungen im Bereich des mittelalterlichen Theaters.

In zwei Arbeitsgebieten konnte sich Theaterikonographie als selbständige Teildisziplin der Theaterwissenschaft etablieren. Die reichlich überlieferten Bildquellen, die im Zusammenhang mit den Truppen der Commedia dell'arte entstanden sind, sorgten dafür, daß Bildmaterial schon immer ein zentraler Bestandteil der Quellenerschließung war. Daß dieser Quellenbestand zugleich äußerst schwierig zu deuten ist, haben sowohl Theaterhistoriker (Hansen 1984) als auch Kunsthistoriker (Katritzky1987; Leik 1996) gezeigt. Die Beschäftigung so namhafter Künstler wie Callot, Watteau und Longhi mit den italienischen Komödianten sorgte für Interesse seitens der Kunstwissenschaft an der Commedia dell'arte. Auf diesem Gebiet zeichnet sich eine fruchtbare Zusammenarbeit und wechselseitige Befruchtung zwischen Theater- und Kunstwissenschaft ab.

Commedia dell'arte

Die Schauspielkunst im 18. Jahrhundert bildet einen weiteren wichtigen Schwerpunkt theaterikonographischer Forschung. Ab ca. Mitte des 18. Jahrhunderts wurden Schauspieler als Sujet entdeckt und durch namhafte Maler (Hogarth, Reynolds, Gainsborough, Vanloo usw.) porträtiert. Die Darstellungen wurden in anderen Bildmedien (Stichen, Lithographien, Porzellan) bei einem größeren, aber nicht so finanzkräftigen Publikum verbreitet. Von besonderem Interesse für die Theaterwissenschaft ist die Wechselbeziehung zwischen Bilddiskursen einerseits und Theoriediskursen andererseits (West 1991, Balme 1996).

Schauspielerporträts

⇒ Kowzan 1985; Balme 1997; Erenstein und Senelick 1997

Theaterfotografie als Teilbereich der Theaterikonographie hat ihren Schwerpunkt in der zweiten Hälfte des 19. Jahrhunderts. Obwohl die Fotografie potentiell jeden Aspekt des Theaters festhalten kann, hat sich die bisherige Forschung ausschließlich auf die Wechselbeziehung zwischen Medium und Schauspielkunst konzentriert. Die Fotografie verfügt, wie die Malerei oder die Karikatur, über epochengebundene Kodes und Konventionen, die mit denjenigen der Malerei einerseits und der Schauspielkunst andererseits am engsten liiert sind. Vor allem kam es in der Zeit der frühen Theaterfotografie, das heißt von circa 1860 bis 1910, als Fotografien fast ausschließlich in Ateliers hergestellt wurden, im künstlerischen wie im finanziellen Sinn zu einer produktiven Zusammenarbeit zwischen Schauspielern und Fotografen.

Theaterfotografie

Die Fotografien, die in dieser Zeit entstanden, sind Zeugnisse einer medialen Revolution ersten Ranges. Revolutioniert wurde die für Schauspieler wichtige Porträtfotografie durch die Erfindung des sogenannten *carte-de-visite*-Formats. Diese kleinformatigen Bilder konnten in einem preiswerten Verfahren vielfach hergestellt und reproduziert werden. Die Ablösung der bisherigen, auf die Herstellung von Unikaten beschränkten Daguerreotyp-Technik durch die Massenproduktion der *carte-de-visite* und später durch die Postkarte bereitete den Weg für die Massenherstellung von Fotografien. Diese die Massenproduktion und -zirkulation von Bildern ermöglichende technische Erfindung bewirkte grundlegende wahrnehmungsästhetische Veränderungen. Die Ästhetik der auf Glasplatten basierenden Daguerreotypie, die noch die Aura der Einmaligkeit hatte, entsprach weitgehend den Konventionen der bürgerlichen Porträtmalerei. Die massenproduzierten *cartes-de-visite* dagegen deckten eine bislang unvermutete und unausgebeutete Ausdrucksdimension auf, die einen unmittelbaren affektiven Appellcharakter hatte. Fotografien waren nun nicht mehr teure Akquisitionen zur Dekoration des bürgerlichen Wohnzimmers. Sie wurden zur Gebrauchsware. Die auf Fotografien gezeigten und in verschiedenen Attitüden abgebildeten Personen (von Familienmitgliedern bis hin zu Pornographiemodellen) traten in ein neues Verhältnis zum Besitzer der Bilder.

An diesen Veränderungen waren Schauspieler und Schauspielerinnen in nicht geringem Maße beteiligt. Sie entdeckten rasch das Werbe- und Inszenierungspotential des neuen Mediums und setzten sich entsprechend in Pose. Vor allem übten sie Einfluß auf die Ästhetik der Porträtfotografie aus. Das Fotoatelier, das gleichsam eine Proszeniumsbühne en miniature mit bemalten Kulissen und Bühnenaccessoires war, wurde zum Spielfeld für schauspielerische Selbstdarstellungskunst. Es ist wohl dieses Inszenierungsmoment, das die historische mit der gegenwärtigen Theaterfotografie verbindet. Sie ist immer „ein Bild eines Bildes" (Pavis 1996a: 254), weil eine Theaterfotografie nie eine „authentisch" vorgefundene Wirklichkeit, sondern eine bereits gestaltete und inszenierte abbildet. Als künstlerische Aktivität liegt sie zwischen dokumentarischer Funktion einerseits und ästhetisch-gestalterischem Anspruch andererseits.

⇒ Balk 1989; Balme 1995b; Pavis 1996a: 253–256

9.3 Performance-Kunst
Die Gattung der Performance-Kunst, auch Performance genannt, stellt ein Forschungsfeld dar, bei dem die Aufgabenteilung zwischen Theater- und Kunstwissenschaft gezwungenermaßen unklar ist. Dies hängt zum einen mit der bewußt grenzüberschreitenden Natur dieser Kunstform(en), und zum anderen mit der Herkunft der Künstler zusammen. Während die meisten ihre Wurzeln und Ausbildung in der bildenden Kunst haben, fühlen sich andere dem Theater verpflichtet. Während einige ihre Performances und Auftritte im Kunstraum der Galerie oder des Museums durchführen, arbeiten andere ausschließlich im Theater.

Definition   Noch existiert keine konzise Definition, die der Vielfalt an Ausdrucksformen, Gattungen und Tendenzen, die inzwischen unter den Terminus subsumiert werden, gerecht würde. Elisabeth Jappe versucht in dem Begriff *Handlung* gewissermaßen einen gemeinsamen Nenner für diese Vielfalt der Formen und Künstler zu finden:

> Das Wort ‚Performance' als Bezeichnung für die Aktion eines bildenden Künstlers kam in den frühen 70er Jahren aus den USA nach Europa. Es handelte sich nicht um eine neue Kunstrichtung, um einen neuen Stil, um bestimmte Inhalte, sondern um eine Form, eine Handlungsweise, eine ‚Technik'. Diese Form hat sich in den vergangenen 25 Jahren so weiterentwickelt, hat sich so vielfältig gestaltet, daß sie längst nicht mehr nur eine bestimmte Art von Aktion oder auf eine bestimmte Periode angewandt wird. Performance ist zu einem übergreifenden Begriff geworden für alle Formen von Kunst, in denen der Schwerpunkt auf der Handlung liegt. (Jappe 1993: 9)

Während der Begriff ‚Handlung' oder ‚Aktion' in Abgrenzung zu traditionellen Formen der bildenden Kunst einen nützlichen Beginn darstellt, hat er aus der Sicht des Theaters, das sich schon immer als eine ‚Handlungskunst' verstanden hat, keinerlei Aussagekraft. Es liegt in der Natur der Performance-Kunst, daß jeder Definitionsversuch bald von neuen Erscheinungsformen überholt wird, die die ältere Bestimmung überflüssig machen. Wenn Jappe beispielsweise schreibt: „Performance ist immer authentisch: die Personen sind ausschließlich sie selbst – Zeit und Raum sind grundsätzlich real" (1993: 10), so gilt dies sicherlich für die Performance-Künstler der 70er Jahre. Heute läßt sich eine Tendenz zur Fiktionalisierung beobachten, die das Authentizitätspostulat außer Kraft setzt. Übrig bleibt lediglich die theatrale Grundsituation von Darsteller-Zuschauer-Raum, die als Basis für jede Art von Performance-Kunst dient.

Die historiographische Aufarbeitung der Performance-Kunst ist sowohl von der Kunst- als auch der Theaterwissenschaft unternommen worden. Die wesentlichen Entwicklungstendenzen sind gut bekannt. Während sich der Begriff Performance-Kunst bzw. Performance als Genre-Bezeichnung erst in den 70er Jahren einbürgerte, können die Wurzeln bis in die ersten Jahre nach der Jahrhundertwende zurückverfolgt werden.

Historiographie

Bereits in den Aktionen der italienischen Futuristen (ab 1910), der Dadaisten (ab 1916), der Bauhausbühne (ab 1922) und der Surrealisten (ab 1924) sind wesentliche Elemente der späteren Performance-Kunst vorweggenommen. Vom Schock-Effekt über die Vermischung verschiedener Medien bis hin zur Verunsicherung der Gattungsgrenzen legen die Experimente, die zwischen 1910 und 1925 durchgeführt werden, die Grundlagen, die ab Mitte der 50er Jahre in den USA eine neue Welle der Aktionskunst auslösten. Durch die Emigration zahlreicher europäischer Künstler während der NS-Zeit und des Zweiten Weltkriegs kam es zu einer Verlagerung der Impulse von Europa nach Amerika. Eine wichtige Brückenfunktion bildeten dabei die in den 50er Jahren am Black Mountain College, North Carolina, veranstalteten Seminare und Konzerte. Spiritus rector war u.a. der emigrier-

Black Mountain College

te Bauhauskünstler Xanti Schawinsky. Die wohl wichtigsten Mitwirkenden waren der Komponist John Cage, der Choreograph Merce Cunningham und der Maler Robert Rauschenberg. Die dort durchgeführten Aktionen oder ‚events', die Geräusche, Bewegung und Malerei in eine bewußt ‚zusammenhangslose' Beziehung zueinander setzten, erkundeten einen völlig neuen performativen Ausdrucksmodus. Von den Experimenten am Black Mountain College beeinflußt, initiierte der Maler Allan Kaprow 1959 mit seiner in der New Yorker Reuben Gallery durchgeführten Aktion *11 Happenings in 6 Parts* die Happening-Bewegung, die die entscheidenden Impulse für die Performance-Kunst gab. Eine Art Ableger des Happenings war die Fluxus-Bewegung, die kurz danach einsetzte. Nach Jappe kann zwischen den beiden Bewegungen nur grob unterschieden werden: „Das Happening setzt einen Prozeß in Gang, ein Szenario wird entworfen, aber der Ablauf des Geschehens ist abhängig von den Reaktionen des Publikums, der Ausgang ist ungewiß. Eine Fluxus-Aktion ist [...] definierter, bleibt in der Hand des Künstlers" (1993: 19). Verbindendes Element ist wiederum der Aktionsmoment, der je nach Künstler und Situation unterschiedlich inszeniert und kontrolliert wird. Die Rolle des Publikums variiert zwischen voller Involviertheit (beim Happening) und bloßer Betrachtung.

Von großer Bedeutung für die Entwicklung der Performance-Kunst in Europa waren die Arbeiten des Wiener Aktionismus und die Aktionen des Künstlers Joseph Beuys. Die Wiener Aktionisten (hauptsächlich Günter Brus, Hermann Nitsch und Otto Muehl) konzentrierten sich auf Tabuverletzung der verschiedensten Art. Am bekanntesten sind die Aufführungen von Nitsch, dessen Opferrituale mit frisch geschlachteten Tieren bis in die Gegenwart hinein für Aufsehen sorgen. Die Aktionen von Beuys dagegen dienten eher der Selbsterfahrung des Künstlers und legten die Basis für die nächste, autobiographische Phase der Performance-Kunst, mit der sich der Begriff nun endlich etablierte.

Für die Performance-Künstler der 70er Jahre gilt die eingangs zitierte Feststellung, bei der Performance-Kunst handele es sich um eine Suche nach Authentizität und Realität, nicht um fiktionale Inhalte. Dies zeigt sich deutlich an der Bereitschaft vieler Künstler, ihre eigenen Körper bis an die Grenze lebensgefährlicher Verletzungen für die ‚Kunst' einzusetzen. Diese sogenannten ‚autoaggressiven' Performances bewirkten bei Künstlern und Betrachtern eine neuartige Grenzerfahrung, sofern Zuschauer überhaupt zugegen waren. Für Künstler wie Chris Burdon oder Ben d'Armagnac schien die Präsenz der Film- oder Videokamera wichtiger als ein Live-Publikum. Die 70er Jahre brachten eine kaum überschaubare Fülle an Aktionen und Tendenzen. Besonders erwähnenswert sind die Arbeiten von Künstlerinnen, die die neue Kunstform mit den emanzipatorischen Bestrebungen des Feminismus verbanden.

Seit den 80er Jahren ist eine neue Form der Grenzüberschreitung zu beobachten. Überwogen in der ersten Phase Bestrebungen, Grenzen durch Tabuverletzungen, Schmerzerfahrungen oder Gattungsdestabilisierung zu überschreiten, so zeigten sich in den 80er Jahren Ansätze, die Performance-

Kunst näher an etablierte Institutionen oder Kunstformen heranzuführen. Sei es in Form des Popkonzerts (Laurie Anderson) oder einer Theateraufführung (Robert Wilson, Jan Fabre, Jan Lauwers), die Performance-Künstler bewirkten eine Reintegration einst ‚revolutionärer' Ansätze in das Theater.

> ⇒ Almhofer 1986; Goldberg 1988; Jappe 1993; Fischer-Lichte et al. 1998

Hinsichtlich der Theorie der Performance-Kunst ist zu unterscheiden zwischen der Programmatik der Künstler und späterer theater- oder kunstwissenschaftlicher Theoriebildung. Was die Programmatik angeht, so begleiteten die Performance-Künstler ihre Experimente schon immer mit intensiver schriftstellerischer Tätigkeit in Form von Manifesten, Traktaten und Programmschriften. Signifikante Theorien der ersten Generation finden sich in den Manifesten der italienischen Futuristen, den Publikationen des Bauhauses (allen voran Oskar Schlemmer) sowie in den Denkschriften des Surrealismus.

Theorie

Das Aufkommen der Happening-Bewegung in den USA fiel zeitlich mit der Entstehung der amerikanischen Performance-Theorie (⇒ Kap. 3.2.5) zusammen. Theoretiker wie Michael Kirby (1965) und Darko Survin ([1970] 1992) versuchten eine Ästhetik des Happenings zu formulieren, die sich einerseits in Abgrenzung zur herkömmlichen Theatertheorie definierte, andererseits die bekannten theoretischen Kategorien neu adaptierte. So stellte Kirby die Hypothese auf, das Happening sei eine Aufführung (performance), die ohne klare Festlegung von Zeit, Ort oder Figur auskomme („nonmatrixed by time, place or character") (1965: 17). Bei einem Happening bleiben Raum und Zeit unverändert bzw. sind mit der lebensweltlichen Raum- und Zeiterfahrung des Publikums vor und nach der Auffführung identisch, so Survin (1992: 662). Derartige Definitionsversuche bleiben auf das Phänomen des Happenings beschränkt und beanspruchen keinerlei Gültigkeit für die Performance-Bewegung insgesamt.

Erika Fischer-Lichte hat die Leistung der Performance-Kunst, ausgehend von den am Black Mountain College durchgeführten *events,* mit einer Theorie des Performativen in Verbindung gebracht. Diese manifestiere sich in einer Verschiebung von der *referentiellen* (Darstellungen von Figuren, Handlungen, Situationen) hin zur *performativen* Dimension (des Theaters, der Kunst). Das heißt, Kunst oder Theater konstituiert sich weniger in der Erzeugung von Bedeutung(en) als im Vollzug von Handlungen. Während dem Theater beide Aspekte inhärent sind, mit einer Akzentuierung der referentiellen Dimension in traditionelleren Formen, kannte die bildende Kunst bzw. die Kunstwissenschaft bisher nur eine Beschäftigung mit der referentiellen Dimension. Mit der Entstehung einer performativen Kunst, die sich in erster Linie im Vollzug von Handlungen und nicht in der Erzeugung von Bedeutungen konstituiert, soll auch die Kunstwissenschaft nun Aspekte wie

Theorie des Performativen

Handlung in ihre wissenschaftliche Methodik einbeziehen. Fischer-Lichtes Theorie des Performativen, die sie anhand der Performance-Kunst entwickelt, geht über die Beziehung von Kunst- und Theaterwissenschaft hinaus und versucht, ein neues kulturwissenschaftliches Paradigma zu entwerfen, bei dem das „Textmodell" der Geistes- und Kulturwissenschaften (Bücher, Bilder, Monumente) durch ein Performance-Modell abgelöst wird. Ging das Textmodell von fixierten Bedeutungen aus, so stehen für letzteres Veränderungen und die Dynamisierungen von Prozessen im Mittelpunkt.

Die Entwicklungen der Performance-Kunst stellen sowohl an die Theater- als auch an die Kunstwissenschaft neue Anforderungen. Künstler, die darstellen, und Darsteller, die vorgeben, nicht zu spielen, bilden auf unterschiedliche Weise Herausforderungen für die jeweilige Disziplin. Gerade weil die neue Kunstform traditionelle ästhetische und wissenschaftliche Grenzen sprengt, zeichnet sich hier das ergiebigste Kooperationsfeld für die beiden Wissenschaften ab.

10. Theaterwissenschaft und Ethnologie

Es gehört zu den interessanten Ironien der Entwicklungsgeschichte des Fachs Theaterwissenschaft im deutschsprachigen Raum, daß zwei seiner Begründer – Carl Niessen und Artur Kutscher – eine explizite ethnologische Ausrichtung für das neue Fach forderten. Ironisch war diese Entwicklung insofern, als diese angebliche Dominanz ethnologischer Fragestellungen hinsichtlich der heutigen Lehr- und Forschungspraxis keineswegs mehr gegeben ist: Theaterwissenschaft ist in hohem Maße eurozentriert und geisteswissenschaftlich geprägt. Erweitert man allerdings den Blick über die Grenze der deutschen Sprache hinaus, so erkennt man unschwer die interdisziplinäre Zusammenarbeit zwischen Ethnologie und Theaterwissenschaft, die sich seit den späten 60er Jahren vor allem im angloamerikanischen Raum etablierte. Erst in jüngerer Zeit beginnt die deutschsprachige Theaterwissenschaft, sich ethnologischen Fragestellungen zuzuwenden. Mit etwa derselben Zeitverschiebung vollzieht sich innerhalb der deutschen Ethnologie eine Hinwendung zu Fragen der kulturellen Aufführung und der Inszenierung.

Diese gegenseitige Annäherung erfolgte erst, als beide Fächer einige bis dahin geltende Grundprämissen in Frage stellten. Aus der Sicht der Theaterwissenschaft bedeutete dies die Abwendung von einer vornehmlich geisteswissenschaftlichen, auf die rein ästhetische Komponente des Theaters fixierten Perspektive. Diese Neuorientierung und Akzentverschiebung hin zu den Sozialwissenschaften zeigt sich am deutlichsten in der Performance-Theorie Richard Schechners. Etwa zeitgleich (d.h. in den 60er Jahren) entdeckt die Ethnologie die Hermeneutik und versucht, Kultur als ‚Text' zu begreifen (Geertz [1973] 1983) und sie anhand ihrer ‚Aufführungen' zu studieren. Aus diesem gegenseitigen Annäherungsprozeß entstand ein äußerst produktives interdisziplinäres Arbeitsgebiet. Im folgenden sollen einige der vielfältigen Kooperationsversuche zwischen den beiden Fächern seit der Begründung des Faches Theaterwissenschaft in den 20er Jahren skizziert werden.

⇒ Schechner 1990; Schmidt/Münzel 1998; Balme 1998a

10.1 Von der Völkerkunde zur Performance-Theorie

> Zur umfassenden und weltumspannenden Theaterwissenschaft ist die Völkerkunde als Start besser denn die Literaturwissenschaft. Carl Niessen (1949: 594)

In seinem *Handbuch der Theater-Wissenschaft* (1949–1958) bezog der Kölner Theaterwissenschaftler und Mitbegründer des Fachs Carl Niessen ein-   Carl Niessen deutig Position zugunsten einer völkerkundlich orientierten Theaterwissenschaft und distanzierte sich zugleich von der Philologie und Literaturwissenschaft. Niessen reklamierte für das Fach nicht weniger als eine völkerverbindende und friedenstiftende Verständigungsfunktion:

> Die Theaterwissenschaft vermag wie wenige andere Disziplinen Verstehen der anderen Völker zu wecken. Sie vermag deutlich zu machen, wie verwandt der Kern aller Menschen ist, wie sie aus gleichen Sehnsüchten leben, gleichen Kunsttrieben folgen, Schönheit und Menschlichkeit suchen sollten, statt einander zu quälen, Blut zu vergießen und unwiederbringlich zu zerstören, was unantastbares Erbgut aller Lebenswürdigen sein sollte, d.h. der Menschen wahre Kultur. (1949: XXIII)

In gewisser Weise kann Niessens „weltumspannende" theaterwissenschaftliche Perspektive mit gegenwärtigen Versuchen, den Theaterbegriff zu erweitern, verglichen werden. Auf einer willkürlich herausgegriffenen Seite von Niessens Handbuch finden sich im Zusammenhang mit Ausführungen zu Mimikry und Mimesis Beispiele aus der römischen Kriegsführung, Grabbes Historienstück *Hannibal*, Vergleichsbeispiele bei den Thessaliern, den Sioux- und Choktaw-Indianern sowie den Polynesiern (Samoa und Tonga) und schließlich ein fließender Übergang zum Phänomen des *travestissement* in einem Maskenspiel des französischen Hofs im 18. Jahrhundert (1949: 548). Aus diesem beinahe postmodern anmutenden Hang zur gewagten Analogisierung zieht Niessen die Konsequenz und plädiert für eine Erweiterung des theaterwissenschaftlichen Forschungsfeldes:

> So werden wir umgekehrt bemüht sein müssen, der Totalität der Betrachtung wegen, manches zu beachten, was man gemeinhin kaum zum Theater zählt: diese Bemühung reicht von der Theatralisierung des Festlebens wie Einzüge, Trionfi, Turniere und mimisch gefüllte Feuerspektakel bis zur Zirkuspantomime, ganz zu schweigen von den Kleinkünsten des Theaters, Puppen- und Schattenspiel. (1949: 549)

Somit rückt Niessen das Fach einerseits in die Nähe der in den 60er Jahren von Richard Schechner geprägten *performance theory*, andererseits definiert er ein Forschungsfeld, das im deutschsprachigen Raum zumindest erst dreißig Jahre später unter dem Begriff „Theatralität" wieder in den Mittelpunkt fachtheoretischer Erörterungen gerät.

Richard Schechner

Die Bemühungen Richard Schechners, eine sozialwissenschaftlich bzw. ethnologisch orientierte Performance-Theorie zu entwickeln (⇒ Kap. 3.2.5), spielten für die Annäherung von Theaterwissenschaft und Ethnologie eine entscheidende Rolle. Grundlegend für Schechners Neuorientierung sind seine Skepsis gegenüber der Ästhetik und als Folge davon seine Anstrengungen,

Performance-Theorie

die Performance-Theorie im Bereich der Sozialwissenschaften zu situieren. Der soziologische Rollenbegriff und Techniken aus der Psychologie und Psychotherapie sollten in den neuen interdisziplinären Ansatz einbezogen werden. War Schechners *performance theory* in der ersten Phase (ca. 1966–

1970) im weitesten Sinne sozialwissenschaftlich orientiert, so verengte sie sich in den folgenden Jahren zunehmend auf ethnographisches Material. Wie in seinen Schriften versuchte Schechner auch in seiner theaterpraktischen Arbeit – seine Regiearbeit mit „The Performance Group" (TPG) (1967–1980), fortgeführt in Form von Workshops in der ganzen Welt – außereuropäische Darstellungsformen und euro-amerikanische Theaterästhetik miteinander in Verbindung zu bringen.

Die Akzentverschiebung von geistes- zu sozialwissenschaftlichen Fragestellungen führt bei Schechner zu einer Annäherung an die ethnographische Praxis der Feldforschung. Am deutlichsten wird die kulturanthropologische Neuorientierung in dem im Jahre 1978 veröffentlichten Aufsatz *Anthropological Analysis*. Im Zusammenhang mit einer Analyse der New Yorker Theatergruppe Squat, deren Mitglieder hauptsächlich aus Ungarn stammen, schiebt Schechner ein allgemeines Statement zur Anwendung von Feldforschung ein:

Feldforschung

> Personally, I am interested in applying techniques of anthropological fieldwork to the study of theatre. Not to studying the meanings of performances – that is the work of literary critics – but the process of creating theatre pieces. This is less a question of detailing exercises as of looking closely at small groups and trying to understand their interactions in much the same way as a fieldworker understands what goes on in a village. [...]. (1978: 24–25)

Das Zitat enthält *in nuce* ein Programm für eine neuartige Orientierung in der Theaterwissenschaft, die aus naheliegenden Gründen wenig Resonanz gefunden hat. Was für eine als Kommune organisierte Truppe wie Squat ergiebig scheinen mag, da die notwendige „*small society*" gegeben ist, erweist sich bei den meisten in westlichen Gesellschaften organisierten Theatergruppen als unpraktikabel. Kaum eine Gruppe läßt sich in Analogie zu einer Dorfgemeinschaft isoliert studieren, da Theatergruppen und ihre Mitglieder in eine Vielzahl anderer Strukturen integriert sind, denen mit der Methode der Feldforschung nicht beizukommen ist.

Von zentraler Bedeutung in Schechners Definition der Performance-Theorie ist die Diskussion um die Grenzziehung von Ritual und Theater, die im nächsten Abschnitt gesondert behandelt wird. Schechners Beschäftigung mit Kulturanthropologie geht allerdings über die Diskussion um Ritual und Theater hinaus. Vor allem seit Ende der 70er Jahre versucht er verstärkt, unterschiedliche Bezugspunkte herauszuarbeiten. Eine Zusammenfassung dieser Überlegungen findet sich in der 1985 veröffentlichen Aufsatzsammlung *Between Theater and Anthropology* (teilweise abgedruckt in Schechner 1990). Im ersten Kapitel – betitelt mit *Points of Contact between Anthropological and Theatrical Thought* – unternimmt Schechner eine Systematisierung seiner Überlegungen. Diese sogenannten *points of contact* umfassen neben konventioneller, soziologisch ausgerichteter Publikumsforschung auch explizit interkulturelle und auch kulturanthropologisch relevante Fragestellungen. Aufgrund des Desinteresses an Ästhetik im wertenden Sinne

Berührungspunkte

erhalten die *prozessualen* Aspekte von Aufführungen zunehmende Bedeutung. So richtet sich die Aufmerksamkeit der *performance theory* auf performative Grundstrukturen im transkulturellen Vergleich. Es geht daher um den Gesamtprozeß einer Aufführung und weniger um spezifische Inhalte. Diese prozessuale Sicht ermöglicht auch interkulturelle Vergleiche und stellt gegenüber der bisherigen, eurozentrischen Theoriebildung einen bedeutenden Fortschritt dar. So behauptet Schechner, daß jeder Aufführung unabhängig von ihrer kulturellen Provenienz und spezieller Funktion ein siebenteiliger Prozeß zugrunde liege: (1) Training, (2) Workshops, (3) reguläre Proben, (4) warm-up, (5) die eigentliche Vorstellung, (6) eine Periode des Ausklingens und (7) Nachbereitung (1990: 26). Diese Phasen würden aber kulturspezifisch erheblich unterschiedlich akzentuiert. In Schechners eigenen Arbeiten läßt sich ein ausdrückliches Interesse an den vorbereitenden und weniger an den ausführenden Aspekten einer Aufführung erkennen.

10.2 Die Grenzziehung von Ritual und Theater

Die wichtigste Brücke zwischen Theaterwissenschaft und Ethnologie bildet das scheinbar unerschöpfliche Thema ‚Theater und Ritual'. Es wird zum einen historisch erforscht mit Hilfe entwicklungsgeschichtlicher Ansätze, die den Ursprung des abendländischen Theaters im Ritus annehmen. Zum anderen wirft die Forschung die Frage nach den entscheidenden Differenzkriterien auf. Dabei geht man davon aus: Was Theater ist, kann nicht Ritual sein und umgekehrt.

Cambridge School

Von entscheidender Bedeutung für die Wechselbeziehung zwischen Anthropologie, Theater und Drama waren die Arbeiten der sogenannten *Cambridge School*. Diese Gruppe von Altphilologen, die ab 1900 an der Cambridge University arbeiten, stützten die These des Aristoteles anthropologisch, indem sie auf die heute weitgehend diskreditierten Thesen des *„armchair anthropologist"* Sir James Frazer rekurrierten. Die These eines universellen Ritus von Tod und Wiedergeburt, die Frazer in seinem Hauptwerk *The Golden Bough* aufstellte, wurde von Gilbert Murray, einem Mitglied der Gruppe, auf die Analyse griechischer Dramen angewandt. Murray meinte, eine der antiken Tragödie zugrundeliegende rituelle Struktur von Tod und Wiedergeburt entdeckt zu haben. Seine einflußreiche Schrift *Excursus on the Ritual Forms Preserved in Greek Tragedy* erschien als Teil von Jane Harrisons Untersuchung *Themis* (1912), eine umfassende Studie zum Opfer- und Wiederauferstehungsritus in griechischer Kunst und Mythologie, die als Hauptwerk der Gruppe gilt. Auf denselben Ritus führte F.M. Cornford in seiner ebenfalls einflußreichen Untersuchung *The Origin of Attic Comedy* (1914) die griechische Komödie zurück. Cornfords Argumentation zufolge manifestiert sich die rituelle Handlung in der komischen Gattung vor allem im Hochzeitsritus, mit dem die alten (und neuen) Komödien enden, als Symbol der Wiederauferstehung.

Obwohl die Thesen der Cambridge School von der Altphilologie scharf angegriffen wurden, blieb ihr Einfluß innerhalb der Literatur- und Theaterwissenschaft (im auffälligen Kontrast zu ihrer Rezeption innerhalb der Kulturanthropologie) beachtlich. Der anthropologische Ansatz der Cambridge School fand etwa in dem Werk des amerikanischen Theaterwissenschaftlers Francis Fergusson unmittelbare Entsprechung. In seinem wohl einflußreichsten Buch *The Idea of a Theatre* (1949) verbindet Fergusson die dramatistische Theorie des amerikanischen Philosophen Kenneth Burke mit Gilbert Murrays Gedanken zum rituellen Drama, um eine anthropologisch orientierte Tragödientheorie zu entwickeln.

Die Überlegungen von Burke, der Cambridge School sowie Fergusson fanden Eingang in verschiedene wissenschaftliche Disziplinen. Eine Brücke zwischen der eher philologisch orientierten Ritualtheorie und der Kulturanthropologie baut der Ethnologe Victor Turner. Ausgehend von seiner ethnographischen Feldforschung attackiert Turner die im westlichen Denken weit verbreitete Vorstellung, Rituale seien zwangsläufig geschlossene, rigide Systeme: „The prejudice that ritual is always ‚rigid‘, ‚stereotyped‘, ‚obsessive‘, is a peculiarly Western one" (1987: 26). In vielen Kulturen seien ritualisierte Aufführungen durchaus offen und ließen breiten Raum für Innovationen und Improvisationen. Darüber hinaus führt Turners Ritualverständnis unmittelbar zum Theater. Er begreift rituelle Aufführungen als Situationen, in denen sich Kulturen szenisch-performativer Darstellungsmittel bedienen, die die ganze Bandbreite an potentiell theatralen Zeichensystemen umfassen können.

Victor Turner

Das Verdienst der Performance-Theorie und der theaterethnographischen Forschung liegt darin, die im okzidentalen Theaterdiskurs verhärteten begrifflichen Kategorien von Ritual und Theater aufzuweichen und der Möglichkeit eines Sowohl-Als-Auch Geltung zu verschaffen. Damit werden Theater und Ritual nicht mehr als sich gegenseitig ausschließende Phänomene betrachtet, sondern als Pole eines Theatralitätskontinuums, innerhalb dessen Bewegung jederzeit möglich ist.

⇒ Fiebach 1986; Turner 1989; Schechner 1990; Gissenwehrer 1994

10.3 Kulturelle Aufführungen
In einer inzwischen klassisch gewordenen Formulierung schlug der amerikanische Ethnograph und Philosoph Milton Singer Ende der 50er Jahre vor, man könne die indische Kultur am besten anhand ihrer kulturellen Aufführungen (*cultural performances*) studieren:

> Indians, and perhaps all peoples, think of their culture as encapsulated in such discrete performances, which they can exhibit to outsiders as well as to themselves. For the outsider these can conveniently be taken as the most concrete observable units of the cultural structure, for each performance has a definitely limited time span, a beginning and end, an organized program of activity, a set of performers, an audience, and a place and occasion of performance. (Singer 1959: xiii)

Die von Singer identifizierten performativen Phänomene – Hochzeiten, Beerdigungen, Riten aller Art, Tänze, Zeremonien, Feste usw. – haben bei allen Unterschieden einige strukturelle Elemente gemeinsam. Sie sind räumlich und zeitlich begrenzt und weisen eine hohe Dichte kultureller Zeichen auf; es treten Darsteller auf, die von Zuschauern beobachtet werden. Darüber hinaus sind sie in einem gewissen Sinne selbstreflexiv, d.h. in solchen Aufführungen reflektieren Mitglieder einer Kultur über sich selbst bzw. sind in der Lage, über die verwendeten Zeichen und Symbole Auskunft zu geben. Gleichzeitig weisen kulturelle Aufführungen eine Tiefenstruktur, d.h. eine symbolische Ebene auf, die den ausführenden Personen meistens nicht bewußt ist. Auch eine Hochzeit in der westlichen Tradition ist eine kulturelle Aufführung. Unabhängig davon, ob sie in der Kirche oder im Standesamt vollzogen wird, setzt sich diese Zeremonie aus Elementen zusammen, die den von Singer genannten Kriterien entsprechen. Eine Hochzeit unterliegt einem recht variablen, aber dennoch festgelegten Handlungsablauf; die Rollen von Darstellern (Braut, Bräutigam, Trauzeugen, Pfarrer bzw. Standesbeamter) und Zuschauern (Familie und Freunde) sind klar definiert und nicht austauschbar. Ebenfalls klar festgelegt ist der Aufführungsort für die Trauung (Kirche oder Standesamt), wohingegen der Ort für die nachfolgenden Festlichkeiten keiner kulturell verbindlichen Festlegung unterliegt. Auf der symbolischen Ebene wäre danach zu fragen, wie sich in solchen Aufführungen komplexere gesellschaftliche Strukturen verdichten und dadurch beobachtbar werden. Singer verwendet ein Theatervokabular, d.h. er spricht von ‚Bühnen', ‚Darstellern', ‚dramatis personae' usw., auch wenn er damit nicht Theater im engeren Sinne meint. Trotzdem ist Singers Terminologie keineswegs rein metaphorisch, da sein Erkenntnisinteresse in erster Linie Phänomenen gilt, die allgemein als performativ bezeichnet werden.

Kulturelle Aufführungen sind für Singer eine Art Fokalpunkt kultureller Praktiken. Ihre Strukturen lassen sich aus einer Breiten- und Tiefenperspektive beobachten. Der Freilegung kultureller Tiefenschichten gilt der ebenfalls klassisch gewordene Aufsatz von Clifford Geertz *Deep Play: Über den balinesischen Hahnenkampf* (in Geertz 1983). Das Beispiel eines Hahnenkampfes auf Bali dient Geertz zur Demonstration seiner „interpretativen" Ethnologie. Seine Methode nennt er „dichte Beschreibung":

> Das Ziel dabei ist es, aus einzelnen, aber sehr dichten Tatsachen weitreichende Schlußfolgerungen zu ziehen und vermöge einer präzisen Charakterisierung dieser Tatsachen in ihrem jeweiligen Kontext zu generellen Einschätzungen der Rolle der Kultur im Gefüge des kollektiven Lebens zu gelangen. (1983: 40)

dichte Beschreibung — Als Methode kultureller und soziologischer Analyse ist die dichte Beschreibung der Interpretation von Texten, Bildern oder Theateraufführungen nicht unähnlich. Sie geht von der genauen Beobachtung und Beschreibung komplexer Ereignisse oder kultureller Aufführungen aus und versucht, mit den dadurch gewonnenen spezifischen Erkenntnissen zu einer allgemeinen Ebene der Analyse zu gelangen. Geertz vergleicht diese Methode mit der Lektüre eines kaum entzifferbaren Textes. In seiner Analyse des balinesischen Hahnenkampfes, also einer in hohem Maße performativen Kulturform, beschäftigt er sich nicht mit der ‚Ästhetik' des Hahnenkampfes, sondern mit der Aufschlüsselung der kulturellen Semantik der Gesellschaft, in der sich diese kulturelle Aufführung abspielt, und zu der die komplexen, um den Hahnenkampf herum stattfindenden soziokulturellen Interaktionen einen Schlüssel bieten. Trotz der ethnologischen Perspektive zieht Geertz in seiner Deutung der kulturellen Dynamik des Hahnenkampfes immer wieder Parallelen zu Theater und Dramatik.

Eng mit dem Begriff der kulturellen Inszenierung verbunden ist das von dem Ethnologen Victor Turner eingeführte Konzept des ‚sozialen Dramas'. Turner adaptierte eine kulturelle Ausdrucksform, das aristotelische Drama, als Modell für ein sozialwissenschaftliches Konzept. Nach Turner stellen soziale Dramen Prozesse gesellschaftlicher Destabilisierung und Auseinandersetzung dar, die immer denselben fünfteiligen Verlauf haben: Bruch, Krise, *redress, reintegration or schism*. Diese Verlaufsform entspricht in etwa der aristotelischen Dramenstruktur mit einem Spannungsbogen von Exposition über Höhepunkt bis zur Lösung. Soziale Dramen sind nach Turner universelle kulturelle Strukturen, die sich anhand ritueller Aufführungen besonders gut studieren lassen, da sich die breiteren gesellschaftlichen Konflikte in solchen Aufführungen in komprimierter Form manifestieren.

<small>soziales Drama</small>

Eine mustergültige Verbindung theaterwissenschaftlicher und ethnologischer Forschungsansätze bietet die großangelegte Studie von Joachim Fiebach über Theater in Afrika, *Die Toten als die Macht der Lebenden* (1986). Fiebach macht deutlich, daß in dem subsaharischen Kulturraum unser Begriff des Theaters im Sinne des Kunsttheaters einer erheblichen Erweiterung hin zu Vorstellungen von sozialer oder kultureller Kommunikation bedürfe, bzw. daß eine scharfe Trennung keine Gültigkeit beanspruchen könne:

<small>Theater als kulturelle Kommunikation</small>

> Der größere Teil des Buchs, der sich mit vorkolonialen Kulturen beschäftigt, handelt von dem theatralischen Verhalten oder der Theatralität in außerkünstlerischer Wirklichkeit. Er befaßt sich mit Selbstdarstellungen und dem Rollenzeigen, in denen Gruppen und Individuen ihre sozialen Positionen, ihre Wertvorstellungen und ihre Weltanschauung als ihre wirkliche Lebenspraxis äußerten, mit denen sie miteinander verkehrten und oft als lebensnotwendig gedachte Botschaften entfalteten und einander vermittelten. (1986: 12–13)

Den theoretischen Bezugsrahmen liefern die bereits genannten Ethnologen Victor Turner und Clifford Geertz, der Soziologe Erving Goffman und immer wieder der Theaterwissenschaftler Richard Schechner. Es ist insbesondere der weit gefaßte Begriff der kulturellen Aufführung, der Fiebach die methodologische Flexibilität gewährt, heterogene Ausdrucksformen wie die Aufführungen von Geheimbünden, Initiationsriten und Maskentänze sowie Theater der mündlichen Dichtung und das Wandertheater der Yoruba zu untersuchen.

Der Begriff der kulturellen Aufführung (*cultural performance*) und des sozialen Dramas sowie die Methode der dichten Beschreibung sind weit über die Grenzen der Ethnologie hinaus rezipiert worden. Alle drei sind grundlegend für die Umorientierung der Geisteswissenschaften von ihrer bisherigen Fixierung auf ‚Monumente' hin zu einer Beschäftigung mit Prozessen und den eher flüchtigen Ereignissen einer Kultur. Für die Theaterwissenschaft bedeutete dies eine weit geringere Neubestimmung, da Aufführungen und Ereignisse schon immer ihr primärer Gegenstand waren. Folgenreich war hier vielmehr die Erweiterung des Blicks zu Aufführungen und Inszenierungen hin, die erstens nicht euro-amerikanischer Provenienz, zweitens nicht textbasiert waren und drittens eine Anwendung auf historische Phänomene ermöglichten.

⇒ Geertz 1983; MacAloon 1984; Fiebach 1986; Balme 1994; 1995; 1998b

1. Theaterwissenschaft im deutschsprachigen Raum

Gesellschaft für Theaterwissenschaft

Vorstand	Prof. Dr. Chistopher Balme (1. Vorsitzender)
	Prof. Dr. Hajo Kurzenberger, Dr. Doris Kolesch (Stellvertreterin)
Geschäftsstelle	Institut für Theaterwissenschaft
	Johannes Gutenberg-Universität Mainz
	D-55099 Mainz
	Dr. Markus Moninger
	Tel.: 06131-392-3783; Fax: 06131-392-3776
	Homepage: http://www.theater-wissenschaft.de

Universität Bayreuth
Institut für Theaterwissenschaft
unter besonderer Berücksichtigung des Musiktheaters

Geschäftsführender Direktor	Prof. Dr. Sieghart Döhring
Anschrift	Forschungsinstitut für Musiktheater (FIMT):
	D-95349 Schloss Thurnau
	Tel.: 09228-9540; Fax: 09228-954202
	Institut für Theaterwissenschaft:
	Universitätsstraße 30
	Gebäude GW I
	D-95440 Bayreuth
	Tel.: 0921-55-3576
	E-mail: fimt.thurnau@uni-bayreuth.de
	theaterwissenschaft@uni-bayreuth.de
	Homepage: http://www.uni-bayreuth.de/departments/FIMT/1studi.htm
	http://www.uni-bayreuth.de/departments/theaterwissenschaft/
Fachschaft	E-Mail: split@uni-bayreuth.de
Studienschwerpunkt	Theaterwissenschaft unter besonderer Berücksichtigung des Musiktheaters, aber auch Sprech- und Tanztheater.
Studienaufbau	Studienanfang im WS und SS möglich. Keine Zulassungsbeschränkung. Kenntnis zweier Fremdsprachen notwendig. Für Spezialisierung auf Musiktheater Italienisch und musikalische Grundkenntnisse erforderlich. Regelstudienzeit von 9 Semestern. Magister Artium und Promotion möglich. Seit WS 2002/03 B.A. Studiengang „Theater und Medien" (Studienanfang nur zum WS möglich).
Ausstattung	Studentenzahl ca. 180;
	Bühne, institutseigene Bibliothek, CIP-Pool, Videoraum.

Freie Universität Berlin
Institut für Theaterwissenschaft

Geschäftsführende Direktorin	Prof. Dr. Erika Fischer-Lichte
Anschrift	Grunewaldstraße 35 D-12165 Berlin Tel.: 030-838 50315; Fax: 030-838 50319 E-mail: theater@zedat.fu-berlin.de Homepage: http://www.fu-berlin.de/theaterwissenschaft
Fachschaft	Tel.: 030-838 50345
Studienschwerpunkt	Theatergeschichte, Theaterästhetik, Sprechtheater, Musiktheater, Tanztheater, Neue Medien. Darüber hinaus: eigenständiger Studiengang für Filmwissenschaft.
Studienaufbau	Studienanfang nur im WS möglich, Bewerbungsfristen im vorausgehenden Semester. Zulassungsbeschränkung (Numerus clausus) zum Grundstudium (erst ab dem Hauptstudium NC-frei). Vor dem Abschluss des Grundstudiums ist der Nachweis von Kenntnissen zweier moderner Fremdsprachen obligatorisch. Ab WS 2004/05 Abschluss mit Bachelor. Regelstudienzeit 6 Semester; daran anschließend ein Masterstudiengang. Letzte Einschreibemöglichkeit für den Abschluss Magister Artium im WS 2003/04.
Ausstattung	Institutseigene Bibliothek, Medienlabor, theaterhistorische Sammlungen.

Universität Bern
Institut für Theaterwissenschaft

Geschäftsführender Direktor	Prof. Dr. Andreas Kotte
Anschrift	Hallerstraße 5 CH-3012 Bern Tel.: +0041/31-631 39 18; Fax: +0041/31-631 39 88 Homepage: http://www.theaterwissenschaft.unibe.ch
Fachschaft	Tel.: +0041/31-332 33 28, +0041/31-991 40 65 oder +0041/34-461 24 29
Studienschwerpunkt	Theatergeschichte, Dramaturgie, Sprechtheater
Studienaufbau	Studienanfang nur im Wintersemester (Voranmeldefrist 1. Juni). Regelstudienzeit 8 Semester. Abschluss mit Lizentiat. Promotion möglich.
Ausstattung	Institutseigene Bibliothek, PC-Raum, Video-Raum

Ruhr-Universität Bochum
Institut für Theaterwissenschaft

Geschäftsführende Direktoren	Prof. Dr. Ulrike Haß / Prof. Dr. Guido Hiß
Anschrift	Universitätsstraße 150 Gebäude GB, Etage 3, Raum 139 D-44780 Bochum Tel: 0234-32-28164/ 27822; Fax: 0234-32-14714 Homepage: http://www.ruhr-uni-bochum.de/theater
Fachschaft	Tel.: 0234-32-25081; GB 2/143
Studienschwerpunkt	Theorie, Analyse und Geschichte des europäischen Schauspieltheaters, Tanztheater.
Studienaufbau	Ein Studienbeginn ist nur zum WS möglich. Zulassungsbeschränkung (Numerus clausus für Erstsemester im Haupt- und Nebenfach). Nachweis über Kenntnis von zwei modernen Fremdsprachen bis zum Abschluss des Grundstudiums, eine Fremdsprache kann durch den Nachweis des Latinums ersetzt werden; Regelstudienzeit 9 Semester; Abschluss mit dem Magisterexamen. Ab dem WS 2002/03 Einführung eines gestuften B.A./M.A. Studiengangs.
Ausstattung	Studentenzahl ca. 700, institutseigene Bibliothek, Mediathek, Kritikensammlung Theater der Region.

Friedrich-Alexander Universität Erlangen-Nürnberg
Institut für Theater- und Medienwissenschaft

Geschäftsführender Direktor	Prof. Dr. Henri Schoenmakers
Anschrift	Bismarckstraße 1, Haus B D-91054 Erlangen Tel.: 09131-85 22427; Fax: 09131-85 29238 E-mail: p2theat@phil.uni-erlangen.de Homepage: www.theaterwissenschafterlangen.de
Fachschaft	Tel.: 09131-85 26695
Studienschwerpunkt	Integrierte Theater- und Medienwissenschaft (Verknüpfung der Theater- und Medienwissenschaft mit Praxis), Wirkungsforschung, Medienvergleich; Didaktische Anwendung der Neuen Medien für die Lehre, Sozialgeschichte des Theaters; das Grundstudium umfasst die Bereiche Theater, Film, Fernsehen, Neue Medien.
Studienaufbau	Studienanfang im WS und SoSe möglich. Zulassungsbeschränkung (Numerus clausus). Regelstudienzeit 9 Semester. Abschluss mit Magister Artium (M.A.), Promotion möglich.
Ausstattung	Studentenzahl: 600. Bühne, Experimentiertheater, institutseigene Bibliothek, Tonstudio, Medienstudio, Tutorien, Uni-Radio.

Johann-Wolfgang-Goethe-Universität Frankfurt
Institut für Theater-, Film- und Medienwissenschaft

Lehrstuhlinhaber	Prof. Dr. Hans-Thies Lehmann (Theater)
	Prof. Dr. Heide Schlüpmann (Film)
	Prof. Dr. Burkhard Lindner (Medien)
Anschrift	Grüneburgplatz 1
	D-60323 Frankfurt am Main
	Tel.: 069-798-32067; Fax: 069-798-32068
	E-Mail: kalthoff@tfm.uni-frankfurt.de
Fachschaft	Kontakt über das Institut
Studienschwerpunkt	Theater des 20. Jh., Gegenwartstheater, Theater und Film, Kino/Film, Medien, verbindlicher Praxisanteil im Studium.
Studienaufbau	Studienanfang nur im Wintersemester. Zulassungsbeschränkung (interner Numerus clausus). Regelstudienzeit 8 Semester. Abschluss mit Magister Artium (M.A.).
Ausstattung	Institutseigene Bibliothek, Video-Raum.

Justus-Liebig-Universität Gießen
Institut für Angewandte Theaterwissenschaft

Geschäftsführende Direktoren	Prof. Dr. Helga Finter / Prof. Dr. Heiner Goebbels
Anschrift	Karl-Glöckner Straße 21a
	D-35394 Gießen
	Tel.: 0641-99 31 22 1; Fax: 0641-99 31 22 9
	E-Mail: Angew.Theaterwissenschaft@theater.uni-giessen.de
	Homepage: http://www.angewandte-theaterwissenschaft.de
Fachschaft	Kontakt über das Institut.
Studienschwerpunkt	Angewandte Theaterwissenschaft „Drama Theater Medien"; Theorie und Praxis der theatralen Künste.
Studienaufbau	Kann nur als Hauptfach studiert werden; Studienanfang nur im Wintersemester. Aufnahmeprüfung (Mappe, Klausur, mündliche Prüfung), Nachweis der Kenntnis von zwei Fremdsprachen. Mindeststudienzeit 8 Semester zuzüglich zwei Prüfungssemester; Abschluss mit Diplom/Promotion.
Ausstattung	Studentenzahl ca. 120, Videothek, Probebühne, Bibliothek, Video-Schnittraum, Tonstudio.

Universität Hamburg
Institut für Theater, Musiktheater und Film
Studiengang Schauspieltheater-Regie

Geschäftsführender Direktor	Prof. Dr. Joachim Schöberl
Leitung	Prof. Dr. Manfred Brauneck
Anschrift	Friedensallee 9

	D-22765 Hamburg
	Tel.: 040-42838-4140/-4159; Fax: 040-42838-4168
	E-mail: str@itmf.uni-hamburg.de
	Homepage:http://www.rrz.uni-hamburg.de/as-film/itmf.html
Fachschaft	Kontakt über das Institut
Studienschwerpunkt	Achtsemestrige Ausbildung, die wissenschaftliches und künstlerisches Lernen und Arbeiten miteinander verbindet.
Studienaufbau	Studienanfang nur zum SoSe möglich. Bewerbung bis 30. September des Vorjahres. Nachweis der allgemeinen Hochschulreife und einer mindestens zweijährigen Erfahrung im Theaterbereich; Aufnahmeprüfung; Zwischenprüfung nach dem Grundstudium (4 Semester); Diplomprüfung als Abschluss des Hauptstudiums (4 Semester). Ab SoSe 2003: Möglichkeit eines 4-semestrigen Aufbaustudiums Dramaturgie (Schwerpunkte Schauspieltheater oder Musiktheater); Aufnahmeprüfung; Abschluss: Diplom; Leitung und Kontakt s.o.
Ausstattung	Seminar- und Probenräume, Studiobühnen, Bibliothek.

Zentrum für Theaterforschung / Hamburger Theatersammlung

Wissenschaftliche Mitglieder	Prof. Dr. Theresia Birkenhauer
	Dr. Michaela Giesing
	Dr. Barbara Müller-Wesemann
Anschrift	Von-Melle-Park 3
	D-20146 Hamburg
	Tel.: 040-42838-2036; Fax: 040-42838-6285
Forschungsschwerpunkte	Analyse des Gegenwartstheaters und aktueller Dramaturgien; Hamburger und allgemeine Theatergeschichte, die Geschichte Hamburger jüdischer Künstler, Theatermarketing.

Universität Hildesheim
Institut für Medien- und Theaterwissenschaft

Leiter	Prof. Dr. Hajo Kurzenberger
Anschrift	Marienburger Platz 22
	D-31141 Hildesheim
	Tel.: 05121-883-670; Fax: 05121-883 671
	Homepage: http://www.uni-hildesheim.de/FB/FB2/INST/methe/
Fachschaft	Tel.: 05121-883-304
Studiengänge	Kulturwissenschaften und ästhetische Praxis (Studienschwerpunkt praktische Theaterwissenschaft); Szenische Künste.
Studienaufbau	Studienanfang nur im WS. Zulassungsbeschränkung (N.C. künstlerischer Eignungstest). Anmeldeschluss 15. Mai. Min-

	deststudienzeit 9 Semester einschließlich Diplomprüfung. 3 Praktika obligatorisch. Abschluss mit Diplom.
Ausstattung	Studentenzahl ca. je 300 Haupt- und Nebenfach (Kulturwissenschaften und ästhetische Praxis mit Studienschwerpunkt Theater), 20 Studierende pro Studienjahr „Szenische Künste"; Bühnen, Videoarchiv, institutseigene Bibliothek, Mediothek.

Universität zu Köln
Institut für Theater-, Film- und Fernsehwissenschaft

Geschäftsführender Direktor	Prof. Dr. Elmar Buck
Anschrift	Meister-Ekkehart-Straße 11 D-50937 Köln Tel: 0221-470 5745; Fax: 0221-4705061 Homepage: http://www.uni-koeln.de/phil-fak/thefife/home
Fachschaft	E-Mail: fs-thefife@uni-koeln.de
Studienschwerpunkt	Kein Schwerpunkt.
Studienaufbau	Studienanfang nur zum WS möglich. Zulassungsbeschränkung (Numerus clausus). Regelstudienzeit 9 Semester (einschließlich Magisterprüfung). Keine Studienzeitbegrenzung. Abschluss mit Magister Artium.
Ausstattung	Video-Archiv, Bibliothek, Videoschnittplatz, Theaterwissenschaftliche Sammlung Schloss Wahn.

Universität Leipzig
Institut für Theaterwissenschaft

Geschäftsführender Direktor	Prof. Dr. Günther Heeg
Anschrift	Ritterstraße 16-22 (Postfach 135101) D-04109 Leipzig Tel.: 0341-9730400; Fax: 0341-9730409 E-Mail: richterc@rz.uni-leipzig.de Homepage: http://www.uni-leipzig.de/~theater/index.htm
Fachschaft	Homepage: http://www.uni-leipzig.de/~fsrthea/
Studienschwerpunkt	Kulturgeschichte des Theaters, Theater/Ästhetik, Intermedialität, Theater/Anthropologie, Tanztheater.
Studienaufbau	Studienanfang nur im WS, Anmeldetermine im vorausgehenden Semester (jeweils bis 15.07.). Zulassungsbeschränkung (Numerus clausus). Zwei moderne Fremdsprachen oder eine Fremdsprache und Latinum sind bis zur Zwischenprüfung nachzuweisen. Regelstudienzeit 9 Semester. Abschluss mit Magister Artium.

Ausstattung	644 Studenten, erweiterter Handapparat der Professoren, Tutorien, Studiobühne, Technik-Raum und Kurse, Videoarchiv und Videosichtplätze, Theaterwissenschaftliches Archiv, Theaterprogrammhefte- und Rezensionsarchiv.

Johannes-Gutenberg-Universität Mainz
Institut für Theaterwissenschaft

Geschäftsführender Direktor	Prof. Dr. Christopher Balme
Anschrift	Welderweg 18 (Postfach 3980) D-55099 Mainz Tel.: 06131-39 23775; Fax: 06131-39 23776 E-Mail: sekthea@mail.uni-mainz.de Homepage: http://www.germanistik.uni-mainz.de/ Theaterwissenschaft/Eingang.htm
Fachschaft	Tel.: 06131-39-23167
Studienschwerpunkt	Sprechtheater, Performance, Theater und Medien, Interkulturalität, Theater/Anthropologie, Gender-Theorie.
Studienaufbau	Studienanfang im SoSe und im WS möglich. Zulassungsbeschränkung (Numerus Clausus). Erforderlich sind Kenntnisse in zwei modernen Fremdsprachen. Regelstudienzeit 9 Semester. Abschluss mit Magister Artium. Seit dem WS 2001 Diplomstudiengang ‚Mediendramaturgie'.
Ausstattung	Studentenzahl ca. 400, institutseigene Bibliothek, Videosichtraum, Tutorien.

Ludwig-Maximilians-Universität München
Institut für Theaterwissenschaft

Lehrstuhlinhaber	Prof. Dr. Hans-Peter Bayerdörfer
Anschrift	Ludwigstraße 25 D-80539 München Tel.: 089-2180-2490; Fax: 089-2180-5307 Homepage: www.lmu.de/institute/theaterwissenschaft
Fachschaft	Historicum, Schellingstraße 12, Raum 511
Studienschwerpunkt	Theaterwissenschaft (v.a. Sprechtheater, aber auch Musik- und Tanztheater) und Dramaturgie (Diplomstudiengang in Schauspiel und Musiktheater).
Studienaufbau	Studienanfang nur im Wintersemester. Latinum für den Abschluss erforderlich. Zulassungsbeschränkung nur für Dramaturgie, Bewerbung bis 15. Juli des Jahres. Die Regelstudienzeit für Dramaturgie beträgt 9 Semester und wird mit der Diplom-Prüfung abgeschlossen. Die Dauer des Studiums der Theaterwissenschaft ist nicht an eine Regelstudienzeit gebunden und beträgt ca. 9–12 Semester. Es wird mit der Magisterprüfung (Magister Artium) abgeschlossen. Bei

Ausstattung	beiden Studiengängen ist eine Promotion (Doktor) möglich. Studentenzahl ca. 1.650. Eigene Institutsbibliothek, Audiothek, Videothek, Videostudio und Studiobühne vorhanden. Computerräume in Zusammenhang mit der Universitätsbibliothek. Zu den meisten Räumen des Instituts ist der Zugang behindertengerecht.

Universität Wien
Institut für Theaterwissenschaft

Vorstand	Univ. Prof. Dr. Johann Hüttner
Anschrift	Batthyanystiege A-1010 Wien Tel.: 0043/1-4277 48401; Fax: 0043/1-4277 9484 Homepage: http://www.univie.ac.at/Theaterwissenschaft
Fachschaft	Tel.: 0043/1/ 533 65 05
Studienschwerpunkt	Theatergeschichte, Sprechtheater, Musiktheater, Tanztheater, Theorie und Ästhetik des Theaters, Geschichte und Theorie des Films, des Fernsehens und der Neuen Medien, Theateranthropologie.
Studienaufbau	Studienanfang zum WS und SS möglich. Keine Zulassungsbeschränkung. Aktuelle Informationen: http://www.univie.ac.at/Studienabteilung Studienabschluss: Mag. phil., bzw. Dr. phil.
Ausstattung	Studentenzahl ca. 2.500–3.000. Fachbibliothek, Videothek, Video-Studio mit digitalem Schnittplatz, Audiothek, Diathek, Bild- und Kritikenarchiv.

2. Nachschlagewerke und Zeitschriften

2.1 Lexika und Wörterbücher

Enciclopedia dello spettacolo. Hrsg. von Silvio d'Amico. Rom: Maschere. Bd. 1.1954–9.1962. Aggiornamento 1955–1965. Indice, repertorio 1968. Indice, repertorio 1975. Cinema, teatro, balletto, TV 1978.
International bibliography of theatre: IBT. New York 1985 ff.
International dictionary of theatre. Hrsg. Mark Hawkins-Dady. Chicago u.a.: Bd. 1. Plays. 1992, Bd. 2. Playwrights. 1994, Bd. 3. Actors, directors and designers. 1996.
International dictionary of theatre language. Hrsg. Joel Trapido. Westport, Conn. u.a. 1985.
Internationaler Biographischer Index der Darstellenden Kunst. München u.a. 1997 (auch auf CD-Rom).
Kosch, Wilhelm: Deutsches Theaterlexikon: biographisches und bibliographisches Handbuch. Fortgeführt von Ingrid Bigler-Marschall. Klagenfurt u.a.: Bd. 1.1953 ff.
Lexikon Theater international. Jochanan Ch. Trilse-Finkelstein. Berlin 1995.
Lista, Giovanni: La scène moderne: encyclopédie mondiale des arts du spectacle dans la seconde moitié du XXe siècle. Paris 1997.
The Oxford companion to the theatre. Hrsg. Phyllis Hartnoll. 4. ed., repr. Oxford u.a. 1988.
Pavis, Patrice: Dictionnaire du théâtre. Paris 1996.
Theater-Lexikon. Hrsg. von Henning Rischbieter. Zürich u.a. 1983.
Theaterlexikon: Begriffe und Epochen, Bühnen und Ensembles. Hrsg. von Manfred Brauneck und Gérard Schneilin. 3. vollst. überarb. u. erw. Neuausg. Hamburg 1992.
Theaterlexikon. Hrsg. von Manfred Brauneck. CD-Rom. München 1999.
World encyclopedia of contemporary theatre. Hrsg. Dan Rubin. Vol. 1: Europe. Vol. 2: The Americas. Vol. 3: Africa. Vol. 4: The Arab World. Vol. 5: Asia/Pacific. London 1995–1999.

2.1.1 Musiktheater

The Metropolitan opera encyclopedia. Hrsg. David Hamilton. London 1987.
Die Musik in Geschichte und Gegenwart: allgemeine Enzyklopädie der Musik. Hrsg. von Ludwig Finscher. 2., neubearb. Aufl. Kassel u.a. Bd. 1. 1994 ff.
The new Grove dictionary of opera. Hrsg. Stanley Sadie. London u.a. Bd. 1–4. 1992.
Opern-Uraufführungen: ein internationales Verzeichnis von der Renaissance bis zur Gegenwart. Hrsg. von Clemens M. Gruber. Wien. Bd. 1–3. 1978–1994.
Pipers Enzyklopädie des Musiktheaters: Oper, Operette, Musical, Ballett. Hrsg. von Carl Dahlhaus. München u.a. 1.1986–6.1997.
Riemann, Hugo: Musik-Lexikon. 12. völlig neu bearb. Aufl. Mainz. Personenteil Bd. 1.2. 1959–1961, Ergänzungsbd. 1.2. 1972–1975, Sachteil 1967.
Schneidereit, Otto: Operette A–Z. 13. Aufl. Berlin 1986.
Seeger, Horst: Opernlexikon. 4., durchges. Aufl. Berlin 1989.
Stieger, Franz: Opernlexikon. Tutzing: Schneider. Titelkatalog Bd. 1–3. 1975, Komponisten Bd. 1–3. 1977–1978, Librettisten Bd. 1–3. 1979–1981, Nachträge Bd. 1.2. 1982–1983.
Thiele, Johannes: Lexikon der Operette. München u.a. 1998.

2.1.2 Theatertanz

Cohen-Straytner, Barbara N.: Biographical dictionary of dance. New York u.a. 1982.
The encyclopedia of dance and ballet. Hrsg. Mary Clarke. New York 1977.
International dictionary of ballet. Hrsg. Martha Bremser. Detroit u.a. Bd. 1–2. 1993.
International encyclopedia of dance. Hrsg. Selma Jeanne Cohen. Oxford u.a. Bd. 1. 1998 ff.
Koegler, Horst: The concise Oxford dictionary of ballet. 2. ed. Oxford u.a. 1988.
Koegler, Horst/Günther, Helmut: Reclams Ballettlexikon. Stuttgart 1984.

Die Musik in Geschichte und Gegenwart: allgemeine Enzyklopädie der Musik. Hrsg. von Ludwig Finscher. 2., neubearb. Aufl. Kassel u.a. Bd. 1. 1994ff.
Peters, Kurt: Lexikon der klassischen Tanztechnik. 2. Aufl. Wilhelmshaven 1991.
Pipers Enzyklopädie des Musiktheaters: Oper, Operette, Musical, Ballett. Hrsg. von Carl Dahlhaus. München u.a. 1.1986–6.1997.

2.2 Bibliographien

Bibliographic guide to theatre arts. Boston, Mass. 1975ff.
Bibliographie darstellender Kunst und Musik: deutschsprachige Hochschulschriften und Veröffentlichungen außerhalb des Buchhandels 1966–1980. Red.: Margarete Wolf. München u.a. Bd. 1–3. 1991.
Dramenlexikon: Jahrband. Hrsg. vom Deutschen Theatermuseum. Begr. von Friedrich Ernst Schulz; neu hrsg. von Wilhelm Allgayer. München: Text + Kritik 1941ff., ab 1985 ersch. jährl. kumulierendes Reg.
German theatre: a bibliography from the beginning to 1995. Hrsg. Michael Patterson. New York u.a. 1996.
Hadamowsky, Franz: Bücherkunde deutschsprachiger Theaterliteratur. Wien u.a. Bd. 1,1.2.1988–2.1982.
Heidtmann, Frank/Ulrich Paul S.: Wie finde ich film- und theaterwissenschaftliche Literatur. 2., vollst. überarb. Aufl. Berlin 1988.
Hill, Wilhelm: Die deutschen Theaterzeitschriften des 18. Jahrhunderts. Nachdr. d. Ausg. Weimar 1915. Hildesheim 1979.
Kirschner, Jürgen: Fischer-Handbuch Theater, Film, Funk und Fernsehen. Frankfurt a.M. 1997.
Performing arts books 1876–1981. New York u.a. 1981.
Rojek, Hans J.: Bibliographie der deutschsprachigen Hochschulschriften zur Theaterwissenschaft: 1953–1960. Berlin 1962.
Schwanbeck, Gisela: Bibliographie der deutschsprachigen Hochschulschriften zur Theaterwissenschaft: 1885–1952. Berlin 1956.
Theaterliteratur: ein bibliographischer Behelf für das Studium der Theaterwissenschaft, zsgest. von Otto G. Schindler. 6. Ausg. Wien 1978.
Zeitschriften-Datenbank. Teilausgabe Musik, Theater. Berlin: Dt. Bibliotheks-Inst. 1.1995ff.
Zeitschriftenverzeichnis Theaterwissenschaft: Bestände der Sondersammelgebietsbibliothek. Frankfurt a.M.: Stadt- und Univ.-Bibliothek 1981.

2.3 Theaterproduktion

Graubner, Gerhard: Theaterbau: Aufgabe und Planung. 2. Aufl. München 1970.
Izenour, George C.: Theatre design. New York 1977.
Keller, Max: Faszination Licht: Licht auf der Bühne. München; London, New York 1999.
Mehlin, Urs H.: Die Fachsprache des Theaters: eine Untersuchung der Terminologie von Bühnentechnik, Schauspielkunst und Theaterorganisation. Düsseldorf 1969.
Thiel, Erika: Geschichte des Kostüms: die europäische Mode von den Anfängen bis zur Gegenwart. 6., verb. u. erw. Aufl. Berlin 1997.

2.3 Zeitschriften

Ballett international/Tanz aktuell. Seelze: Friedrich 1994ff. Vorg.: Ballett international und Tanz aktuell
Die Bühne. Wien 1.1958ff.
Die Bühnengenossenschaft. Hamburg 1.1949/50ff.
Bühnentechnische Rundschau. Seelze 1.1907ff.
Cambridge opera journal. Cambridge u.a. 1.1989ff.
Dance research. Oxford u.a.: 1.1983ff.
Dance theatre journal. London: Laban Centre 1.1983ff.
Die deutsche Bühne. Seelze 1.1909ff.
Dramaturg: Nachrichten der Dramaturgischen Gesellschaft. Berlin 1983,3/4ff. Vorg.: Dramaturgische Gesellschaft: Nachrichtenbrief.

Forum Modernes Theater. Tübingen 1.1986ff.
Korrespondenzen. Hannover: Ges. für Theaterpädagogik e.V. 1.1985/86ff. (H. 16 nicht ersch.)
Maske und Kothurn. Wien u.a. 1.1955ff.
Mimos. Bern: Schweiz. Ges. für Theaterkultur 1.1949ff.
Musik und Theater. Berlin 1.1986ff.
My-Theater-Korrespondenz. Darmstadt 44.1993,3ff.
New theatre quarterly. Cambridge u.a. 1.1985ff.
Opera. London: 1.1950ff.
Opernwelt. Seelze: 1.1960ff.
Puck: Das Figurentheater und die anderen Künste. Erlangen: Arbeitskreis für Gemeinsame Kulturarbeit Bayerischer Städte 1.1993ff.
Der Spielplan: die monatliche Theater-Vorschau. Kassel 12.1965ff.
Tanzdrama. Seelze 1.1987ff.
TDR: The Drama Review. Cambridge, MA.
Theater der Zeit. Berlin 1.1946ff.
Theater heute. Seelze 1.1960ff.
Theater-Rundschau. Bonn 1.1955ff.
TheaterZeitSchrift. Schwalbach/Ts. 1.1982–35.1993.
Theatre journal. Baltimore, Md. 31.1979ff.
Theatre research international. Oxford 1.1975/76ff.

2.4 Statistiken und Spielplannachweise

Deutscher Bühnenspielplan mit Unterstützung des Dt. Bühnenvereins. Leipzig 1.1896/1897–48.1943/44. Journal Freie Theater. Hrsg. vom Bundesverband Freier Theater e.V. Darmstadt 1993ff.
Österreichischer Bundestheaterverband: Bericht. Wien 1979/80 (1980)–1991/92 (1992).
Spielplan-Journal: Informationsdienst für die Kulturarbeit in Städten und Gemeinden. Darmstadt 1994/95ff. Theater in Österreich. Wien 1980/81 (1982)ff.
Theateralmanach: Spielzeit. Bernd Steets. Pullach Spielzeit 93/94 (1993)ff.
Theater-Statistik. Hrsg. vom Deutschen Bühnenverein. Köln 1965/66ff., enth. auch Vergleichende Theaterstatistik 1949/50–1984/85ff.
Wer spielte was?: Werkstatistik des Deutschen Bühnenvereins. Darmstadt 1990/91. 1991ff.

2.5 Adressbücher, Allgemeine Informationen

Bibliothèques et musées des arts du spectacle dans le monde. Performing arts libraries and museums of the world. Publ. sous la direction de André Veinstein. 4. ed. Paris: CNRS 1992
Deutsches Bühnen-Jahrbuch: Das große Adressbuch für Bühne, Film, Funk, Fernsehen. Hamburg: Genossenschaft Deutscher Bühnenangehöriger 1.1915ff.
dazu:
Ulrich, Paul S.: Theater, Tanz und Musik im Deutschen Bühnenjahrbuch: ein Fundstellennachweis von biographischen Eintragungen, Abbildungen und Aufsätzen aus dem Bereich Theater, Tanz und Musik, die von 1836 bis 1984 im Deutschen Bühnenjahrbuch, seinen Vorgängern oder einigen anderen Theaterjahrbüchern erschienen sind. Berlin: Spitz Bd. 1.2. 1985

2.6 Internetadressen

Brockett's History of the Theatre, Digital Bibliography: www.abacon.com/ brockett/links.html. Orientiert sich an den Kapitelüberschriften von Oscar Brocketts Standardwerk, A History of Theatre, bietet weiterführende Links zu theatergeschichtlichen Epochen von der Antike bis zur Gegenwart.
Homepage der Gesellschaft für Theaterwissenschaft: www.cx.unibe.ch/itw/ GTW.html. Enthält Informationen über die Aktivitäten der Gesellschaft: Tagungen, Graduiertenkollegs für Theaterwissenschaft, u.v.m

The World Wide Web Virtual Library: Theatre and Drama. www.brookes. ac.uk/VL/theatre/index.html. Umfangreiche Homepage mit Links zu Theatergruppen und -festivals, theaterwissenschaftlichen Instituten, Tagungen, Zeitschriften u.v.m

3. Literaturverzeichnis

Adshead, Janet (Hg.) (1988): Dance Analysis. Theory and Practice. London.
Albersmeier, Franz-Josef (1992): Theater, Film, Literatur in Frankreich: Medienwechsel und Intermedialität. Darmstadt.
Albrecht, Siegfried et al. (1991): Teatro: Eine Reise zu den oberitalienischen Theatern des 16.–19. Jahrhunderts. Marburg.
Almhofer, Edith (1986): Performance Art. Wien.
Appia, Adolphe (1899): Die Musik und die Inscenierung. München.
ders. (1991 [1954]): Darsteller, Raum, Licht, Malerei. In: Lazarowicz/Balme (1991), S. 437–442.
Aristoteles (1982): Poetik. Griechisch/Deutsch. Hg. und übers. v. Manfred Fuhrmann. Stuttgart.
Arnheim. Rudolf (1995 [1932]): Film als Kunst. In: Franz-Josef Albersmeier (Hg.): Texte zur Theorie des Films. Stuttgart 1995, S. 179-203.
Balk, Claudia (1989): Theaterfotografie: Eine Darstellung ihrer Geschichte anhand der Sammlung des Deutschen Theatermuseums. München.
dies. (1995): Theater-Göttinnen. Basel u.a.
Balme, Christopher (1988) (Hg.): Das Theater von Morgen: Texte zur deutschen Theaterreform 1870–1920. Würzburg.
ders. (1994): Kulturanthropologie und Theatergeschichtsschreibung: Methoden und Perspektiven. In: Arbeitsfelder der Theaterwissenschaft. Hg. v. Erika Fischer-Lichte, Wolfgang Greisenegger und Hans-Thies Lehmann. Tübingen, S. 45–58.
ders. (1995): Theater im postkolonialen Zeitalter: Studien zum Theatersynkretismus im englischsprachigen Raum. Tübingen.
ders. (1995b) Zwischen Artifizialität und Authentizität: Frank Wedekind und die Theaterfotografie. In: Theater der Region – Theater Europas. Hg. v. Andreas Kotte. Basel, S. 175–187.
ders. (1996): ‚Pictured Passions': zum Verhältnis von Malerei und Schauspieltheorie im England des 18. Jahrhunderts, in: Aktuelle Tendenzen der Theatergeschichtsforschung. Hg. Kleine Schriften der Gesellschaft für Theatergeschichte, Heft 36/37. Berlin, S. 147–166.
ders. (1997): Interpreting the Pictorial Record: Theatre Iconography and the Referential Dilemma. In: Theatre Research International 22:3, S. 190–201.
ders. (1998a): „verwandt der Kern aller Menschen": Zur Annäherung von Theaterwissenschaft und Kulturanthropologie, in: Ethnologie und Inszenierung: Ansätze zur Theaterethnologie. Hg. v. Bettina Schmidt & Mark Münzel. Marburg 1998, S. 19–44.
ders. (1998b): Staging the Pacific: Framing Authenticity in Performances for Tourists at the Polynesian Cultural Center, in: Theatre Journal 50, S. 53–70.
Barba, Eugenio (1982): Theateranthropologie: über orientalische und abendländische Schauspielkunst. In: Brauneck (1986), S. 443–451.
ders. (1996): „Was ist Theateranthropologie?", in: Flamboyant. Schriften zum Theater. Heft 3: Das Lernen zu lernen. ISTA Internationale Schule für Theateranthropologie, S. 15–16.
Barish, Jonas (1981): The antitheatrical prejudice. Berkeley.
Barnett, Dene: The Art of Gesture: the practices and principles of 18th century acting. Heidelberg 1988.
Barthes, Roland (1981): Das Reich der Zeichen. Frankfurt a.M.
ders. (1969): Literatur oder Geschichte. Frankfurt a.M.
Bateson, Gregory (1981 [1959]): Ökologie des Geistes: Anthropologische, psychologische, biologische und epistemologische Perspektiven. Frankfurt a.M.
Bayerdörfer, Hans-Peter (1976): Eindringlinge, Marionetten, Automaten: Symbolistische Dramatik und die Anfänge des modernen Theaters. In: Schiller Jahrbuch 20, S. 504–538.
ders. (1990): Probleme der Theatergeschichtsschreibung. In: Möhrmann (1990), S. 41–63.
ders. (1999) (Hg.): Musiktheater als Herausforderung: Interdisziplinäre Facetten von Theater- und Musikwissenschaft. Tübingen.

Becker, Heinz (1974): Zur Situation der Opernforschung. In: Die Musikforschung 27, S. 153–165.
Bender, Wolfgang (1992) (Hg.): Schauspielkunst im 18. Jahrhundert: Grundlagen, Praxis, Autoren. Stuttgart.
Bennett, Susan (1990): Theatre audiences. London u.a.
Berg, Jan, Hans-Otto Hügel und Hajo Kurzenberger (1997) (Hgg.): Authentizität als Darstellung. Hildesheim.
Berger, Susanne (1977): Das Interesse am Theater: Entwicklung, Durchführung und Auswertung einer Repräsentativerhebung in Fellbach bei Stuttgart. Fellbach.
Bernard, Michel (1986) Quelques réflexions sur le jeu de l'acteur contemporain. In: Bulletin de psychologie 38.
Boenisch, Peter (2000): Tanztheorie und Sprechtheater: Perspektiven der Analyse von Körperzeichen im zeitgenössischen Theater. In: Jeschke (2000b), S.16-29.
Brandstetter, Gabriele (1995): Tanz-Lektüren: Körperbilder und Raumfiguren der Avantgarde. Frankfurt a.M.
Brandstetter, Gabriele, Helga Finter und Markus Wessendorf (1998) (Hgg.): Grenzgänge: Das Theater und die anderen Künste. Tübingen.
Brauneck, Manfred (^{2}1986): Theater, Spiel und Ernst: Ein Diskurs zur theoretischen Grundlegung der Theaterästhetik. In: ders.: Theater im 20. Jahrhundert: Programmschriften, Stilperioden, Reformmodelle. Reinbek bei Hamburg.
Brecht, Bertolt (1957): Schriften zum Theater: Über eine nicht-aristotelische Dramatik. Frankfurt a.M.
ders. (1967): Gesammelte Werke in 20 Bänden. Frankfurt a.M.
Brewster, Ben und Lea Jacobs (1997): Theatre and cinema: stage pictorialism and the early feature film. Oxford.
Brook, Peter (1969): Der leere Raum. Aus dem Englischen von Walter Hasenclever. Berlin.
Buck, Elmar (1990): Der Ort des Theaters. In: Möhrmann (1990), S. 187–215.
Büscher, Barbara (1994): Theater und elektronische Medien. In: Fischer-Lichte et al. (1994), S. 193–210).
Carlson, Marvin (1984): Theories of the Theatre. Ithaca/London.
ders. (1987): Histoire des codes. In: Helbo et al. (1987), S. 65–75.
ders. (1989): Places of Performance: The Semiotics of Theatre Architecture. Ithaca/London.
ders. (1996): Performance: A critical introduction. New York.
Case, Sue-Ellen (1988): Feminism and Theater. New York.
Cassirer, Ernst (^{4}1964): Philosophie der symbolischen Formen: Zweiter Teil. Das mythische Denken. Darmstadt.
Cechov, Michail (1990): Die Kunst des Schauspielers. Stuttgart.
Collier, Jeremy (1991 [1698]): Unmoral und Blasphemie auf der englischen Bühne. In: Lazarowicz/Balme 1991, S. 539–542.
Corssen, Stefan (1997): Max Herrmann und die Anfänge der Theaterwissenschaft. Tübingen.
Craig, Edward Gordon (1969 [1911]): Über die Kunst des Theaters. Hg. v. Dietrich Kreidt. Berlin.
Dahlhaus, Carl (1983): Vom Musikdrama zur Literaturoper. München/Salzburg.
ders. (1984): Regietheater. In: Musica 38, S. 227–230.
Derrida, Jacques (1976): Die Schrift und die Differenz. Übers.v. Rodolphe Gaché. Frankfurt a.M.
De Marinis, Marco de (1985): ‚A Faithful Betrayal of Performance': Notes on the Use of Video in the Theatre. In: New Theatre Quarterly 1:4, S. 383–389.
Diamond, Elin (1992): The Violence of 'We': Politicizing Identification. In: Reinelt/Roach (1992), S. 390–398.
Diderot, Denis (1968): Ästhetische Schriften. Hg. v. Friedrich Bassenge. Band I. Frankfurt a.M.
Döhring, Sieghart und Sabine Henze-Döhring (1997): Oper und Musikdrama im 19. Jahrhundert. Laaber.

Ebert, Gerhard und Rudolf Penka (1998): Schauspielen: Handbuch der Schauspieler-Ausbildung. 4., überarb. und erg. Aufl. Berlin.
Eco, Umberto (1995): Zeichen – Einführung in einen Begriff. Frankfurt a.M.
Eicher, Thomas und Ulf Bleckmann (Hg.) (1994): Intermedialität: Vom Bild zum Text. Bielefeld.
Elam, Keir (1980): The Semiotics of Theatre and Drama. London.
Ely, N. und St. Jaeger (Hg.) (1984): Regie heute – Musiktheater in unserer Zeit. Berlin.
Erenstein, Robert und L. Senelick (Hg.) (1997): Theatre and Iconography. Sondernummer von Theatre Research International 22:3.
Felsenstein, Walter und Joachim Herz (1976): Musiktheater. Beiträge zu Methodik und zu Inszenierungskonzepten. 2. veränderte Auflage. Leipzig.
ders. und Götz Friedrich und Joachim Herz (1970): Musiktheater. Leipzig.
Fiebach, Joachim und Rudolf Münz (1981 [1974]): Thesen zu theoretisch-methodischen Fragen der Theatergeschichtsschreibung. In: Klier 1981, S. 310–326.
Fiebach, Joachim (1975): Von Craig bis Brecht: Studien zur Künstlertheorien in der ersten Hälfte des 20. Jahrhunderts. Berlin.
ders. (1986): Die Toten als die Macht der Lebenden: Zur Theorie und Geschichte von Theater in Afrika. Berlin.
Fischel, Oskar (1935): Art and the Theatre I & II. In: The Burlington Magazine 66, S. 54–70.
Fischer-Lichte, Erika (1983a): Das System der theatralischen Zeichen: Semiotik des Theaters Bd.1. Tübingen.
dies. (1983b): Vom „künstlichen" zum „natürlichen" Zeichen – Theater des Barock und der Aufklärung. Semiotik des Theaters, Bd.2. Tübingen.
dies. (1983c): Die Aufführung als Text. Semiotik des Theaters Bd. 3. Tübingen.
dies. (Hg.) (1985a): Das Drama und seine Inszenierung. Tübingen.
dies. (1985b): Was ist eine ‚werkgetreue' Inszenierung? Überlegungen zum Prozeß der Transformation eines Dramas in eine Aufführung. In: dies. (1985a), S. 37-49.
dies. (1990): Die Zeichensprache des Theaters: Zum Problem theatralischer Bedeutungsgenerierung. In: Möhrmann (1990), S. 233–260.
dies. (1993a): Kurze Geschichte des deutschen Theaters. Tübingen u. Basel.
dies. (1993b): Auf dem Weg in ein Reich der Schatten: Robert Wilsons Frankfurter King Lear-Inszenierung. In: Erika Fischer-Lichte/Harald Xander (Hg.): Welttheater – Nationaltheater – Lokaltheater?: Europäisches Theater am Ende des 20. Jahrhunderts. Tübingen, S. 203–229.
dies. (1994a): Theatergeschichte und Wissenschaftsgeschichte. In: Arbeitsfelder der Theaterwissenschaft. Hg. v. Erika Fischer-Lichte et al. Tübingen.
dies. (1994b): Theatre Historiography and Performance Analysis: Different Fields – Common Approaches? In: Assaph C 10, S. 99–112.
dies. (1997): Die Entdeckung des Zuschauers: Paradigmenwechsel auf dem Theater des 20. Jahrhunderts. Tübingen/Basel.
Fischer-Lichte, Erika/W. Greisenegger/Hans-Thies Lehmann (Hg.) (1994): Arbeitsfelder der Theaterwissenschaft. Tübingen.
Fischer-Lichte, Erika/F. Kreuder/I. Pflug (Hg.) (1998): Theater seit den 60er Jahren: Grenzgänge der Neo-Avantgarde. Tübingen.
Flemming, Willi (1952): Raumproblem des Theaters. In: Studium Generale 5, H.1, S. 28–37.
Foster, Susan Leigh (1986): Reading Dancing. Bodies and Subjects in Contemporary American Dance. Berkeley et al.
Foucault, Michel (1991 [1971]): Die Ordnung des Diskurses. Aus dem Franz. von Walter Seitter. Frankfurt a.M.
ders. (1976): Überwachen und Strafen: Die Geburt des Gefängnisses. Frankfurt a.M.
Frank, Manfred (1984): Was ist Neo-Strukturalismus? Frankfurt a.M.
Fuchs, Georg (1905): Die Schaubühne der Zukunft. Leipzig.
Fuhrmann, Manfred (Hg.) (1982): Aristoteles. Poetik. Griechisch/Deutsch. Stuttgart.
Gebauer, Gunter (1993): Konzepte der Mimesis zwischen Platon und Derrida. In: Zeitschrift für Semiotik 15:3/4, S. 333–344.

ders. und Christoph Wulf (1992): Mimesis: Kultur, Kunst, Gesellschaft. Reinbek.
Geertz, Clifford (1983 [1973]): Dichte Beschreibung: Beiträge zum Verstehen kultureller Systeme. Frankfurt a.M.
Geitner, Ursula (Hg.) (1988): Schauspielerinnen. Der theatralische Eintritt der Frau in die Moderne. Bielefeld.
Gerhard, Anselm (1992): Die Verstädterung der Oper. Paris und das Musiktheater des 19. Jahrhunderts. Stuttgart.
Gier, Albert (1998): Das Libretto. Theorie und Geschichte einer musikoliterarischen Gattung. Darmstadt.
Gissenwehrer, Michael (1994): Die Theatralität des Gegenterrors: Ritual und theaterwissenschaftliche Forschung. In: Fischer-Lichte et al. (1994), S. 59–74.
Goffman, Erving (1969 [1959]): Wir alle spielen Theater. Die Selbstdarstellung im Alltag. [Engl. The presentation of self in everday life] München.
ders. (1974): Frame Analysis: An Essay on the Organisation of Experience. Cambridge, Mass. [dt. Rahmenanalyse 1977].
Goldberg, Roselee (1988): Performance Art: From Futurism to the Present. New York.
Grassi, Ernesto (1980): Die Theorie des Schönen in der Antike. Köln.
Gromes, Hartwin und Hajo Kurzenberger (2000) (Hgg.): Theatertheorie szenisch. Reflexion eines Theaterprojekts. Hildesheim.
Grotowski, Jerzy (1986 [1969]): Für ein armes Theater. Neuübers. v. Frank Heibert. Zürich/Schwäbisch Hall.
Gurvitch, Georges (1956): Sociologie du théâtre. In: Les lettres nouvelles, S. 34–36.
Haarmann, Hermann (1981): Theaterwissenschaft und ihr Verhältnis zur Geschichte. In: Klier 1981, S. 290–309.
Habermas, Jürgen (1968): Erkenntnis und Interesse. Frankfurt a.M.
Hansen, Günther (1984): Formen der Commedia dell'arte in Deutschland. Emsdetten.
Hecker, Kristine (1989). Die Frauen in den frühen Commedia dell'Arte-Truppen. In: Möhrmann (1989), S. 27–58.
Helbig, Jörg (Hg.) (1998): Intermedialität: Theorie und Praxis eines interdisziplinären Forschungsgebiets. Berlin.
Helbo André et al. (Hg.) (1987): Théâtre: Modes d'approche. Brüssel.
Herrmann, Max (1914): Forschungen zur deutschen Theatergeschichte des Mittelalters und der Renaissance. Berlin
ders. (1981 [1920]): Über die Aufgaben eines theaterwissenschaftlichen Institutes (nach dem Stenogramm), in: Klier (1981), S. 15–24.
ders. (1931): Das theatralische Raumerlebnis. In: Beilageheft zur Zeitschrift für Ästhetik und allgemeine Kunstwissenschaft 25, S. 152–163.
Hickethier, Knut (1985): Theatersemiotik: Ihr Ende oder ein Anfang oder etwas ganz Anderes? Zu Erika Fischer-Lichtes „Semiotik des Theaters". In: TheaterZeitSchrift 12, S. 123–128.
ders. (1988): Das „Medium", die „Medien" und die Medienwissenschaft. In: Bohn et al. (1988), S. 51–74.
Hiß, Guido (1990): Zur Aufführungsanalyse. In: Möhrmann (1990), S. 65–80.
ders. (1993): Der theatralische Blick: Einführung in die Aufführungsanalyse. Berlin.
Höfele, Andreas (1976): Die szenische Dramaturgie Shakespeares: Dargestellt an Titus Andronicus, Romeo und Juliet und Macbeth. Heidelberg.
ders. (1991): Drama und Theater: Einige Anmerkungen zur Geschichte und gegenwärtigen Diskussion eines problematischen Verhältnisses. In: Forum Modernes Theater 6/1 (1991), S. 1–21.
Holtus, Günter (Hg.) (1987): Theaterwesen und dramatische Literatur: Beiträge zur Geschichte des Theaters. Tübingen.
Honzl, Jinrich (1975 [1943]): Hierarchie der Theatermittel. In: H. Schmid und A. Van Kesteren (Hg.) Moderne Dramentheorie. Kronberg/Ts. 1975, S. 133–142.
Huston, Hollis (1992): The Actor's Instrument: Body, Theory, Stage. Ann Arbor.
Huxley, Mike und Noel Witts (1996): The Twentieth Century Performance Reader. London.
Ingarden, Roman (1960): Von den Funktionen der Sprache im Theaterschauspiel. In: ders.: Das literarische Kunstwerk. Tübingen.

Jakobson, Roman (1979[1935]): Die Dominante. In: ders.: Poetik: Ausgewählte Aufsätze 1921–1971. (Hg.) Elmar Holenstein und Tarcisius Schelbert. Frankfurt a.M.
Jappe, Elisabeth (1993): Performance–Ritual–Prozeß: Handbuch der Aktionskunst in Europa. München/New York.
Jauss, Hans Robert (1977): Ästhetische Erfahrung und literarische Hermeneutik I. München.
Jenisch, Jakob (1996): Der Darsteller und das Darstellen: ich selbst als ein anderer; Grundbegriffe für Praxis und Pädagogik. Berlin.
Jeschke, Claudia (1983): Tanzschriften: Ihre Geschichte und Methode. Bad Reichenhall.
dies. (1990): Der bewegliche Blick: Aspekte der Tanzforschung in: Möhrmann (1990).
dies. (2000a): Tanz als BewegungsText: Analysen zum Verhältnis von Tanztheater und Gesellschaftstanz (1910–1965). Tübingen.
dies. (2000b) (Hg.): Bewegung im Blick: Beiträge zu einer theaterwissenschaftlichen Bewegungsforschung. Berlin.
Katritzky, M. A. (1987): Italian comedians in Renaissance prints. In: Print Quarterly 4:3, S. 236–254.
Kavrakova-Lorenz, Konstanza (1989): Das Puppenspiel als synergetische Kunstform. In: Die Spiele der Puppe. Hg. v. Manfred Wegner. Köln, S. 230–241.
Kindermann, Heinz (1957): Wir brauchen theatergeschichtliche Ikonographien! In: Maske und Kothurn 3, S. 283–293.
Kirby, Michael (1965): Introduction. In: ders. (Hg.): Happenings. New York.
Kirsch, Mechthild (1992): Die Anfänge der Theaterwissenschaft in Köln: Carl Niessen und die „totale Theaterwissenschaft", in: Max Herrmann und die Anfänge der deutschsprachigen Theaterwissenschaft. Hg. v. Gesellschaft für Theatergeschichte e.V. Ausstellungsführer der Universitätsbibliothek der FU Berlin.
dies. (1996): Heinz Kindermann – ein Wiener Germanist und Theaterwissenschaftler, in: Zeitenwechsel: Germanistische Literaturwissenschaft vor und nach 1945. Hg. v. Wilfried Barner und Christoph König. Frankfurt a.M.
Klier, Helmar (1981) (Hg.): Theaterwissenschaft im deutschsprachigen Raum. Darmstadt.
Kloock, Daniela und Angela Spahr (1997) (Hg.): Medientheorien: Eine Einführung. München.
Köller, Thomas (1993): Die Schauspielpädagogik Jacques Lecoqs. Frankfurt a.M.
Koller, Hermann (1954): Die Mimesis in der Antike: Nachahmung, Darstellung, Ausdruck. Bern.
Košenina, Alexander (1995): Anthropologie und Schauspielkunst. Tübingen.
Kotte, Andreas (1994): Warum rekonstruieren? ‚Das Käthchen von Heilbron', aufgeführt auf dem Theater an der Wien, den 17., 18. Und 19. März 1810. In: Theaterwissenschaft. Materialien zum Studium der Theaterwissenschaft in Bern. Hg. v. Andreas Kotte. Basel, S. 53–72.
ders. (Hg.) (1995): Theater der Region – Theater Europas. Kongress der Gesellschaft für Theaterwissenschaft. Basel.
Kowzan, Tadeusz (1968): ‚The Sign in the Theatre'. In: Diogenes 61, S. 52–80.
ders. (1985): Theatre Iconography/Iconology: The Iconic Sign and its Referent. In: Diogenes 130, S. 53–70.
Kroher, Ekkehart (1994): „Torniamo all'antico: sarà un progresso". Über Probleme der Annäherung an den Opernschöpfer G.F. Händel. In: Giulio Cesare in Egitto. Programmbuch der Bayerischen Staatsoper. München, S. 14–23.
Kurzenberger, Hajo (1998) (Hg.): Praktische Theaterwissenschaft. Spiel – Inszenierung – Text. Hildesheim.
Kutscher, Artur (1936; ²1949): Grundriß der Theaterwissenschaft. München.
Laban, Rudolf von (1991): Choreutik: Grundlagen der Raum-Harmonielehren des Tanzes. Wilhelmshaven.
Lazarowicz, Klaus und Christopher Balme (1991) (Hg.): Texte zur Theorie des Theaters. Stuttgart.
Lazarowicz, Klaus (1971): Die Rampe: Bemerkungen zum Problem der theatralen Partizipation. In: Sprache und Bekenntnis. Festschrift für Helmut Kunisch, Berlin, S. 295–314. Wiederabgedruckt in Lazarowicz 1997.

ders. (1977): Die triadische Kollusion. In: Das Theater und sein Publikum. Hg. v. Institut für Publikumsforschung der Österreichischen Akademie der Wissenschaften. Wien, S. 56–60. Wiederabgedruckt in Lazarowicz 1997.
ders. (1997): Gespielte Welt: Eine Einführung in die Theaterwissenschaft an ausgewählten Beispielen. Frankfurt a.M. u.a.
Leacroft, Richard and Helen (1985): Theatre and playhouse: an illustrated survey of theatre building from Ancient Greece to the present day. London u.a.
Lehmann, Hans-Thies (1989): Die Inszenierung: Probleme ihrer Analyse. In: Zeitschrift für Semiotik 1:1, S. 29–49.
ders. (1991): Theater und Mythos: Die Konstitution des Subjekts im Diskurs der antiken Tragödie. Stuttgart.
ders. (1999): Postdramatisches Theater. Frankfurt a.M.
Leik, Angelika (1996): Frühe Darstellungen der Commedia dell'arte: eine Theaterform als Bildmotiv. Neureid.
Lessing, G.E. (1981): Hamburgische Dramaturgie. Stuttgart.
Lister, Martin (1995) (Hg.): The Photographic Image in Digital Culture. London.
Lyotard, Jean-François (1973): La dent, la paume. In: ders.: Les dispositifs pulsionnels. Paris.
MacAloon, John J. (Hg.) (1984): Rite, Drama, Festival, Spectacle: Rehearsals Toward a Theory of Cultural Performance. Philadelphia.
Mainusch, Herbert (1985): Regie und Interpretation: Gespräche mit Regisseuren. München.
Martin, Jacqueline/Willmar Sauter (Hg.) (1995): Understanding theatre: performance analysis in theory and practice. Stockholm.
Matthes, Isabel (1995): „Der allgemeinen Vereinigung gewidmet": öffentlicher Theaterbau in Deutschland zwischen Aufklärung und Vormärz. Tübingen.
McConachie, Bruce (1985): Towards a Post-Positivist Theatre History. In: Theatre Journal 37, S. 465–486.
Meyer, Petra Maria (1997a): Gedächtniskultur des Hörens: Medientransformationen von Beckett über Cage bis Mayröcker. Düsseldorf.
dies (1997b): Theaterwissenschaft als Medienwissenschaft. In: Forum Modernes Theater 12:2, S. 115–131.
Meyerhold, Wsewolod E. (1979): Schriften in zwei Bänden. Berlin.
Möhrmann, Renate (Hg.) (1989): Die Schauspielerin: Zur Geschichte der weiblichen Bühnenkunst.
dies. (Hg.) (1990): Theaterwissenschaft heute. Eine Einführung. Berlin.
Müller, Jürgen (1995): Intermedialität: Formen moderner kultureller Kommunikation. Münster.
Münz, Rudolf (1979): Das „andere" Theater: Studien über ein deutschsprachiges teatro dell'arte der Lessingzeit. Berlin.
ders. (1998): Theatralität und Theater: Zur Historiographie von Theatralitätsgefügen. Berlin.
Mulvey, Laura (1975): Visual Pleasure and Narrative Cinema. In: Screen 16:13 (Autumn).
Neiiendam, Klaus (1992): The art of acting in antiquity: Iconographical studies in Classical, Hellenistic and Byzantine theatre. Kopenhagen.
Niessen, Carl (1927): Aufgaben der Theaterwissenschaft. In: Die Scene: Blätter für Bühnenkunst 17, S. 44–49.
ders. (1949–1958): Handbuch der Theater-Wissenschaft. 3 Bde. Emsdetten.
ders. (1981 [1956]): Theaterwissenschaft: Das Daseinsrecht eines jungen Fachs, in: Klier (1981), S. 149–155.
Nöth, Wilfried (1985): Handbuch der Semiotik. Stuttgart.
Osthoff, Wolfgang (1980): Werk und Wiedergabe als aktuelles Problem. In: Wiesmann (1980), S. 13–43.
Passow, Wilfried: ‚Affekt und Wirkung: Peirces Interpretantenbegriff im Dienste empirischer Theatersemiotik am Beispiel des Stücks *Mandragola* von Niccolò Machiavelli', Multimedial Communication: Vol. II Theatre Semiotics, (Hg.) Ernst W. B. Hess Lüttich, Tübingen 1982, S. 254–268.

Paul, Arno (1981 [1971]): Theaterwissenschaft als Lehre vom theatralischen Handeln. In: Klier 1981, S. 208–237.
Pavis, Patrice (1987): Le théâtre et les médias: spécificité et interférences. In: Helbo et al. (1987), S. 33–63.
ders. (1988): Semiotik der Theaterrezeption. Tübingen.
ders. (1989): Die Inszenierung zwischen Text und Aufführung, in: Zeitschrift für Semiotik 11:1, S. 13–27.
ders. (1991): Der Metatext der Inszenierung. In: Lazarowicz/Balme (1991), S. 349–354.
ders. (1996a): Dictionnaire du Théâtre. Paris.
ders. (1996b): L'analyse des spectacles. Paris.
Peirce, C.S (1931–1958): Collected Papers. Hg. v. Charles Hartshorne, Paul Weiss, Arthur Burks. Cambridge, Mass.: Harvard Univ. Press.
Petermann, Renate und Peter-Volker Springborn (Hg.) (1979): Theater und Aufklärung: Dokumente zur Ästhetik des französischen Theaters im 18. Jahrhundert. Berlin.
Pfaff, Walter (Hg.) (1996): Der sprechende Körper: Texte zur Theateranthropologie. Berlin.
Pfister, Manfred (1977): Das Drama: Theorie und Analyse. München.
Phelan, Peggy (1993): Unmarked the politics of performance. London.
dies. (1998) (Hg.): The ends of performance. New York.
Platon (1958): Der Staat. Eingel. und übers. von Karl Vretska. Stuttgart.
Pochat, Goetz (1990): Theater und bildende Kunst im Mittelalter und in der Renaissance in Italien. Graz.
Popp, Helmut (1979): Theater und Publikum. München.
Poschmann, Gerda (1997): Der nicht mehr dramatische Theatertext: Aktuelle Bühnenstücke und ihre dramaturgische Analyse. Tübingen.
Postlewait, Thomas und Bruce McConachie (Hgg.) (1989): Interpreting the Theatrical Past: Essays in the Historiography of Performance. Iowa City.
Postlewait, Thomas (1988): The Criteria for Periodization in Theatre History. In: Theater Journal 40:3 (October), S. 299–318.
ders. (1989): Autobiography and Theater History, In: Postlewait und McConachie (1989), S. 248–272.
Prümm, Karl (1988): Intermedialität und Multimedialität. In: Theaterzeitschrift 22:4, S. 95–103.
Quinn, Michael L. (1995): Prague school theater theory. New York.
Rapp, Uri (1973): Zuschauen und Handeln. Darmstadt.
ders. (1993): Das Theater als soziale Interaktion. In: ders.: Rolle, Interaktion Spiel: Eine Einführung in die Theatersoziologie. Wien.
Rausch, Hannelore (1982): Theoria: Von ihrer sakralen zur philosophischen Bedeutung. München.
Reinelt, Janelle G. und Joseph Roach (Hg.) (1992): Critical Theory and Performance. Ann Arbor.
Rick, Cary und Claudia Jeschke (1989): Tanztherapie. Eine Einführung in die Grundlagen; das System der graphischen Bewegungsevaluierung. Unter Mitarbeit von Claudia Jeschke. Stuttgart/New York.
Rischbieter, Henning (Hg.) (1968): Bühne und bildende Kunst im 20. Jahrhundert. Maler und Bildhauer arbeiten für das Theater. Velber.
Roach, Joseph (1985): The Player's Passion: Studies in the Science of Acting. Michigan.
Rousseau, Jean-Jacques (1979): Brief an d'Alembert über die Schauspiele. In: Petermann/Springborn, (1979), S. 325–437.
Ruppert, Rainer (1995): Labor der Seele und der Emotionen: Funktionen des Theaters im 18. und frühen 19. Jahrhundert. Berlin.
Sarlós, Robert (1989): Performance Reconstruction.
Schälzky, Heribert (1980): Empirisch-quantitative Methoden in der Theaterwissenschaft. München.
Schechner, Richard (1966): Approaches to Theory/Criticism. In: The Tulane Drama Review 10:4, S. 20–53.
ders. (1973): Environmental Theatre. New York.

ders. (1978): Anthropological Analysis. In: The Drama Review 22,3, S. 55–66.
ders. (1990): Theateranthropologie: Spiel und Ritual im Kulturvergleich. Reinbek bei Hamburg.
Schläder, Jürgen (1990): Musikalisches Theater. In: Möhrmann (1990), S. 129–148.
ders. (1992): Über die Veränderung in den Köpfen: Gedanken zur Werktreue in der Oper. In: Neue Zeitschrift für Musik 5.
Schmidt, Bettina/Mark Münzel (Hg.) (1998): Ethnologie und Inszenierung: Ansätze zur Theaterethnologie. Marburg.
Schmitt, Peter (1990): Schauspieler und Theaterbetrieb: Studien zur Sozialgeschichte des Schauspielerstandes im deutschsprachigen Raum. Tübingen.
Schöll, Norbert und Jürgen W. Kleindieck (1981 [1970]): Braucht das Theater eine eigene Wissenschaft? In: Klier 1981, S. 171–178.
Schoenfeldt, Susanne (1997): Choreographie: Tanzkomposition und Tanzbeschreibung. Zur Geschichte des choreographierten Tanzes. Frankfurt a.M.
Schoenmakers, Henri (1990): The Spectator in the Leading Role: Developments in Reception and Audience Research with Theatre Studies: Theory and Research. In: Nordic Theatre Studies: Special International Issue. New Directions in Theatre Research. Hg. v. Willmar Sauter. Proceedings of the XIth FIRT/IFTR Congress. Stockholm, S. 93–106.
ders. (1986) (Hg.): Performance theory. Utrecht.
Schramm, Helmar (1996): Karneval des Denkens: Theatralität im Spiegel philosophischer Texte des 16. und 17. Jahrhunderts. Berlin.
Schwind, Klaus (1997): Theater im Spiel – Spiel im Theater: Theoretische Überlegungen zu einer theaterwissenschaftlichen Heuristik. In: Weimarer Beiträge 3, S. 419–433.
Simhandl, Peter (1993): Bildertheater: Bildende Künstler des 20. Jahrhunderts als Theaterreformer. Berlin.
Singer, Milton (Hg.) (1959): Traditional India: Structure and Change. Philadelphia.
Smith, Julian (1981): „Madama Butterfly": The Paris Première of 1906. In: Wiesmann (1980), S. 229–238.
Stamm, Rudolf (1964): Die theatralische Physiognomie der Shakespeare-Dramen. In: Maske und Kothurn 10, S. 263–274.
ders. (1981 [1955]): Dramenforschung. In: Klier (1981), 134–148. Erstdruck in Shakespeare-Jahrbuch 91 (1955), S. 121–135.
Stanislawski, Konstantin (^{5}1988): Die Arbeit des Schauspielers an sich selbst. Teil II: Die Arbeit an sich selbst im schöpferischen Prozeß des Verkörperns. Übers. von Ruth Elisabeth Riedt. Berlin.
States, Bert O. (1985): Great Reckonings in Little Rooms: On the Phenomenology of Theatre. Berkeley/Los Angeles.
Steinbeck, Dietrich (1970): Einleitung in die Theorie und Systematik der Theaterwissenschaft. Berlin.
Strasberg, Lee (1994): Schauspielen und das Training des Schauspielers. Berlin.
Survin, Darko (1991 [1970]): Reflexionen über Happenings. In: Lazarowicz/Balme (1991): S. 659–663.
Szondi, Peter (^{21}1994 [1956]): Theorie des modernen Dramas 1880-1950. Frankfurt am Main.
Taplin, Oliver (1993): Comic Angels and other approaches to Greek drama through vase-paintings. Oxford.
Taube, Gerd (1995): Puppenspiel als soziales und kulturgeschichtliches Phänomen. Tübingen.
Tillis, Steve (1992): Towards an aesthetics of the puppet. New York.
Totzeva, Sophia (1995): Das theatrale Potential des dramatischen Textes: Ein Beitrag zur Theorie des Dramas und der Dramenübersetzung. Tübingen.
Turner, Victor (1987): The Anthropology of Performance. New York.
ders. (1989): Vom Ritual zum Theater: Vom Ernst des menschlichen Spiels. Frankfurt a.M.

Ubersfeld, Anne (1991 [1981]): Der lückenhafte Text und die imaginäre Bühne. In: Lazarowicz/Balme (1991), S. 394–400. Aus: A.U. L'École du spectateur, Paris 1981.
Van den Berg, Klaus (1991): The Geometry of Culture: Urban Space and Theatre Buildings in Twentieth century Berlin. In: Theatre Research International 16:1 (Spring), S. 1–17.
Vardac, Nicholas (1987 [1949]): From Stage to Screen: Theatrical Origins of Early Film: David Garrick to D.W. Griffith. New York.
Veltrusky, Jiri (1983): Puppetry and Acting. In. Semiotica 47, S. 69–122.
VomBruch, Klaus (Hg.) (1996): Das szenische Auge: bildende Kunst und Theater. Stuttgart.
Wagner, Richard (1898): Bayreuth (Das Bühnenfestspielhaus). In: Gesammelte Schriften und Dichtungen Bd.9. Leipzig.
Weber, Horst (1994): Vom ‚treulos treuesten Freund': Eine Einführung in das produktive Dilemma des Regietheaters. In: ders. (Hg.): Oper und Werktreue. Stuttgart, S. 1–16.
Wekwerth, Manfred (1974): Theater und Wissenschaft. Überlegungen für das Theater von heute und morgen. München.
West, Shearer (1991): The Image of the Actor: Verbal and Visual Representation in the Age of Garrick and Kemble. London.
Wiens, Birgit (2000): Grammatik der Schauspielkunst: Die Inszenierung der Geschlechter in Goethes klassischem Theater. Tübingen.
Wiesmann, Sigrid (Hg.) (1980): Werk und Wiedergabe: Musiktheater exemplarisch interpretiert. Bayreuth.
Williams, Raymond ([1949] 1991): Drama in performance : with a new introduction and bibliography. Milton Keynes [u.a.].
Woitas, Monika (1998): „In Theorie eine Wissenschaft" – Tanz als akademische Disziplin: Eine historische Spurensuche. In: Jahrbuch für Tanzforschung.
Woods, Leigh (1989): Actor's Biography and Mythmaking. In: Postlewait und McConachie (1989), S. 230–247.
Xander, Harald (1994): Theatralität im vorrevolutionären russischen Theater. In: Fischer-Lichte et al. (1994), S. 111–124.
Zarrilli, Phillip B. (1986): Toward a Definition of Performance Studies. Parts 1&2. In: Theatre Journal 38 3 u. 4, S. 372-377; 493-496.
ders.: (1995) (Hg.): Acting (re)considered: Theories and Practices. London.

4. Abbildungsverzeichnis

1. Herzog Georg II von Meiningen. Regieskizze zu Julius Mindings Historiendrama *Papst Sixtus V*. Deutsches Theatermuseum, München.
2. Georg Büchner: *Woyzeck*. Inszenierung und Bühne: Achim Freyer. Burgtheater 1989. Foto: Monika Rittershaus.
3. Georg Friedrich Händel: *Giulio Cesare in Egitto*. Erster Akt. Inszenierung: Richard Jones. Bühne: Nigel Lowery. Bayerische Staatsoper München. Foto: Wilfried Hösl.
4. Giacomo Puccini. *Madama Butterfly*: Erster Akt. Komische Oper, Berlin 1978. Regie: Joachim Herz; Bühne: Reinhart Zimmermann. Foto: Arvid Lagenpusch.
5. Rudolf von Laban: Notationsschrift und Aufteilung des Körpers in Zeichen. Aus:Valerie Preston Dunlop: *Practical Kinetography Laban*. London 1969, S. 99.
6. Der Schrecken, Der Abscheu, Schmerz des Leibs. Aus: Charles Le Brun: Méthode pour apprendre à dessiner les passions. 1702.
7. Ryszard Cieslak in *Der standhafte Prinz*. (Foto: Teatr Laboratorium) Quelle: Jerzy Grotowski, *Für ein armes Theater* (Zürich/Schwäbisch Hall 1986), Abb. 35–37.

5. Namen- und Sachregister

Affektdarstellung 100f.,
Affektenlehre 100, 116f.
Aisthesis 43, 52f., 69f.
Aktionskunst 163
Als-ob 44, 46, 56
Amphitheater 139
Anthropologie 36, 117, 170
Antike 11, 12, 22, 34ff., 40f., 44, 49, 52, 116, 125, 129, 159f.
Appia, Adolphe 54, 90, 144, 152, 158
Arie 100f.
Aristoteles 43–50, 116, 170
Arnheim, Rudolf 152f.
Artaud, Antonin 46, 49, 64
Aufführung 13f., 18, 27ff., 31f., 42f., 47, 49, 56, 59, 61f., 74ff., 78–86, 88ff., 92, 99, 101, 103f., 109, 112ff., 129–133, 136f., 139, 140, 157, 164f., 167, 170–174
Aufführungsanalyse 12, 72, 83
Aufführungsgeschichte 33, 106
Aufführungsort 136, 144ff., 172
Aufführungstext 80, 83, 104
Augustinus 50
Ausdruckstanz 22, 108

Balanchine, George 108
Ballett 12, 19, 22, 25, 35, 108, 109
Barba, Eugenio 127f.
Barock 21, 34, 35f., 125, 158
Baumgarten, Alexander Gottlieb 52
Beckett, Samuel 78
Bedeutungserzeugung 63, 111
Benjamin, Walter 155
Bentley, Eric 147
Berg, Alban 61, 98
Berlioz, Hector 98
Bewegung 23, 25, 44, 62, 64, 69, 70, 74, 76, 85, 89, 95, 100, 110, 111ff., 120, 123f., 135, 164, 171
Bewegungsanalyse 23, 84, 86, 110f., 116
Bewegungsraum 141–144
Bewegungstheater 22, 108
Bildforschung 157, 159, 160
Bildquellen 157–161
Bildungstheater 38
Biomechanik 120, 122
Boy actors 41, 126
Brecht, Bertolt 15, 49, 52, 54, 118ff., 122, 127, 129, 134, 155
Brook, Peter 83, 147
Bühnenanweisungen 74, 76f., 80

Bühnenbild 11f., 30f., 36, 37, 62f., 74, 77, 80, 89f., 113f., 121, 135f., 138, 141, 157
Bühnenbildner 22, 25, 30f., 95, 143
Bühnenform 28, 133, 142, 144
Bühnenraum 70, 86, 110, 123, 135, 136, 139, 140–144

Cambridge School 170f.
Castorf, Frank 91
Cechov, Michael 122
Choreograph 23, 87, 108ff., 164
Choreographie 23, 33, 74, 84, 108ff.
Commedia dell'arte 35, 74, 115, 125f., 128, 141, 160f.
Craig, Edward Gordon 25f., 54, 90, 152, 158

Dekonstruktion 64ff.
Dekoration 61, 67, 76, 138, 141, 144, 162
Derrida, Jacques 64
Diderot, Denis 53f., 117f.
Diegesis 45, 47, 49
Digitalisierung 153
Diskurs 25, 39f., 49, 60, 89ff., 117, 122, 152, 154
Diskursanalyse 39
Dominantenbildung 63f., 84, 92, 107, 110, 113
Drama 11, 13, 15, 18, 21, 35ff., 47, 49, 51, 67, 69, 74–81, 93, 95, 98, 100, 109, 114, 138, 155f., 170f., 173f.
Dramaturg 14, 32, 86
Dramenanalyse 72, 75, 78
Dramentext 11, 14, 16, 18, 75–80, 90f., 112, 114
Dramentheorie 47ff., 79, 112
Duett 101
Duncan, Isadora 108

Elisabethanisches Theater 126, 146
episch 17, 21, 45, 47, 49, 52
Erkenntnisinteresse 38f., 172
Ethnologie 8, 167f., 170, 172, 174
Event 164f.

face-to-face-Kommunikation 56
Feminismus 66, 164
Figurencharakterisierung 99
Figurenkonzeption 49, 101
Figurenrede 74, 76f., 80f.
Figurentheater 8, 17, 23–26

5. Namen- und Sachregister 197

Fiktion 46, 58, 89, 114, 150f.
Fiktionalität 44, 115
Foucault, Michel 39f.
Frühaufklärung 50
Fuchs, Georg 46, 69
Fuller, Loïe 108
Fürstensitz 140, 143

Garrick, David 125
Geertz, Clifford 167, 172f.
Genderforschung 126
Gender-Theorie 66, 126
Geschmack 152
Gestus 119f., 152
Goffman, Erving 55, 71, 130, 173
Gottsched, Johann Christoph 50
Grand opéra 21, 35, 98
Grotowski, Jerzy 118, 121f., 147
Guckkastenbühne 138, 140f.

Habermas, Jürgen 38
Händel, Georg Friedrich 101f., 105ff.
Hans-Sachs-Bühne 28
Happening 35, 49, 164f.
Hauptbühne 138
Hauptmann, Gerhart 73f., 80f.
Haupttext 77, 80
Herrmann, Max 12–16, 27ff., 31f., 56, 75, 125, 135, 152
Hofmannsthal, Hugo von 98
Hoftheater 31, 38, 124, 139
Horaz 50
Hörspiel 151, 153, 156
Husserl, Edmund 66f.

Identifikation 40, 51, 133
Ikonizität 60f., 123
Illusionsbühne 53, 138
Improvisationstheater 18, 83
Ingarden, Roman 67, 77
Inszenierung 8, 14, 20, 25–28, 30ff., 38, 43, 48, 53, 62ff., 72, 74, 77, 79, 81–97, 102–107, 109f., 119, 123f., 129, 132ff., 144, 152, 167, 173f.
Inszenierungsanalyse 8, 20, 64, 72, 79, 81–86, 88f., 92f., 96f., 100, 104, 106f., 116, 134
Inszenierungsgeschichte 19, 27, 33
Inszenierungstext 83f., 103f.
Inszenierungstheorie 54
Interaktionismus 55, 57
Interdisziplinarität 23, 55, 58, 70f., 147, 167f.
Intermedialität 148, 154ff.
Intertextualität 79, 80f., 91, 96, 106, 109f., 154f.
Ionesco, Eugène 78

Jauss, Hans Robert 51, 132
Jelinek, Elfriede 123

Kabuki-Theater 24, 138
Kantor, Tadeusz 25
Kastraten 101
Kindermann, Heinz 16, 34, 36ff., 129, 160
Kinesis 69, 70
Kirche 138f., 172
Kode 62ff., 81, 131, 133f., 138, 145, 149, 155, 161
Kommunikationsmedien 151
Komponist 20, 22f., 98, 101ff., 109
Körper 15, 22f., 25, 40, 89, 108–111, 115f., 120f., 123f., 127, 132, 148ff., 152f., 164
Körpertechniken 127f.
Körpertheater 22, 72
Körperzeichen 87, 108, 110, 112f.
Kulturanthropologie 70, 127f., 169, 171
Kulturelle Aufführungen (*cultural performances*) 167, 171–174
Kunstgeschichte 11, 96, 141, 158
Kunsttheater 70f., 173
Kutscher, Artur 13, 15, 167

Laban, Rudolph von 110f., 113
Labanotation 110
Lacan, Jacques 64ff.
Le Brun, Charles 117
Lecoq, Jacques 122
Lepage, Robert 25
Lessing, Gotthold Ephraim 50f., 54, 82, 117, 152
Librettist 20, 98, 108
Libretto 97–100, 102, 104f., 107ff.
Lokaltheater 27, 33
Lyotard, Jean-Francois 64f.

Marthaler, Christoph 123
Medien 16, 41, 44, 56, 70, 133, 144, 147–156, 163
Mediengeschichte 41
Medientheorie 148f.
Medienvergleich 148, 150, 153
Medienwechsel 147, 154
Medienwissenschaft 8, 12, 69, 147ff., 154
Medium 18, 32, 41, 147ff., 151–156, 161f.
Meininger 30f., 35, 90
Meistersingerbühne 28
Metadramen 79
Metastasio, Pietro 98
Metatext 90
Method acting 122

Methodenpluralimus 39
Meyerhold, Wsewolod 85, 118, 120, 122
Mimesis 43–47, 50, 60, 66, 68, 168
Mittelalter 31, 34ff., 125, 129, 138f., 158f.
Mnouchkine, Ariane 25
Mobilität 61
Modèle idéal 117f.
Modern dance 22
Moderne 21, 35f., 152, 158
Moskauer Künstlertheater 32, 119
Müller, Heiner 73f., 78, 123
Musical 17, 20f., 97, 99
Musikdramaturgie 97, 99, 100
Musiktheater 16–23, 43, 61, 96–100, 103–106, 108ff.
Musikwissenschaft 17, 19, 22, 23, 100
Mythos 45, 47f.

Nachahmung 43–47, 68, 152
Naturalismus 35f., 74
Nebentext 77, 80
Niessen, Carl 12f., 15f., 158, 167f.
Nitsch, Hermann 46, 164
Notation 84, 110
Nummerntypen 101

Oper 12, 18, 20ff., 33, 35, 97–103, 105ff., 109, 127
Opera buffa 21, 97
Opera seria 21, 35, 97f.
Opéra comique 17, 21, 97
Operette 17, 20ff., 97, 99
Opernpartitur 74
Opsis 43, 48

Pantomime 22, 35, 120, 122, 128
Partitur 29, 32, 97, 99–102, 104f., 107, 109
Peirce, Charles Sanders 59f., 65
Performance 49, 69, 71, 127, 145, 162f., 169
Performance-Kunst 18, 65f., 72, 96, 162–166
Performance-Theorie (*performance theory*) 69ff., 165, 167–171
Periodisierung 27, 33ff., 37, 41
Perspektivdekoration 142, 158
Phänomenologie 66, 135
Platon 44, 46f., 50
Poetik 43ff., 47–50
Polyfunktionalität 61
Positionalität 39
Positivismus 37, 124
Postdramatisch 49, 78, 123
Postmodern dance 22, 112

Poststrukturalismus 64–67
Prä-Expressivität 128
Produktionsebene 54, 85f.
Programmheft 85f., 106, 140
Proszeniumsbühne 137f., 162
Psychoanalyse 64ff.
Publikum 9, 14, 22, 28, 40, 51, 55ff., 61, 76, 89, 91, 103, 106, 123, 129, 131, 133, 135, 137ff., 142, 146, 151, 161, 164f.
Publikumsforschung 129ff., 169
Puccini, Giacomo 98, 101, 103, 105f.
Puppe 23–26, 168
Puppenspiel 24

Quellen 27–31, 57, 82, 85–88, 98, 157, 159, 160
Quellenkritik 28, 33
Quintilian 116

Rahmenanalyse 55, 130
Rahmentheorie 130
Rampe 138f.
Raumbühne 141–144
Raumerlebnis 135
Raumkategorien 136
Raumproblem 135
Raumsemantik 136
Regiebuch 29, 84ff., 99
Regisseur 14, 22, 25, 30, 32, 70, 86f., 90, 92f., 102, 104f., 118, 127, 129, 135
Rekonstruktion 28, 31ff., 38, 160
Reliefbühne 142f.
Renaissance 17, 21, 31, 34ff., 48, 50, 129, 139, 142f., 145f., 158f.
Repertoire 103f., 109
Repräsentation 43, 46, 64, 112, 152, 157
Rezeptionsästhetik 132ff.
Rezeptionsdokumente 86, 106
Rezeptionsebene 22, 31, 85
Rezeptionsforschung 129f., 132, 134
Rezipient 19, 83, 130f.
Rhetorik 42, 116f., 120
Rihm, Wolfgang 98f.
Ritual 35, 69, 169ff.
Rolle 13, 20, 50, 55, 58, 61, 63, 65, 67, 69, 70f., 88f., 101f., 109, 113, 115, 118ff., 122, 130f., 140, 143, 149, 158, 164, 168, 172
Rollenbegriff 70, 122f., 168
Rollenträger 67
Rousseau, Jean-Jacques 51

Sänger 17, 102, 104, 106, 115, 140
Saussure, Ferdinand de 59, 64f.
Schauraum 141ff.

Schauspieler 17, 31, 43f., 47, 50, 55–58, 60f., 66f., 86, 89, 115–125, 135, 137, 140, 142ff., 153f., 161f.
Schauspielerinnen 40, 63, 125f., 162
Schauspielkunst 11, 14, 16, 25, 36f., 40, 43, 67, 99, 115–127, 160f.
Schauspielpädagogik 122, 127
Schauspielstil 123ff., 133
Schauspieltheater 17ff.
Schauspieltheorie 116ff., 120–123, 128
Schechner, Richard 57, 70f., 137, 167–170, 173
Schlemmer, Oskar 25f., 49, 165
Semiosis 69
Semiotik vgl. Theatersemiotik
Servandoni, G. N. 141
Shakespeare 11, 31, 33, 36, 41, 63, 73f., 76f., 81, 92, 126, 129, 146
Simulation 44, 155
Simultanbühne 142
Singspiel 17, 20f., 35, 99
Soziales Drama 73f., 173f.
Soziologie 11, 55f., 70f., 130f.
Spiegelmetapher 66
Spiel 14, 26, 46, 57f., 64, 81, 91, 100, 123, 130, 138, 142ff.
Spieltheorie 55, 57
Sprechtheater 17–20, 25, 61, 93, 96f., 99ff., 104f., 107, 110, 115, 120, 127
St. Denis, Ruth 108
Stanislawski, Konstantin 32, 118–122, 127
Stein, Peter 32f., 83, 91, 93
Steinbeck, Dietrich 27–31, 33, 37, 67
Stimme 20, 25, 89, 102, 116, 123, 150, 153
Stimmfächer 101f.
Strasberg, Lee 122
Strauss, Richard 98
Strichfassung 85f.
Strukturalismus 64
Sukzessionsbühne 142
Szenarium 74
Szenische Dramaturgie 76, 81, 100
Szenische Fassade 140f.
Szenisches Bios 128
Szenographie 30, 32, 87, 104, 106f., 110, 141, 157ff.

Tanz 15, 19, 22f., 72, 108–112, 115, 120, 127
Tanztheaterforschung 23
Tanzwissenschaft 19, 23
Täuschung 44, 53f.
Templum 145
Tertullian 50

Text 8, 14, 17f., 23, 32, 40, 47, 51, 57, 60f., 72, 74–82, 84ff., 89–92, 94–101, 120, 125, 152, 154, 167, 172f.
Textanalyse 8, 74f., 81, 93, 106
Theateranthropologie 12, 115, 127f.
Theaterarchitektur 135, 157, 159
Theaterästhetik 12, 43, 52ff., 61, 100, 122, 169
Theaterbau 11, 12, 28, 37, 52, 141, 146, 157, 159
Theaterfeindlichkeit 44, 50
Theaterformen 12, 17f., 21, 24, 31, 35, 38, 43, 51, 61, 108, 127f., 136f., 158
Theaterfotografie 87, 161f.
Theatergattungen 12, 24, 27, 143
Theatergeschichte 8, 12f., 15f., 27f., 32ff., 36f., 39, 41, 75, 90, 116, 158, 160
Theatergeschichtsschreibung 12f., 27, 31, 33–36, 38–41, 56, 85, 123, 125f., 158
Theaterikonographie 157, 159ff.
Theaterkritik 12, 30
Theaterkritiken 85, 87
Theaterpsychologie 12
Theaterrahmen 130f., 151
Theaterreformbewegung 138
Theatersemiotik 25, 58f., 62–65, 68, 79, 82ff., 90, 104, 132, 149
Theatersoziologie 12, 14
Theatersysteme 12
Theatertanz 17, 19, 22, 23, 96f., 108ff., 113
Theatertext 49, 62f., 72, 74f., 77–81, 83, 86, 92, 96f., 104, 123, 136, 155
Theatertheorie 8, 12, 42–47, 50ff., 54, 58, 64–68, 78, 116, 120, 129, 142, 165
Theatervorhang 139
Theaterzeichen 60f., 68
Theatraler Raum 135f., 145
Theatralität 44, 55, 69f., 78, 168, 173
Theatre talks 132
Theoriegeschichte 42f.
Thingspiel 15, 52
Tragédie lyrique 21, 97
Tragödie 12, 35, 43, 45, 47ff., 93, 134, 170
Transformationsanalyse 92ff., 106f.
Trauerspiel 35, 50
Turner, Victor 171, 173

Umkodierung 63, 96

Verstellung 44, 117
Video 84f., 87f., 150, 154, 164
Vierte Wand 54, 139

Virtualität 44
Vitruv 139
Völkerkunde 22, 167
Vorbühne 137f., 140, 143

Wagner, Richard 22, 53f., 98f., 101
Wahrnehmung 11, 22, 26, 41, 43, 52ff., 58, 65, 67–70, 78, 84, 87, 96, 124, 126, 133, 149, 150, 155
Wahrscheinlichkeit 44ff., 119, 156
Wanderbühne 38
Werkeinheit 79
Werktreue 79
Wiener Aktionismus 164
Wirkungstheorien 43, 49

Workshop 122, 169f.
Wortkulisse 76

Zeichen 8, 25, 40, 44, 47, 50, 59, 60–65, 72, 79–82, 88f., 100f., 105, 107, 111ff., 120, 124, 126, 135, 139, 149, 152ff., 172
Zeichensysteme 19, 32, 59, 61–64, 72, 82, 92, 96, 104, 107, 153f., 171
Zuschauer 8, 14, 19, 23, 26, 31f., 40, 49–54, 56ff., 60, 66ff., 71, 82f., 88f., 96, 114ff., 120f., 124, 128–142, 145, 150f., 153, 159, 164, 172
Zuschauerraum 53, 55, 84, 89f., 112, 114, 133, 135, 137–140, 142f.